文學叢刊之六十四

千金之旅

——紀弦半島文存

紀弦 著

文史哲出版社印行

國家圖書館出版品預行編目資料

千金之旅：紀弦半島文存 / 紀弦著. -- 初版.
-- 臺北市：文史哲，民85
面；公分. --（文學叢刊；64）
ISBN 957-549-032-0（平裝）

848.6　　85009460

文學叢刊 ⑹④

千金之旅——紀弦半島文存

著者：紀弦
出版者：文史哲出版社
登記證字號：行政院新聞局局版臺業字五三三七號
發行人：彭正雄
發行所：文史哲出版社
台北市羅斯福路一段七十二巷四號
郵撥〇五一二八八一二彭正雄帳戶
電話：三五一一〇二八
印刷者：文史哲出版社

實價新台幣四四〇元

中華民國八十五年十二月初版

ISBN 957-549-032-0

千金之旅目次

——紀弦半島文存

第一輯：關於詩與詩人

第二輯：千金之旅及其他

第三輯：專題演講·序跋文·詩論與詩評

第四輯：我的童年·少年與青年時代

第一輯：關於詩與詩人

詩人與松鼠

——談劉荒田的詩

詩人劉荒田，曾於今年四月，前往加州名勝之一，國家公園「優山美地」（Yosemite）一遊，回到舊金山之後，寫了一輯紀遊之作，冠以「優山美地寫生」之總題，共四首，已發表。其中尤以「直立的松鼠」一首為我所最喜愛。詩的全貌如下：

蠻荒世界中
牠是唯一的紳士
祇消在露天餐桌上
扔下一塊麵包屑
牠就站起來
以前爪抱著

啃了又啃
腰挺得
比我直得多
一塊麵包屑
教牠完成了進化
在一瞬間
一如我輩
爲了同樣理由
從直立退化到
匍匐

瞧！「匍匐」二字，用得多好！而這，便是「詩眼」。畫有畫眼，詩有詩眼。眼在何處？那就要看你會不會欣賞了。至於「同樣理由」四字，你也該仔細地想一想。此詩共分二節，前一節寫實，後一節象徵。寫實的部分，已把這位松鼠先生寫得活龍活現，令人叫絕。而松鼠的腰，居然挺得比劉荒田直得多，那是怎麼搞的呢？請你去想想吧。至於象徵的部分，那就更妙了。松鼠直立起來，而我輩匍匐下去：

前者「進化」，而後者「退化」——像這樣一種相對論的表現手法，充分證明劉荒田的詩藝已經高度成熟，而且差不多就快要入於「化境」了。我也時常使用相對論的表現手法，例如作於一九六一年的「蒼蠅與茉莉」，算是我在這一類作品之中最得意的一首：

一隻大眼眼的蒼蠅，
停歇在含苞待放的茉莉花朵上，
不時用牠的兩隻後腳刷刷牠的一雙翅翼，
非常愛好清潔和講究體面的樣子。
也許這是對於美的一種褻瀆，
應該拿D．D．T來懲罰。
但是誰也不能證明牠不是上帝造的，
誰也不能證明牠在上帝眼中是一個醜惡的存在。

如果不署名，把我的蒼蠅詩和劉荒田的松鼠詩，一同拿去參加某種詩選舉的話，相信我的忘年之交，不一定會輸給他的老前輩的。

時常我想，「詩乃經驗之完成」這句話，我常說的，應當沒有什麼不妥之處。

就以劉荒田的松鼠詩為例吧。如果他沒有到「優山美地」去玩過，沒見過松鼠把一塊麵包屑「以前爪抱著啃了又啃」的話，無論如何，他也不能憑空寫出像這樣一首好詩來的。所以說，有了松鼠的「經驗」，方可「完成」松鼠詩。而人人皆可以去「優山美地」一遊，人人皆可以看到松鼠吃東西，為什麼只有劉荒田才能寫出一首詩來呢？回答是：他是詩人，而別人不是。特別是根據我們「現代主義的詩觀」，詩人乃是一種「專家」，而一般人不是。一般人也可以獲得經驗，但卻無法完成一個作品，因為他們缺少詩藝。

另外，還有一點，也是一般人所做不到的，那便是：一瞬間的「洞察」之錄影，一剎那的「頓悟」之錄音。詩人有權把這些經驗儲存之於其心靈的倉庫，以備日後組織之並加以秩序化使成為一藝術品。而像這樣一種至極寶貴的經驗，稍縱即逝，那絕非一般人所能捕捉得到和把握得住的。記得有誰說過：「詩乃一扇門一啓一閉之間所見的一切。」這句話不錯。古今中外，其理一也。故說：時時觀察自然，日日體驗人生，此乃詩人之所有事。不！功課。當然，讀書，求知，那也是很重要的。

（一九九四年七月三十一日，寫完於美西堂半島居。）

初試毛筆

——為瘂弦和陳雪寫字

一、幾十年來一直不用

用毛筆寫字，我不敢，我怕我的手會發抖。這說來很可笑。作為一個百分之百的中國人，而且還是個詩人，居然「不敢」使用毛筆，是何緣故？不是不會用，不是沒用過，是因為幾十年來一直不用，就很生疏，不習慣了。

小時候，在北京，家裏請的塾師，早就教過我寫「描紅」和「九宮格」了。日後定居揚州，讀小學三四年級時，我已開始「臨帖」。顏、柳、趙、歐諸體，我都臨過。其中尤以氣魄雄渾，剛健有力的顏體為我所最喜愛；我最不喜歡趙體，嫌其太柔弱了。在我的書房中，紙墨筆硯，文房四寶，一應俱全，而字帖也不少（其中還有篆字和隸書哩）。當然，那都是花錢買的。而到了五六年級時，在老師的指導之下，我學會了「拓碑」。從此以後，我就不再花錢買，而「自製」碑帖了。請問拓碑是怎麼樣的一種拓法？在這裏，憑我的記憶，不是不可以作一說明，讓有心人去試試的：當然，你事前就要準備好各種應用的工具。首先，你要用一塊被紗布包好了的棉花，把它放在水中泡一下，拿出來，把那被你選定的石碑弄潮，「適當」的濕度是很重要的，過猶不及。第二步，把一張比石碑面積大些的宣紙或毛邊紙貼上去，用雙手撫平之，而必須使石碑的「陰文」部分全被嵌入，無一疏漏之處；仔細檢查過後，就可以暫停一會兒了。第三步，俟其乾了差不多五分之四時，使用另一塊被紗布包好了的棉花，蘸滿墨汁（市場上可買到瓶裝的），輕輕地「撲」上去，就像女人用粉撲撲臉一樣，要輕，不可太重。撲好了之後，你就可以看見「黑底白字」一筆一劃的顯露出來了。這時，你一定很高興。最後，等它全乾，小心地揭下來，就大功告成了。「平山堂」是揚州瘦西湖上名勝之一，我時常乘遊艇或步行到那兒去玩耍；裏面有塊石碑，所刻的文字叫做「雙鶴銘」，也是顏體，我每次都要拓碑一兩張帶回來送人；凡是得到這份禮物的親戚朋友，無不稱讚我的能幹和有辦法，而我就非常得意了。

小學畢業之後，一九二九年春，我的寫詩，是和初戀同時開始了的。因為忙於寫詩和談戀愛，中學沒有好好地讀，而「書法」也停頓了下來。我用德國製的自來水筆（fountain pen）寫詩在新式的稿紙上；而毛筆，那些羊毫和狼毫，就讓它們休息在筆筒中沒事做了。至於硯台與黑墨，則成為書桌上的一種擺設，終年不沾滴水。當然，宣紙和毛邊紙，我也用不到了。日後我讀武昌美專，婚後轉學蘇州美專，我所使用的水彩畫筆與油畫筆，也都是和「書法」風馬牛不相及的。美專畢業，從事教育工作。教我的本行是不成問題的。但是教國文，就必須用毛筆蘸紅墨水改作文。在上海，我擔任過安徽中學的美術教員，和聖芳濟中學的文史教員。一九四八年到了臺灣。翌年開始執教於臺北成功中學，專教國文，還兼導師，既要改作文，又要批週記，經師人師一手包辦，相當辛苦；而且還要繼續寫詩，寫詩論，出詩集，辦詩刊，忙得不亦樂乎。在這種情形之下，市場上新發明的「原子筆」，遂成為我的一大「寵物」了。我用紅色的原子筆改作文，批週記；用藍色或黑色的寫稿寫信，既省時又省事，非常方便。而從此以後，我就永遠不用毛筆了。至於那枝萬年筆呢，它已成為我西裝上衣左邊小口袋的裝飾品，不再吸入藍黑墨水，用來寫東西了。

算算看，從五〇年代到九〇年代，一直不用毛筆寫字，當然不習慣了。然則，事隔四十多年，怎會又來他一個「初試」呢？且聽我從頭說起。

二、詩人來信索取墨寶

一九九三年十月，詩人瘂弦來信，向我索取「墨寶」。這可大大地使我為難了。他編「聯副」，平常來信索稿，我無不應命的，馬上動筆，儘快交卷。可是這一回，他要的是毛筆字，而非原子筆之所能勝任愉快的。怎麼辦呢？我既不是鄉先輩于右任的學生，也不是當今有名的書法家，怎麼可以為人揮毫呢？但他的信，說得那麼懇切，令人無法推辭。他說我的字很美很有個性，他很喜歡，要我用毛筆在宣紙上寫幾個字寄去，裱好了掛在書房裏做紀念。他又說隨便我寫點什麼，寫一首我自己的短詩也行。我就回信說他出了個難題目給我做，但我決定試試看，教他別急，總在本月以內寄給他就是了。信是回了，也答應了人家的請求，可是在我的書齋裏，並沒有文房四寶呀，紙墨筆硯，樣樣都要到舊金山華埠去買，這也未免太麻煩，有點兒「小題大做」了吧。我就和老伴商量，向她要錢。她說東西買來只用一次就不用了，划不來。我也同意她的看法，怎麼辦呢？「噢！」她說：「有了。何不向你的朋友們借用呢？」是啊，在灣區，我有那麼多文藝界的朋友，當然可以「借用」，何必花錢買呢，雖然我並非一個小氣鬼。

首先，第一位，我就想到了書法家余益德女史。我於一九七六年底移民來美，一九七七年住三藩市布希街（Bush St.）六十六號公寓，開始去華埠讀英文，和余大姐同班。我們讀的是ＥＳＬ中級班。所謂ＥＳＬ，就是English as a Second Language（作為第二語言之英文）之簡稱。班上要算我們二人年齡最高，所以我就和她坐在一起，很談得來。我知道她是來自北京的書法大師，她也知道我是來自臺北的名詩人。後來我女兒女婿買好了房子，我們遷入福爾斯特街（Foerster St.）的新居，我就到附近的市立大學（City College of San Francisco）去讀ＥＳＬ高級班了。

那是一九七八年的事情。從此以後，我就很少和余大姐見面。雖曾有過「同窗」之誼，但是平日並不往來，如今有求於她，前往拜訪，總覺得有點唐突，不大好意思，遂打消了這個念頭。

第二位，我想到的是老友張紹載夫婦。他們住在紅木城（Redwood City），距離不算太遠；只要通個電話，約定時間就可以了。我初到臺灣，於一九四九年生活甫告安定，就開始文藝活動了。那時候，我除了為各大報刊寫稿，也時常接受邀請，參加各種文藝晚會，擔任詩朗誦的節目，很受歡迎。作為一位著名的建築師，多才多藝的張紹載，也長於繪畫、戲劇和詩朗誦。我們兩個，和宋膺，在當年，有「三大朗誦家」之稱，這也可說是一則「文壇佳話」了。紹載一家，很早就移民南美，直到八〇年代，方自南美轉來加州定居。來美後，他聯合各位中國書畫家、西洋美術家、戲劇家、音樂家及其他文藝工作者，組成「中華藝術學會」，被公推為會長。我和余益德，也都是該會會員。每次書畫展覽，余大姐都有新作展出；而我卻學畫不成，什麼也拿不出來，真慚愧。紹載酷愛京戲，曾在灣區各地演出多次，每次我都前往捧場。特別是他和他夫人陳敏華合演的「霸王別姬」一劇，唱做俱佳，即以臺北和北京的標準來評價，也不會低於九十分的，我以為。可惜！我們的這位「子將軍」（趙雲字子龍，戲中有個配角如此稱呼之），兩三年前，由於「輕微中風」之故，左手臂已失去活力，從此就再也無法「粉墨登場」了。但是他的右手沒事，仍然能寫能畫。當然，我向他借用紙墨筆硯是不成問題的。

但是當我正要打電話給紹載時，忽然想到另一個人：詩人陳雪。對啦！去找陳雪，不比紹載更方便些嗎？紹載的大小姐張大方是要上班的，而陳雪不上班，他開車接送我這個「大伯」，是隨時都可以的，只要他沒什麼要緊的事。陳雪也是陝西人。他是已故陳邁子教授的長公子，長得和他父親一模一樣，那年初次相見，竟把我嚇一大跳。他家學淵源，不但新詩舊詩都寫得很出色，而且還長於中、短篇小說之創作，也能寫點雜文、政論之類，我非常喜歡他，視同子姪輩。好幾回張紹載演戲，都是由他開車陪我去欣賞的。我對京戲一向外行，遇有不懂之處，他就把故事內容講一點給我聽聽。他也曾教過我哼幾句「秦腔」，他的花樣還著實不少哩！電話中，我首先問他有沒有文房四寶，特別是宣紙，他說樣樣都有。我就把瘂弦來信索取「墨寶」的原委向他說明一番，問他何時可以開車前來接我到他家去「揮毫」。他說明天早上就來，我說那太好了，事情就這樣決定了。

三、戀人之目百讀不厭

第二天上午十點鐘左右，我已經坐在陳雪書房中他的書桌前，有一點兒緊張。他的書房，窗明几淨，一塵不染，真是個讀書寫作的好地方，他早已把墨磨好，那隻青田硯台，一看就知道是從大陸帶出來的，而一枝中型毛筆，也已經放在硯台旁邊了。他要我等一會兒，他去裁紙。我就乘著這個機會，默默地禱告了幾句，稍稍定下心來。他拿來的那張宣紙，約有一張報紙那麼大小，我說太大，一半就夠，於是他就用小洋刀，把它裁成兩張，而在我面前鋪好了一張，說另一張是後備軍。我就拿起毛筆來，在硯台裏蘸滿了夠濃的墨汁，一面心裏默禱著：手不可以發抖！一面在宣紙上寫下了事前預定要寫的我的名作「戀人之目」：

戀人之目：

黑而且美。

十一月，

獅子座的流星雨。

當然，詩前是加上了題目和署名的，而在紀弦二字之下，也蓋了章（這個圖章，是畫家江兆申為我刻的）。詩後則附記曰：「一九九三年十月，初試毛筆，為詩人瘂弦寫少作一首。」我的這首「少作」，作於一九三七年，其時我妻已是三個孩子的母親了，而我仍以「戀人」稱之，足見我對她的愛情，多麼真摯恒久而又熱狂。

我的工作完畢，伸了一個懶腰。陳雪站在一旁，笑嘻嘻的，拍手叫好。他把我這張「書法」搬到一邊去晾乾，隨即把那張「後備軍」攤在我面前，說：「也請大伯為我留點墨寶。」我點點頭，就說：「寫和他不同的，好不好？」他說隨便。我就為陳雪寫了一首作於一九九二年的「俳句無題」：

讓我喝一杯
這比什麼都更好
當我活著時
一旦我死去
縱令祭我十萬瓶
也等於零了

詩後註曰：「一九九三年十月，初試毛筆，為詩人陳雪寫新作一首。」他謝了又謝；然後斟了一大杯加州紅葡萄酒給我，我一飲而盡。而他陪我乾了的，卻是一小杯。真的，我是海量。但我從來不會勉強別人；人家能喝多少就喝多少，隨意，盡興，而止於微醺，這便是酒德。

回家後，略事休息，我就把瘂弦要的東西寄走了。想不到十一月上旬，瘂弦又來一信，信的內容是這樣的：「紀老：墨寶不小心被我拆信時弄破了一角，傷及文字，十分可惜，能否難為先生再寫一張？還是寫一樣的內容。先此致謝，並表歉疚。……」怎麼辦呢？我只好再打一個電話給陳雪，再到他家去寫一張同樣的，這一回的附註，除十月變成十一月，末尾還加上了一句：「他說此詩百讀不厭。」真的百讀不厭嗎？我想，他的夫人橋橋女士，一雙眼睛，又黑又大，也不是不可以借用此詩來象徵其「美目盼兮，巧笑倩兮」的吧？然則，杜衡說過的一句話，在這裏，又得到一個例證了：路易士的「脫襪吟」，雖然寫的是他自己的臭腳臭襪子，但是離開一人之手，而成為眾人之所共有，遂在其「普遍性」的一點上，獲得了成功。

（一九九四年三月十日，寫完於美西堂半島居。）

波特萊爾的狗和我的貓

法國詩人波特萊爾有一首頗為著名的散文詩，題為「狗與香水」。詩的大意是這樣的：

一天，波特萊爾買回來一小瓶全巴黎市最上品的香水；到了家裏，就把他的愛犬喚過來，開了瓶蓋，要牠聞嗅。那畜牲搖著尾巴。詩人以為這正是牠高興的表示。誰知他的愛犬用牠潮濕的鼻子對著那瓶香水聞了一下，突然像是受到了極大的驚恐，向後倒退幾步，並且馬上對著牠的主人狂吠起來；而其吠聲之反常，就好像詛咒似的。於是詩人罵道：「唉，你這下賤的小狗！倘若我給你一堆糞便，你一定會聞了覺得滿舒服的，或者竟自吃了下去也說不定。所以就連你呀，我這苦惱生活中平常的伴侶啊，竟也和眾人一樣。我想，對於俗眾，絕對不能給以優美的香物，因為這麼一來，就會觸怒他們；所以我們只能很小心地給他們嘗一點臭屎拉倒。」

這詩的主題是很鮮明的，讀者諸君一看就知道了。可是，與此類似的一回事，卻是我的那匹寵貓「金門之虎」所幹了的。請先看看我的那首作於一九六〇年的「

貓」吧——：

我的貓，把牠沒吃完的半個小老鼠
很慷慨地放在我的案頭的一隻餅乾碟子裏——
大概是留給我做宵夜的吧？
這教我氣得把牠拖過來重重地揍了一頓，
而且使我的房間立刻充滿了DDT的氣味。
但是顯然牠是不服氣的；
牠用牠那橄欖形的眼睛向我提出抗議：
「如果波特萊爾的狗是對的，
那麼你也就沒錯了。」

在這裏，除了兩個人，一貓一狗的主動與被動的地位之不同，其他結構都差不多。不過，我的詩，當然不是模仿波氏之作，而只是事有湊巧罷了。但是，波氏的美感是「絕對」的；而我則同意於「相對」的審美。這一點，倒的確是我和這位法國詩人之間顯著的不同，迥然的相異。我相信，波特萊爾看了我這首詩，也一定會笑他一個哈哈大笑的。

（一九九五年五月七日，寫完於美西堂半島居。）

戴望舒二三事

一、第一次和望舒見面

記得我和望舒第一次見面，是在一九三五年春夏之交的事情。那是一個晴朗的下午，地點是在上海江灣路公園坊，由杜衡陪我一同去看他。那時他方從法國回來不久。他臉上雖然有不少麻子，但並不難看。皮膚微黑，五官端正，個子既高，身體又壯，乍看之下，覺得他很像個運動家，卻不大像個詩人。我們談得很是投契，笑聲時起，從此成了好友。我還記得那天談話的內容，主要是有關我主篇的《火山》詩刊的情況。他很熱心地問這樣、問那樣，我都一一告訴了他，並把隨身帶著的兩期《火山》送給他，請他指教。我用筆名路易士在施蟄存主編的大雜誌《現代》上發表詩作，成名於一九三四年，而走紅於一九三五年。初見望舒時，我已出版了第一部詩集《易士詩集》和創辦了第一份詩刊《火山》。這兩種可紀念的印刷品，我手頭竟連一冊也沒留下來，真是萬分的遺憾。

自從和望舒相識，此後我每次到上海，總要去看看他，談談詩、談談藝術。有時，就在他家吃飯。一塊塊切得四四方方，不大不小，既香且爛的紅燒牛肉，我最欣賞。有時，我們約了一群朋友，到南京路「新雅」去飲茶。「新雅」是上海一家有名的粵菜館，下午專賣茶點。其二樓分為東西兩廳，談生意的人集中於西廳，而我們這些寫詩、寫文章的朋友都愛東廳。因為日子久了，大家都很熟了，所以不免開開玩笑。記得有一次，在「新雅」，我們吃了滿桌子的東西。結帳時，望舒說：「今天我沒帶錢。誰個子最高的誰付帳，好不好？」這當然是指我。事實上，我是比他稍高一點，只是沒他那麼強壯罷了。朋友們都盯著我瞧。我便說：「不對。誰臉上有裝飾趣味的誰請客。」大家沒學過畫，都聽不懂，就問我什麼叫做「裝飾趣味」？杜衡搶著說：「不就是麻子嗎！」於是引起哄堂大笑，連鄰座不相識的茶客也忍不住笑起來了。

二、《現代》停刊以後

現代書局老闆洪雪帆死後不久，一九三五年春，《現代》就停刊了；接著，書局也關了門。但以「文壇三劍客」為中心的「文藝自由運動」，卻並未因此而中斷——高舉在杜衡手中的一面大旗「人生的寫實主義」依然在迎風招展。確實的時間我已記不清。總之，以杜衡為首，而都有我和「三草」在內，我們一連串的文藝活動，都是發生在這一年以內的事情：首先是《今代文藝》的創刊，其次是「星火文藝社」的成立，最後是《未名文苑》的出版。所謂「三草」，即詩人番草（鍾鼎文早年常用的筆名）、小說家耶草（姓呂）、批評家萍草（姓王）是也。由於我們幹得有聲有色，「第三種人集團」一時顯得聲勢浩大，頗使「左聯」分子為之側目。「三劍客」中，以施蟄存的年齡為最高，所以望舒和杜衡都稱他為「施老大」或「老施」；而他也的確是足以當自由文藝陣營「大哥」之稱而無愧。他主編《現代》，選稿極嚴，只看作品，不講交情；只重視作品的藝術價值，而不管「意識」的「正確」與否。這在當年，正好和《文學》主編王統照的選稿條件相反。看稿而不看人，樹立《現代》之權威性，這一點，施老大是真正做到了。重視作品的藝術價值，使優秀人才不至於被埋沒，而無名作家終有出頭的日子，這一點，施老大也確實做到了。例如小說家穆時英，本無藉藉名，要不是施老大慧眼識英雄，那麼像《南北極》等名作，怎會呈現在讀者眼前呢？又如我和徐遲等「現代派詩人群」，當初不也都是為施老大所賞識和栽培出來的麼？故說，當年主編《現代》，對於自由文藝的貢獻，施老大是功不可沒的。《現代》停刊以後，他就創辦了一份純散文的月刊雜誌，叫做《文飯小品》，大約一共出了六七期，直到一九三六年春方告停刊。他也曾一度提議，組織一個「自由主義文藝作家同盟」，我舉雙手贊成。可是並未見諸行動，非常可惜。然則，作為「現代派詩人群」之龍頭的戴望舒怎麼樣了呢？《現代》停刊以後，望舒就和朋友們商量，打算出一個詩刊，定名為《現代詩風》。經過一段籌備時期，我在揚州家中接到他索稿的信時，簡直高興得不得了，於是馬上把一九三四年和一九三五年所寫尚未發表過的東西整理出一個輯子來，用快郵寄到上海。一九三五年下半年，望舒主編的《現代詩風》第一期出版了。作者的陣容是清一色的「現代派詩人群」：除望舒外，路易士、徐遲、金克木、南星、玲君、侯汝華、陳江帆等，都是讀者們最熟悉的名字。每人發表作品一輯，少的五六首，多的超過十首。我記得我的一輯共十三首，算是最多的了。印刷紙張，談不上什麼精美，但是編排的式樣，卻頗為新穎。由於事前早有預告，讀者期待已久，故而一千冊很快就賣光了。有這麼好的銷路，照道理，是應該一期跟著一期出下去的。可是《現代詩風》只出一期就不出了。其原因何在呢？原來望舒有了新的構想，新的計畫，他將要和「北方詩派」攜手合作，出《新詩》月刊了。

我於一九三六年春東渡，在東京，和覃子豪、李華飛等玩了一陣子，到六月，就一事無成地回家了。可是詩，我卻寫了不少。我經常去逛舊書店，一買就是幾十本。我買了不少有關文學與藝術的書籍。而從崛口大學的譯詩集《月下之一群》，我間接地觀光了現代法國詩壇，深受阿保里奈爾（Guillaume Apollinaire）的影響。同時又從其他的日譯本以及報刊的介紹，使我眼界大開，廣泛地接觸到興起於二十世紀初期之諸流派——立體派的繪畫，超現實派的詩，我無不喜愛。不過，達達派的音樂與演劇，那種否定一切只有破壞而毫無建設的極端虛無主義傾向，我不能不反對。於是我開始寫超現實主義的詩。如《致或人》，就是那時期的得意之作。其實這只不過是我的表現手法之一種而已。或象徵的、或寫實的、或羅曼的，採取什麼樣的一種手法，要看所處理的題材如何而定。這一點，我曾和望舒討論過，他完全同意，他說他自己也是如此。比起他日後寫的詩，我更喜愛他早期的象徵詩，而尤以收入詩集《望舒草》中的《樂園鳥》、《懷鄉病》、《我底記憶》等傑作為我所最最激賞。七月，我到北平去接了母親、妹妹和頂小的一個弟弟南來，然後全家搬到蘇州去住。為什麼要搬家？還不都是為了詩嗎。於是從蘇州到上海，從上海到蘇州，來回不斷地奔波著。在火車上，我也時常寫詩。當然，去上海看望舒，主要的任務就是為了辦詩刊，我們要大大地幹一番。

一九三六年十月，《新詩》月刊的創刊號出版了，這是中國新詩史上自五四以來的一件大事，具有劃時代的意義。「現代派詩人群」一向不滿意「新月派」影響下的青年詩人，那些「格律至上主義者」。但是自從徐志摩飛機撞山（一九三一年？），朱湘投江自盡（一九三〇年？）以後，「新月派」的活動，事實上已告停擺。而陳夢家、卞之琳等——可稱之為「後期新月派」——則與南方詩人頗為友好，時常聯絡，並有逐漸傾向於南方精神之趨勢。因此，早在我東渡以前，望舒就已經表示過，有意和北方詩人合作。自我搬家以後，他那「南北大團結」的構想，是愈益成熟，即將具體化了。他曾約了我和徐遲到他家去吃飯，商討「新詩社」的組織。第一，即以他現在的住處亨利路永利邨三十號為社址，這是不成問題的。第二，經費方面，他手頭只有大洋一百元，還缺少同樣的數目，希望我們也能出一點錢。於是我和徐遲，各人拿出五十元來交在他的手上，問題就解決了。第三，編委名單，這是最令他為難的一點。他早已約好了北方的卞之琳、孫大雨、梁宗岱和馮至，連他自己，一共五人。現在又想把我和徐遲也補上去，使成為七人編委。這在他本是一番好意。但我年少氣盛，率直地拒絕了。心想：「一個詩人，必須憑其作品而存在。如今我已成名，難道還要來他一個『捐官』不成？花五十塊錢，買一個編委，我不幹的。」徐遲做人比較隨和，講話也婉轉點，就說：「我們二人幫忙校對，跑印刷所，是義不容辭的。至於編委名單，還是照原案吧。」望舒沉吟了一會兒，又要求我們擔任執行編輯。我們也沒答應。但是一切工作，還是照樣進行，大家都忙得高高興興的，並沒有一點兒不愉快。而所謂「聚全國詩人於一堂，促進新詩壇之繁榮」這一點，不只是登廣告時所使用的宣傳文字而已，事實上我們也是真正做到了的。請看《新詩》月刊創刊號的作者名單吧！北方詩人卞之琳、何其芳、林庚、曹葆華等，和「現代派詩人群」金克木、玲君、侯汝華、南星、徐遲、陳江帆、路易士、戴望舒等排列在一起，這還是第一次的全體大集合，南北大會師，乃是一個非常值得稱道的好的開始。而到現在為止，在文學史的處理上，為了方便起見，我把「新月派」和「後期新月派」，以及那些較保守的大學教授們，一概歸納到「北方詩派」裏去；

而「南方詩派」則以「現代派詩人群」及其後起之秀為主。但請注意！並非人在北方即是「北方詩派」；亦非人在南方即是「南方詩派」，而是要看作品的「精神」來加以區分的。例如南星，本名杜文成，一向住在北方，在北方念書、在北方做事，但他寫的是自由詩而非格律詩，所以屬於「南方詩派」。又如《街頭》的作者廢名，本名馮文炳，是湖北人，常住北平，而且和那些較保守的大學教授們混在一起，但其作品的精神則是南方的，故不能說他是一個「北方詩派」。同樣的理由，常住上海的邵洵美，《花一般的罪惡》的作者，因為寫的是格律詩而非自由詩，當然他就是個「北方詩派」而非「南方詩派」了。又，他那來自王爾德和巴爾拿斯派的唯美主義和頹廢主義，乃是屬於十九世紀的而非二十世紀的，故是陳舊的而非新興的。「北方詩派」較為保守，「南方詩派」較為急進；「北方詩派」帶有濃厚的學院氣息，「南方詩派」帶有強烈的革命精神；「北方詩派」使用韻文工具，「南方詩派」使用散文工具——此乃兩者最大、最顯著的不同之處。可是說也奇怪，自從《新詩》月刊問世以來，「北方詩派」諸人，於不知不覺中，竟然一個跟著一個的南方化，而也寫起自由詩來了。只有《北平情歌》的作者少年林庚，在他寫了不少自由詩之後，忽又開起倒車來，發明了所謂的「四行詩」，而竟回到舊詩的天地裏去了，這是唯一的例外。記得望舒曾把他的「四行詩」譯成唐人絕句，譯得妙極，成為圈子裏的一大笑話。

三、中國新詩的收穫季

一九三六年九月，在蘇州，我主編的雙月誌《菜花詩刊》第一期出版了。這份期刊，比《新詩》創刊號早一個月問世。而到了十一月，《詩誌》（《菜花詩刊》改名）創刊號和《新詩》第二期同時出版。十二月，出《新詩》第三期。翌年一月，出《詩誌》第二期和《新詩》第四期。二月，出《新詩》第五期。三月，出《新詩》第六期和《詩誌》第三期。此後，《詩誌》停刊，而《新詩》還繼續出下去。《新詩》銷路甚好，也有不少訂戶，收支可以相抵，這真是很不容易的了。而在北平，創刊於一九三六年六月，由吳奔星、李章伯合編，也是每兩個月出一期的《小雅詩刊》，究竟停刊於何時，我已不記得了。總之，象徵南北詩壇友好合作，破除門戶之見，在編輯方針上作明確表示的，應以《新詩》、《詩誌》和《小雅》這三大詩刊為代表。我認為，一九三六、三七這兩年，乃是中國新詩的收穫季：詩壇上新人輩出，佳作如林，呈一種「五四」以來前所未有的「景氣」，真是很「繁榮」的。「新詩社」除了出《新詩》月刊，還出了一套叢書，其中也有我的一部詩集《火災的城》在內。我記得《新詩》的最後一期，出版於一九三七年七月，正當盧溝橋事變發生的時候。我相信，要不是日本軍閥發動侵略戰爭，《新詩》的壽命還會延長下去，而新詩運動也一定會有更大的發展與收穫，這是可斷言的。

一九三七年八月，《新詩》停刊，朋友星散，有的到內地、有的到香港，上海的詩壇和文藝界，就不再像往日那樣的熱鬧了。我也帶著全家老小，跑到大後方的昆明。抗戰期間，望舒是一直住在香港的。後來我也到了香港。但是我和望舒，兩個人之間的友誼，卻漸漸地疏淡了下來。其原因，主要是由於他對左派過分敷衍，頗使我不滿意；而我和杜衡誓死保衛文藝自由，也未能得到他的諒解。勝利以後，直到一九四八年十一月我離滬赴臺，我和望舒沒再見過一次面，也沒再通過一回信，想起來，總不免為之黯然。

四、關於詩人之死

關於望舒的死，我是直到一九五〇年五月下旬才知道的。首先是從黃紹祖處得知這個消息，隨後又從杜衡處知道了比較詳細的情況。據杜衡說，前些時他接到香港朋友（好像是唐錫如）來信，才知道望舒已死，而且死得夠寂寞的：既沒有人給他抬棺材，也沒有人給他出全集。杜衡說：「望舒死在北平，是今年春間的事情。去年冬天裏得的病。因為華北冬季異常寒冷，他又沒有大衣，只穿著一套舊西服過冬，所以患了極嚴重的氣管炎。他的病，可以說，完全是凍出來的。而他的終於死去，則係由於物質的虐待，再加上精神的迫害。沒有大衣，在香港是不成問題的，在臺灣也不要緊。可是在嚴寒的北方，誰能夠吃得消！那麼，他為什麼不做一件呢？

當然是做不起嘍！他在文化部裏當了一名芝麻豆兒官，待遇是供給制，只給他三頓飯吃和一個睡覺的地方，無所謂什麼薪津，每月少得可憐的幾個零用錢，只夠寄四封平信的。請問，在這種經濟狀況之下，他做得起大衣麼？而且，可以想得到的是，生了病，自然也沒有什麼醫藥費，還不是只好聽他去：眼看著自己的病一天天加重，除了等死，還有什麼辦法可想啊。……」

望舒逝世於一九五〇年二月二十八日，迄今已滿四十年了。望舒的詩，完全是抒發其一己之情感，根本和政治風馬牛不相及。但是蓋棺論定一句話：在他的代表作《望舒草》中，的確有十幾首好詩，是可以流傳到後世的「永久的東西」。他是和我同時代的最傑出、最優秀的詩人之一，而且是眾星之中最明亮的一顆。至於把法國的象徵派詩風介紹到中國來，使其生根並繁茂於中國詩壇，望舒的功績也是不可否認的。唉唉！生命是短促的，藝術是永久的。望舒啊，你靜靜地睡吧！

（一九九〇年四月二十七日，紀弦滿七十七歲，寫完本文於美西堂半島居。）

與楊喚論生死

楊喚，你已作古三十年了。時間過得真快！不久前，羅行同梅新給我打了個越洋電話來，要我寫一點東西紀念你，而且限我在本月底以前交卷。所以今天晚上我就開始動筆寫一封信和你談談。

說實在的，要是你還活著，時常可以和我們大家在一起玩玩，那多好啊。可是你已被火葬了，你再也不能跑到西門町去看一場勞軍電影了！唉唉。但是憑了你的作品，你是永遠活在人們心中的。尤其是當你在世時，和你最要好的幾個朋友，葉泥、李莎和我，更是永遠不會忘記你的；而我還時常在夢中和你乾杯哩。我總覺得，在這個世界上，到處都是行屍走肉，大多數人，渾渾噩噩，活著也等於死了的一樣。而只有極少數人，雖死猶生。如你，便是這極少數人之中的一個。我的意思，並不是說，每個寫詩的人都能永遠活著，而主要的是看他的作品經不經得起時間的考驗。你留下來的作品並不太多，但幾乎收入詩集「風景」中的每一首都是很出色很有味道的，而且給年輕的一代以正面良好的影響。至於你的那些童話詩，對於今天的兒童詩，也是大大地具有啓發性與前導之作用的。你不但依然活在我們的這個詩壇上，活在讀者們和寫兒童詩的小朋友們的心中，而且也活在我的身邊，活在李莎的客廳裏，活在葉泥的書房裏，就像當初一樣，你真的沒有死。（三月二十日）

有人說，從前在大陸上，當你還很年少時，曾受過一位筆名叫綠原的詩人影響，甚至有些詩句還很像他。我一向不知道綠原其人，也沒有看過他的詩，所以無法把你們兩位的作品拿來作一比較。但我深信你絕對不會抄襲他人之詩作。因我非常了解你的性格，你的自尊心很強烈，怎麼肯去模仿別人，步他人之後塵，拾他人之餘唾？當然，你很喜歡這位詩人，有意無意之間，多少受他一點影響，總是免不了的。正如我年輕時，也曾受過大我好幾歲的戴望舒和李金髮的影響；這一事實，我從來不否認。但我的的確確沒有抄襲模仿過他們。我有我獨自的風格，我有我獨到的境界。而你，不也是一樣嗎？所以我說，前人影響後人，或同時代人互相影響，這都是很自然的，並非什麼壞事，根本就用不著那些論客們跳出來大驚小怪的。在臺灣，和你年齡差不多的詩人們，我一概稱之為「中年的一代」，連你在內，請問有誰沒受過我的影響呢？反過來說，你們這些小老弟，不也時常給我以影響嗎？正因為除古人與洋人，我也樂於接受晚輩們的影響，我的詩心才會不老，我才年年有詩。但是這些影響，一到我的筆下就溶化了，一點痕跡也看不出來。這一點，你是知道的。真的，要是李白、杜甫、陶淵明、蘇東坡他們活在今天和我們同時代的話，相信他們也都會得受到你我之影響的。古人如此，洋人亦然。然則，你曾多少受過點綠原的影響，那又有什麼關係呢？憑了你作品上的成就，誰能動搖你在詩壇上的地位呢？叫那些根本拿不出證據來的刻薄且善妒的傢伙們快給我閉嘴吧！（三月二十三日）

現在讓我來向你報告一點關於我的近況。退休後，我於一九七六年底偕老伴來舊金山，和我女兒女婿住在一起。除我大兒在洛杉磯經商外，二兒、三兒、四兒也都住在三藩市和灣區。兒女們都很孝順，都已成家立業，二老算是過得很不錯的。可是我是退而不休的，閑著不動就要生病了。我每天早晨六時起身，六時五十分出門，步行到離家不遠的市立大學去念英文一小時，七點到八點。下課回家略事休息，就送我七歲的外孫女小珊去上小學一年級。她的學校比我的還要近一點。然後，我又去市立大學上一堂課，九點到十點的。回家後，便在花園裏消磨一番。十一點半開始午餐，十一點五十分，送我六歲的外孫小泉去上幼稚園，和他姊姊在同一所學校裏。這兩個姓李的孩子，我都很寵愛和我的十四個姓路的孫男孫女同樣的寶貝。午後我要小睡片刻，三點，把兩個小孩接回家，洗個澡，就開始做我的功課了。到晚上六點，女兒和女婿下班回來，一家六口子吃晚飯，這便是一天裏最熱鬧也最愉快的時刻了。你一定會覺得奇怪——都那麼大一把的年紀了，還念個什麼英文呢？讓我來告訴你，第一，我要在美國生活下去，克服語文上的困難是有其必要的；第二，我對英文頗感興趣，相信我會把它搞通了的；第三，我是移民身份，念書不花錢的。我小時候念過點日文和法文，而英文是從來沒有好好地學習過。現在我要用到它了，不去上學怎麼行呢？而一個早已退了休的老師，又從頭來過去當學生，這說來似乎有點可笑吧。但只要你能了解上述的原因，相信就不會笑我了。唔，是的，不但不會笑我，而且還會肅然起敬，對於我的這種學習精神。

我來美已七年多了，可是一向還沒有離開過西海岸，到東北部去看看朋友哩。我已給林泠一信，說今年暑假期間，一定要到她們那邊去觀光一番。我將分別訪問林泠、鄭愁予、方思、彭邦楨等，在每一家都住一兩天。而他們這幾個，不也都是你的老友嗎？相信你的靈魂，有時也會飄到他們那邊去玩玩的。而在我回到了加州之後，我打算寫一篇「東遊記」，寄到臺北去發表。然則，你就等著欣賞我的好文章吧。哦，楊喚，要是有空的話，請你就在今夜，再度來到我的夢中和我聊聊好不好？

（一九八四年三月二十四日，寫完於美西堂。）

哭顧城

我們有過一面之緣，一九九二年五月下旬，在舊金山，朋友們陪著我去看你，談得很高興，還拍了照片留念，你記得吧？你和你美麗的妻子，兩個人我都很喜歡；你那頂帽子，我也非常欣賞。

聽說你死了（一九九三年十月八日）。但我相信，你並沒有死。你的金句，名句，有許多我會背。你永遠活在我心中。怎麼會掛在一棵樹上呢？那麼可愛，一個精靈般的美少年。但那只是新聞報導，而不是你的詩。你不是說過嗎？「睡吧！合上雙眼，世界就與我無關。」而那兩個女人，一個跑了，一個被你宰掉，而今而後，不也和你無關了嗎？唉唉……

為了愛情，你毀滅了你自己，這不是不可以原諒的，因為你也是一個有血有肉有感情的「人」，而不只是一個「詩人」。但我還是忍不住地要說：如果上帝真正愛惜你的才華，我不是不情願把我這太長的壽命分一半給你的。

唉唉顧城：你靜靜地睡吧！

（一九九三年十月十二日，寫完於美西堂半島居。）

懷楚卿

一、詩人不死

本文主題，以「懷念」代「悼念」，蓋因詩人不死，人死詩在。古今中外，凡真正的詩人，皆不死。

二、佳作金句

詩人岳宗，本名裴源，為我得意弟子之一。他於今年一月二十七日寫了一信，二十八日寄出（根據信封上的高雄郵戳），直到二月十六日我才收到。這封航空信，在路上，足足走了二十天之久，不知道究竟是中國人還是美國人的過失延誤。而總之，信已到我手中，遲是遲了幾天，我也就不必再去責怪那些郵務人員了。而重要的是：信的內容如何？什麼是岳宗向他老師報告的？

信的全文如下：「路老師賜鑒：楚卿師叔已於一九九四年一月二十二日零時三十分逝世，目前正在籌辦後事中。由高雄市長擔任治喪委員會主任委員，郭嗣汾、蕭颯為副主任委員，由生任總幹事。委員會推荐吾師為委員之一，想吾師不致推辭。委員中尚有胡秀、李冰、上官予、洛夫、司馬中原、梅新等三十多位，皆為文藝界楚卿之舊識。預定二月五日舉行安息聚會，特函稟告。門人岳宗敬上。九四年一月二十七日。」

看完了裴源的信，我心裏好難過。如果我在高雄，一定會寫一篇祭文，於公祭之日，朗誦於亡友之靈前，聲淚俱下，也像當年哭楊喚時一樣的悲傷。人們都知道，楊喚是一位詩人。可是老友楚卿，他也是一位詩人啊。楚卿多才多藝，不但小說寫得非常出色，詩也寫得挺棒。而當初，楚卿和我相識，本來就是以一位詩人的姿態出現於我眼前的。我們一見如故，談得很是投契；而當我於一九五三年創辦《現代詩》季刊時，他也是這份詩刊主要的作者之一。不，更早一點，一九五二年，由我主編，只出一期的《詩誌》，已有他的作品發表。日後他和楊念慈等成為臺灣文壇上響叮噹的小說家，我還是把他當做一位詩人來看待。楊念慈在我眼中，也是一樣的。為什麼？因為他們都具有詩人的氣質與天賦，所寫的詩固然是詩，所寫的小說也是詩——用小說的形式表現出來的「詩的內容」。而凡是第一流的小說家，例如紀德、海明威，皆為吾輩詩人之同族同類，那些譁眾取寵二三流的「故事」作者是辦不到的。

不只是一般的讀者，就連文藝界的朋友，恐怕也很少有人讀過楚卿的詩作吧？

詩人楚卿，他一開始寫的就是「自由詩」而非「格律詩」，「現代詩」而非「傳統詩」。作為一個現代主義者，使用「散文」之新工具，唾棄「韻文」之舊工具，不再步前人之所既步，道前人之所既道，而努力追求全新的表現，這一點，最是具有決定性的。楚卿是一位但憑其「睿智」而寫詩的詩人，這和一般抒情詩的作者大不同。他的那些「主知」之作，往往令人看了叫絕。我早就說過，現代詩以「詩想」為本質，傳統詩以「詩情」為本質。如果要在「詩想」的運用方面去和楚卿作一比賽，我只敢拿出「沙漠故事」這一首來和他較量，而其餘皆不能出馬，無法上陣了。我手頭資料不足，幸而還有一冊《現代詩第二年合訂本》在，那就讓我把他發表於一九五四年的作品抄在下面給大家看看吧。

楚卿在《現代詩》季刊第二年的每一期上都有作品發表。這以前和以後的各期，因我手頭沒書，就不知道，也不記得了。他在第五期（春季號）上發表了「讚歌二章」，一是「我的讚歌」二是「你的讚歌」，特別是二，對於那些迎合低級趣味庸俗的愛情故事製造者大加嘲笑：

凡是女人總是長得很美，睫毛很長，
總是從一個偶然的機會裏建立了感情，
又總是突然的別離淚水濕了衣襟。

請看！他這一「凡是××總是××」的公式用得多好。而此詩之最後一節更妙：

你們世界裏的人都張開口笑了，
但永沒有笑聲；
我底尊貴的「作家」啊！
我多麼驚異於你們的世界，
人都是一般齊，心也一般正，
面孔也都是一般的平整，
於是，我就難怪得古怪多端了——
我是一個額角嶙峋面目可憎的詩人啊！

在第六期（夏季號）上，楚卿發表了他那強有力的「憤怒篇」，一輯四首。其一之末尾四行：

從憤怒中回來，
鄰座的桌子上小卒過河了；
別掙紅你底臉吧！我的朋友，

誰叫你們讓士和相都不走正路？

看！「不走正路」這四個字，諷刺得多麼的厲害啊。而其四的末尾四行，也很夠勁：

扔棄了你底王冠，硬要來打家劫舍。

可悲的靈魂啊！文字原是人類的資產，

給你用來，就變成了罪惡。

我敢面著你，來吧：看誰是衣冠禽獸。

而在這四首之中，還要算其二為我所最欣賞：

從二十一世紀開始，

上帝要把地獄裏的人換入天堂，

因爲地獄裏的懲罰變不了惡者，

讓在天堂裏去教養。

那麼，我們將趕上安排入地獄，

我又怕地獄又變成天堂。

為什麼？因為這種「相對論」的表現手法，乃是我一向用慣了的。而在他用來，竟是如此的天衣無縫，熟練而雋永，而又幽默得夠意思，教我怎能不佩服呢？接著，在秋季號（第七期）上，他發表了「痕跡及其他」，一輯六首，皆為抒情短詩。第一首「痕跡」的第一節

我坐在沙灘上，嘻笑地
抓一把細沙，疊一座小塔，
海潮來了，塔又變成了沙灘。

以及第六首「紅豆」的最後一節

紅了，綠了，日子久了，枝葉落了，
紅豆串在綠色的線上，掛在白色的胸上。
憂鬱只管是憂鬱，
思念卻仍是思念。

都寫得很美很溫柔的，最後，在冬季號（第八期）上，他發表了兩首「端午餘稿」。

「端午」的末節：

蒼卜是劍，

應該選取硬的，長的。

這個主張，我舉雙手贊成。而另一首「寄紀弦」之第一第二兩節：

仍是長的頭髮，短的髫髭，

微微顫抖著嘴，高聳兩肩，

在寫「告別都市」。

而我，也瘦削著臉，突著額角，

搖晃著步子，卻說：

「都市，我又來了。」

他把我當年的形象，活龍活現地畫出來了。而且，又是一種「相對論」的表現手法之展示：他來了，我卻正要離開，多好玩，多有趣。想當年，我和楚卿、楊念慈、梅新、洛夫、李莎、方思、林泠、鄭愁予、葉泥、羊令野、白荻、林亨泰等寫詩的朋友們在一起，玩得多高興，喝得多痛快，大家以文會友，毫無利害關係，那種友誼，真是多麼的純粹，多麼的寶貴啊！

三、管瓊的紅

我仔細地讀了他的這些作品，又講了上面的話，想必他會點頭，承認我是他的「知己」。但在他的詩後，有些附記，卻引起了兩個問題，不能不在此提出來，請大家為我查清，來信說明，謝謝。

第一個問題是：楚卿有沒有出過詩集？在「痕跡及其他」的詩後「小記」中，他說：「……這些詩是選自近日集成的詩集《苦樂集》的。」不知這個集子究竟出版了沒有？如已出版，他不會不送我一本的。很奇怪。

第二個問題是：楚卿當初執教於花蓮中學。不知他是那一年離開花蓮，前往台中的？我只記得，一九五五年八月，我有環島之旅。到了花蓮，曾在新婚不久的楚卿處小住三天，而且還寫了一首「贈詩人楚卿」，其最後的一節，朋友們都很叫好：

多像十年前的一位少女啊！
你的十九歲的太太也是愛穿紅的。

那紅，不是玫瑰，不是楓。

哎，就叫它「管瓊的紅」吧。

真的，那時候的管瓊，跳跳蹦蹦的，既美麗，又活潑，還是個小姑娘的模樣哩。可是發表在一九五四年夏季號《現代詩》的「憤怒篇」詩後，他卻附記了「四月十四日於台中」這幾個字。這就把我弄糊塗了。難道他是先在台中教書，然後轉往花蓮，然後再回到台中的嗎？

而總之，十年後，一九六四年春假期間，我南下，過臺中，又在楚卿家作客一次，還記得很清楚。他請我吃水餃，約了當地幾位文友作陪（有李升如在內）。但是當天，我沒喝酒，因我左腿毛病尚未痊癒，仍在服藥。那時候的管瓊，已經有了幾分大人氣，而且成為兩個孩子的媽咪了。但是看來，她還很年輕，很迷人。而名作家楚卿，則忙於寫小說，還稿債，已很少寫詩了。楚卿說他要寫文章評我的詩；舉杯一飲而盡，那氣派，夠大的。管瓊說：「在今天，恐怕還沒有誰能夠評紀弦的。」我說：「楚卿是夠資格的一個。」大家都拍手贊成（他日後究竟「評」了我沒有？待考）。就這麼著談談笑笑，吃吃喝喝，兩個多小時過去了。直到管瓊的小女兒在她懷抱中睡熟了，我才告辭而去，留下了一屋子友誼的溫暖。這是三十年前的往事，保存在我腦海中的錄影與錄音，至今還清清楚楚的。……

四、杖朝之慶

去年，一九九三年，四月二十七日，我滿八十歲。詩壇與文藝界的朋友們，在臺灣，在大陸，在美國，紛紛為我舉行祝壽活動，盛情可感。岳宗把這消息告知楚卿，他特地寫了一首賀詩，題為「老友紀弦杖朝之慶」，交給洛杉磯《新大陸》詩雙月刊（由陳本銘、陳銘華主編），發表於第十五期《祝福紀弦八十大壽特輯》中。詩寫的是真夠意思，其全貌如左：

你硬挺如檳榔
現在，該長成一株椰子
折一小枝作杖吧
走一趟白宮——
人間的民主殿堂
瞻仰朗朗星宇
或者朝一回耶路撒冷

臺北只適於翻眼瞪鬍子或作盆栽的
榕家兄弟，那些年間，你老要告別
那條濟南路；而我卻說：臺北，我又來了
我是仰望天國的一株小草
那裏都容得下我站住

只是，那時亦如往後顛狂
唯一學就你的一句話：量酒的
不是杯；要天下名之爲壺的都裝滿酒

因此，老友，現在我已把這隻器皿
洗盡掏空，只容聖靈住入

詩後附記：「九三年寄自高雄」。編者按：「名作家胡楚卿先生因病住院，在病榻上完成此詩，交由詩人岳宗轉來。」想想吧，朋友們，老友聽說老友快過八十歲了，雖在病中，還特地贈詩以賀，這種友情，在今天如此可詛咒的亂世與俗世，真是多麼的可寶貴，多麼的令人感動啊！唉唉老友：傑出的詩人，而且又是第一流的小說家，楚卿兄啊，你靜靜地睡吧。

（一九九四年二月二十五日，寫完於美西堂半島居。）

附記：本文只談楚卿的詩。至於他的小說，理當由司馬中原、郭嗣汾、李冰、胡秀及其他小說家來評論，我就不同他們爭功了。這一點，相信楚卿會原諒我的。

我弟魚貝

一、他也是一位詩人

我弟魚貝，本名路邁（一九一七—一九九二）。我們「關中路氏」，這一代的男兒，皆以「辵」部單名排行。我叫路逾，是本房的老大。路邁老二。老三路造已故。老四路迅。老五路進。我唯一的妹妹名叫路珠。我們這一代的女生，皆為「玉」部單名。魚貝還有其他筆名，早年常用魯賓、田尾等，離滬赴臺之後，這些就不大使用了。

他也是蘇州美專畢業，晚我數年。他也是學畫不成，和我一樣。所不同的是：我從事教育工作，他從事新聞工作。而都很窮，且窮了一輩子。另一不同之處：我的婚姻美滿，他卻終身不娶。不是沒有過意中人，問題就出在一個「緣」字上面。至於我寫詩，他寫小說，這一點的不同，朋友們都知道。大家稱我為詩人，而把他當作一位小說家來看待。其實在我眼中，他也是一位詩人啊。

這話怎麼講？且聽我從頭說起。

二、慧劍斬情絲

一九二四年，我家定居揚州之後，兄弟二人，就讀有名的五師附小（日後更名揚中實小，我是實小第一屆畢業生），我讀三年級，他讀一年級，從此受到良好教育，養成語文能力，影響一生。

小學畢業，考上縣中，才十四歲，我就讀過《紅樓夢》、《水滸傳》、《三國演義》等名著；而也已開始涉獵西洋文學，常愛穿一套青衣黃褲，作「少年維特之煩惱」狀。我是很早熟的。這一點，他和我不同。魚貝愛讀翻譯小說，諸如《雙城記》、《撒克遜劫後英雄略》等等，這些，我都沒碰過，他卻時常講一段給我聽聽。至於希臘神話、歐洲傳説以及荷馬史詩這一類，兩個人都愛讀。而我所醉心的天文學和愛因斯坦「相對論」等與科學有關的書籍，他卻不看。我偶然向他講一點關於太陽系、銀河系的常識，他都不感興趣。但是他的英文程度比我高得多了，讀中學時，他就專買原文本，不再看翻譯的了。當然，新詩、舊詩、外國詩，我們都常讀的。

我於一九二九年開始寫詩，而成名於一九三四年。就在這一年的年底，我創辦詩刊《火山》，出了兩期，每期都有他的東西發表。當年我用筆名路易士，他用路曼士。一九三六年，我組成「菜花詩社」，出《菜花詩刊》一期，《詩誌》三期。

他也時常寫稿。現在手頭沒有《火山》，我也不記得在那兩期上，他寫或譯的究竟是什麼了。他發表在《菜花詩刊》上的，是兩首譯詩。而刊載於《詩誌》創刊號的「悲多汶像贊」這一首，實在寫得很不壞：

不知是憤怒抑是憎恨，
像大海之巨濤永溢在眉宇，
你的眼裏卑視一切，
縱令神明發怒也無所懼。

你又如寶劍快要出鞘，
祇須一揮便斬平了地獄，
你的神芒永遠不朽，
即使石像碎了也不足慮。

啊，我豈能不驚嘆，
你有如天上的北斗七星，
長夜唯你引導迷途的人，

一切卑污陰險皆成幻影！

你可瞧見我的膜拜？
你可聽見我的頌吟？

啊，你那不修的長髮，
似已隨風飄進我的心靈。

大海的怒濤永無止息，
北斗七星的光芒萬世不滅，
你的眼裏卑視一切，
雷霆震瓦你也毫不戰慄。

你的神芒照澈了人間，
即使那提秀斯一樣的偉人，
阿溪里一般的英雄，
也不會更比你象徵永恒！

讀美專時，他和姚應才等幾位要好的同學，終日待在鋼琴室中，而很少走進素描教室裏去畫人體，就連石膏像也畫得不多，其實，如果他專攻音樂的話，我相信，在這一方面，他也會有所成就的。

一九四四年春，我創刊《詩領土》，組成「詩領土社」，他也是核心同仁之一，但已改用筆名田尾，不用路曼士了。當年他用筆名魯賓發表小說，頗受讀者歡迎，而知道詩人田尾就是小說家魯賓的並不多，田尾發表在《詩領土》第二號的「七首讚」

以爾之赤寒，
一試我心底溫度，
並休止了它底節拍——
煩騷的，困擾的，
雜以慘白之憂傷的音樂。
我報爾以情人底微笑，
讓永恒之寧靜
由爾浴血的刃端

靜靜流進凝冰的胸膛。

斯時，
予爾以瞬息之震慄的
是涓涓未已的心之淚汁——
對末節的尾音，
致以無言的哀悼。

以及發表在《詩領土》第三號的「夜之酩酊」

歌無聲，
舞無色，
黑的冷，
冷的黑。
連夜醒之追想
也悄然以離；

而矇昧的銀灰之觸鬚
則於半掀的被角
尋覓走失的溫意。

像歸去的酒徒
酩酊於淒冷的街頭——
每個如斯之夜，
徜徉在無波動的寧靜裏，
讓夢之刹那
漠然相捨。

都寫得很好。後來，我於一九四八年組成「異端社」，主編詩刊《異端》。而在這以前，他已改用筆名魚貝發表詩作和小說了。「異端」第二號，登了他的一首「舉目無親的一天」，他當年的生活和心情，被充分地描繪了出來：

夜深如死，殘月欲碎；
世界狂歡過度，已告涅槃；

獨自游離街頭，狗亦懶吠。

向自己提供一些建議，
罔顧法律與道德——
尋個棄婦作弄作弄，
找隻難民踢打踢打；
奪柄維持秩序者的手槍，
轟破生命之窄門，
釋放靈魂度佳節。

唉，活在地球上，
不可胡作胡爲；
哼，活在地球上，
且去痛飲虎骨追風木瓜酒。
在露天宵夜攤頭，據案大嚼牛肉；
向買醉三更的樂師誇口——

咱才是正宗古典的泰斗。

一盃復一盃，

瓶已空，錢也完。錢算什麼？

且高歌——亞令匹斯山諸神不朽！

那時候，我在著名的聖芳濟中學教書，一家生計勉強維持。而他卻仍在失業中。這首詩，寫一個人的窮愁潦倒，既頹廢又狂妄，帶七八分醉意，雖然文字略嫌粗糙，比不上其他幾首，然而真情流露，不乏佳句，讀來還是很令人感動的。

一九四五年抗戰勝利，老友徐淦主編「和平日報」（原名「掃蕩報」）副刊，魚貝和我，經常為他寫稿，就在這時，我已改用筆名紀弦。除了我們三個，還有其他詩人，其他文友，大家時常聚飲，玩得很夠意思。徐淦他們愛喝紹興花雕，我們兄弟二人常喝徐州高粱。所謂以文會友，以友輔仁，我們是真正地做到了。我們對文學的看法，主張藝術性與社會性並重。我們堅持文藝創作自由，反對意識至上主義。對於那些「感情虛偽，事實架空」（杜衡語）千篇一律之作，我們嗤之以鼻，判為「文學以下，詩以下」。我們不談政治，彼此之間毫無利害關係，想當年，以徐淦為中心，我們這一群朋友的友誼，真是多麼的「純粹」啊！

從抗戰勝利，到離滬赴台，在這幾年裏，魚貝一直和我們住在一起。雖然吃住不成問題，也不缺少零用，但他事業上的挫折，再加愛情上的創傷，那並非大哥大嫂倍加愛護之所能補償於萬一的。他很好強，也很自負，而個性又十分狷介，這一點，最是教他吃虧的地方。在上海，他曾愛過一位已婚的少婦（他真的變成了維特），但對方家庭信奉天主教，不可以離婚的。他們相戀一段時日，最後還是分手。以慧劍斬情絲，他算是夠狠的了，但這打擊太重，影響他下半輩子。到了臺灣之後，一九四九年，我開始執教於臺北成功中學；魚貝則被臺南「中華日報」聘為新聞編輯。初到臺灣，一切從頭來起，雖說相當辛苦，但還算安定的。我有時到臺南去看魚貝，他也常到臺北來看我們；臨別總是依依不捨，對於長兄長嫂一種依戀之情不言而喻。親戚朋友有為他做媒介紹女朋友的，他都婉言謝絕了。我夫婦二人左拜託右拜託，卻始終拿他沒辦法。其實他從未承認他是個獨身主義者。

不記得是那一年，發表在什麼地方，什麼報刊上的了，他有一首抒情短詩，寫得很悲很美，末尾兩句，我永遠記得：

艨艟沉淪

大海無言

這實在可說是他一生的寫照。

三、兩次住院開刀

我已記不清他是那一年被臺北「中華日報」調過來編新聞的了。而總之，從此以後，兄弟二人時常見面，免於南北奔波，旅途勞頓，那當然是一件好事。不過，他硬是不肯住在我們的校舍裏，一個人花錢租房子住在距離報社較近的地方，而只在假期有空時，回來吃一頓飯而已。為什麼？從前在上海時，他和我們住在一起毫無問題，如今來到臺北，反而不願意了呢？原來當初我們住的宿舍，是一種「克難式」的房子，我夫婦帶五個孩子，已經擠得要命，就連老母都無法安頓，只好讓她暫住虎尾親戚家中。因此，他一個人住在外面，你不能說他「孤僻」或是不近人情。

他在「中華日報」工作了十多年，後來辭了職，和經理部錢先生及其他幾位同事友好合作，開辦了一家「華商廣告公司」，專做洋人生意，做得相當順利。錢先生擔任總經理，他做秘書長。開頭幾年，他們是賺錢的。後來競爭者越來越多，他們的生意就很難做了。但靠著「牌子」老，總還可以維持下去。我很慶幸，現在他不做夜工作，對於健康是有益的。誰知由於常年辛勞，而又多喝了幾杯，他胃部的毛病，已經相當的嚴重了。他曾兩次住院開刀，都是我寸步不離地擔任了「特別護士」。不記得是那一年了，公司裏忽然來電話，說路邁肚子痛了一夜，已經送到醫院，要我快點去陪他。當我趕到醫院時，病人正要進手術房。醫生說，他的病叫做「幽門阻塞」，開過刀，住院幾天，很快就會復元，教我不必緊張。雖然只是個小手術，但也花了兩個多小時。回到病房，躺在病床上的老二，半天才醒轉來。為了要繼續打點滴，護士小姐教我注意瓶中藥水，到還剩五分之一時，就要通知她們來換新的。當然，病人不能下床，舉凡洗臉梳頭大小便諸事，皆由我一手照料。我已經帶來一張帆布床和應用物品，所以晚上就不回去了。這家「中心診所」大大的有名，各科醫師皆為當代名醫，而費用之昂貴，堪稱全臺灣第一了。魚貝平日相當節儉，也喜歡儲蓄。唯有醫藥方面，他很捨得花錢。而且，他最相信名醫。「中心診所」的王主任和他很熟，他指定了要他開刀。事後王主任對我講，他的十二指腸還有問題，將來尚須徹底解決，要我們做好心理上的準備。而所謂「幽門」，就是十二指腸和胃部相連接的地方。這些常識，我以前一點都不懂。

大約又過了兩年，經王主任給他仔細檢查過了之後，認為他的體力足以支持得住，就決定動大手術了。這一回，魚貝一點兒毛病都沒有，臉上氣色很好，看來就和一個健康的平常人一樣。當然，王主任的診斷還會錯嗎？他的十二指腸潰瘍，上次就發現了。不過那是急診，還來不及處理。現在非把問題趁早解決不可，否則就危險了，王主任說。電話中約定的日期終於到了，於是兄弟二人，一同前往住院。和上次一樣，我把要用的東西都帶去了；還有一大堆學生們的作文簿子，也帶了去隨時批改。當然，我有課還是要騎車回學校去上的。幸好這時我已不兼任導師了，不然的話怎麼辦呢？住院的前兩天，謂之「手術前觀察期」，主治醫師認為一切滿意，到第三天就開刀了。記得那天早上，王主任吩咐他先洗個澡，又叫一名男護士到病房裏來，關上門，把他肚臍以下的體毛刮光，用酒精擦了全身，上過麻藥，這就準備進手術房了。而當王主任要我簽字在一份文件上時，我的手忍不住直發抖；同時腿也軟了。眼看著兩三位穿綠袍的助手把他推進開刀房去，我不由自主地跪下來祈禱：「上帝啊！請保祐我二弟手術順利，早日康復。如果有必要的話，我情願把我剩餘的壽命分一半給他，也好讓他多活幾年！……」真的，仁慈的上帝又一度降福給我弟弟，是因為我虔誠的祈禱已上達天聽了。不過這時，我還沒有成為一個基督徒。直到一九七五年老母逝世，我才自動前往信義會，請求魏力行牧師為我施洗，而正式皈依了三位一體的真神。但那是後話了。且說當天魚貝第二次開刀，從上午九時到下午七時，整整花了十個鐘頭之久，其手術之高難度以及醫護人員之備極辛苦，是可想而知的了。回到病房之後，直到九點多鐘，他才慢慢地甦醒過來。有我在一旁陪著他，小心翼翼地照料他，心理上有了安全感，他的恢復比預期的來得快；還不到三個星期，我們就出院了。回家後，他的大嫂天天都煮雞湯給他進補。我從王主任處，得知魚貝的十二指腸已經腐爛得不能使用了，所以他就索性把它全部切除，而讓小腸轉一個彎，直接和胃部連接起來。像這樣一種醫學上的大進步，真是神奇得令人萬分的驚異。我們兄弟二人，向王主任謝了又謝，謝他救命之恩，謝他再生之德。而從此以後，魚貝的腸胃就什麼毛病都沒有了；而且人也胖了一點，體重增加了好幾磅。

我於一九七四年春，因病退休；七六年底，移民來美。七八年春，為小兒子完婚，曾回臺北一次。喜宴席上，新郎官的二叔，和親戚朋友們互相敬酒，談笑風生。我怎麼也沒想到，那就是我和他最後一次的見面了。唉唉……

四、艨艟沉淪大海無言

成功中學退休老師，除非自願放棄，可以繼續居住宿舍，終身享用，不必歸還學校，這也算是一種福利。就連當初「克難式」的宿舍我們都當個寶，更何況現在這種「公寓式」的樓房，我那裏肯放棄？因此，我來美後，房子就交由魚貝和四弟看管。後來魚貝也退休了，月領公司半薪勉維生活。為了節省房租，他就搬到校舍去住了。老四一向在高雄，服務於一家航運公司，有時北上看看他二哥，也總算是有人照應了。我離臺來美，原就是一無牽掛的，除了多病的二弟。當然，那些寫詩的朋友們，我也非常想念。而魚貝，在臺灣，一向以一個「老前輩」自居，對於我的那些「忘年之交」，我所特別重視的「中年的一代」，從來不給面子。我曾去信，要「聯副」主編詩人瘂弦向他請稿，他卻置之不理，我也奈何不了他。弟兄二人的性格，本來就是大不相同的嘛。

記得是在一九八六年，我已經以一個「美國公民」的身份，向移民局申請魚貝移民來美。可是這種「第四優先」（未婚兄弟姐妹）的配額，至少要等待十年以上才會輪到。換句話說，要到一九九六年以後，魚貝方可來美。多麼的無望啊！但我決定走一步算一步，還是依照規定辦理了各種非常麻煩的手續，而一心只希望他能來美和我們團聚。他晚年最大的心願，就是能有一天再回到如父如母的長兄長嫂溫暖的懷抱中。而結果，他是失望了。我們也失望了。唉唉！他還時常來信，勸我少絞腦汁，少寫東西；又勸他大嫂別過分勞累，不必親自下廚，到外面去吃，省點事。我老伴看了他的信，感動得流下了眼淚；但還是喜歡自己做，這已成習慣了。

我天天看報，我年年看報，從一九八七到一九九二，總要查對一下「第四優先」的配額，究竟已到何年何月何日了。臺灣和香港比大陸稍快，但也好不了多少。看著看著，其進度已從牛步化變成蝸步化了，如此的緩慢，真令人等得不耐煩了，我恨不得馬上寫封信去把那些老美痛罵一頓才好。而就在一九九二年的下半年十月四日，魚貝又住院了！當然還是「中心診所」，他和這家醫院已經結下不解之緣。這時王主任雖已作古，他還是信任其他的名醫。這一回，他的毛病出在肺部，先是氣管炎，肺炎，後又變成了肺病，肺心病，不是短期可痊癒的。而且據說，那些結核病菌，現已養成十分頑強的「抗藥力」，管你什麼特效不特效的，牠才不怕。魚貝這次住院，皆由老四擔任「特別護士」；他高雄臺北兩頭跑，也的確很辛苦，我給他記一大功。魚貝住院才一個月，就把一生積蓄新臺幣幾十萬都花光了。幸虧有老四、老五的援助，再加上我們這邊幾個孩子的「美援」，醫藥費總算是不成問題了。曾有人問過我：「路邁看病，為什麼要花那麼多錢？他在中華日報工作多年，照理應當有公保的。」我無辭以對。我深知我二弟，他最怕填表格，嫌麻煩。「看病花錢，老子不在乎的。什麼公保勞保，俺才不屑！」這便是一種「大少爺的脾氣」，誰勸他也不聽的。而在臺灣，我是有公保的；在美國，我也有醫療保險。我心裏想，等他來了之後，各種老人福利，一定要為他爭取，他推也推不掉。他怕填表格，嫌麻煩，可是我不嫌，我不怕，一切由我包辦就是了。又為了讓他一下飛機，就有個「落腳點」，我們夫婦二人，早就弄到了一間老人公寓，將來他和我們住在一起，就不至於麻煩別人了。可是這一切，都已成了泡影，都是白費心機，人走都走了，還說什麼呢？唉唉！天哪！……

從老四的信中，得知他二哥雖已出院休養，但主治醫師背後已對他言明，怕沒幾天了，至多也拖不過半年。果真還有半年可拖的話，我回去見他最後一面並非不可能的。然而又有誰會想到呢，就在十一月七日上午，老四忽然打了一個越洋電話來，說他二哥病情惡化，他連夜趕往臺北去照料一切，火速送院，但已回天乏術，醫生只管搖頭嘆息，勸他節哀順變。而這條大船「魚貝號」，終於在臺北時間十一月八日晚上九點多鐘，不聲不響地沉沒下去了！

魚貝在住院期間，曾吩咐老四為他處理三件事情：第一，他希望明年春天，能回南京，依靠妹妹路珠生活，要老四送他去。第二，如果死在臺灣，必須火葬；而把他的骨灰運回大陸，他說這也算是一種「葉落歸根」。第三，如果死了，他的著作，特別是短篇小說，已經弄好了一大包（放在什麼地方，老四是知道的），必須為他出版。但這要請大哥和老友徐淦商量著辦，因為老四是不懂的。以上他的三條口頭遺囑，凡老四會做的都做好了。老四有氣喘的毛病，不宜長途旅行，就派他的大兒子路學展把魚貝的骨灰和遺著帶到南京去了。珠妹事前已為她二哥準備好了一塊墓地，靠近已故妹夫胡潮的墳，立碑安葬諸事，皆已由珠妹和展姪二人辦妥。而其遺著，則已專程送到北京徐淦手中。現在剩下來最後的一件事，就是《魚貝短篇小說集》的編輯和出版了。當然，這在老友徐淦，是義不容辭的。不過，他也是上了一大把年紀的人了，教他費心費時，我實在是很抱歉，而又萬分的感激。在這裏，讓我向他鞠三個躬致謝。

徐淦說，魚貝的小說有其「特點」，那不是同時代人之所能企及的。作為一位傑出的小說家，難道徐淦的眼光還會不準確嗎？但是魚貝的「特點」究竟何在？那就要請你去看徐淦的文章了。我從小到老，寫詩寫了一輩子，卻從未寫過一篇小說，無論長篇中篇或短篇。如果朋友們要我同魚貝去比賽寫小說，那我是贏不了他的。

但是反過來説，要魚貝同我來比賽寫詩，相信他不一定會輸給我。為什麼？在本文的開頭，我不是已經交代過了嗎？他也是一位詩人啊！唉唉！詩人魚貝，小說家魚貝，我最最親愛的二弟：你靜靜地睡吧……

（一九九四年四月二十七日，寫完本文於美西堂半島居，紀弦時年滿八十一歲。）

致詩人羊令野

仲琮兄：聽說你走了，而我未能前往臺北，擠入朋友們的行列，為你祖餞，很是遺憾，非常的對不起，雖然送別者的名單中也有紀弦二字在內。唉唉！人總是要走的，早晚而已。不過，所剩無幾的老友，如今又少了一個，能不令人為之唏嘘良久，嗟嘆復嗟嘆乎？

記得當年（一九五六），我和蘭村兄南下訪友，而於《現代詩》第十四期「現代派消息公報」第二號上有如下之一則記載：「二月十八日，紀弦、葉泥聯袂南遊，抵彰化，與林亨泰、錦連晤談甚歡，當晚即宿於林亨泰的八卦山居。翌晨，紀弦下高雄，住吹黑明處。二十日，遊紅毛港。二十一日，經臺南、新營抵嘉義。次日，晤羊令野、丁潁，而復與在彰化多耽了兩天的葉泥相遇。二十三日，葉泥偕羊令野赴臺南，後又隻身往高雄；紀弦則經臺中而於當晚返抵臺北了。遲至二十六日，葉泥始倦遊歸來，而結束了這一趟愉快的旅行。此次南遊，二人皆有收穫。紀弦成詩《二月之旅》一輯，分為『彰化篇』、『高雄篇』、『嘉義篇』、『歸途篇』四個部分，每個部分都包含兩三首，而各帶一個後記。這些作品，已交由羊令野主編的嘉義『商工日報』純文藝旬刊《南北笛》去陸續發表了。」日後，這一輯詩，由臺中「光啓出版社」發行的《紀弦詩選》和由「現代詩社」出版的《檳榔樹乙集》都收了進去。而在其後記中，我曾說過：第一次到嘉義，印象相當良好。那是二月二十二日的事情，由丁穎陪同，到一家旅館去找到了你和葉泥，大家見面，十分高興。下午，我到斗六、斗南去辦了點事情。回來一同上「六春茶園」品茗。晚上你請客，大家都喝了不少的金門高粱。而我是空著肚子連乾了十杯的。當然，我有點醉了。回到旅館，我提早上床呼呼大睡。第二天，天還沒亮，你們還在夢中，我就悄悄地離去了。但這並非不告而別，頭一天晚上已向大家說明。可是我鬧了一個笑話，後記上沒提到。原來我是要北上的，不知怎麼搞的，胡裡胡塗地上了南下的火車。不久到了新營，這才清醒過來；連忙下車，到街上去吃了點東西，等下班車，經臺中，回臺北。我已不記得給你的信上有沒有補敘這一段。而總之，大丈夫事無不可對人言，我應該向你詳細報告一番才是。老友啊，你笑一笑吧！……

你還記不記得？就在「嘉義篇」中，有一首「贈詩人羊令野」，其最後兩行，你大為欣賞：「我身上的（以及心上的）台北雨，晒了好幾天啦，還沒乾哩。」而於一九五八年，我又寫了一首「春日寄羊令野」，其末尾兩行是這樣的：「那麼，掛一個長途電話來吧，位於北回歸線上的羊令野！」由此足證，你我的友誼何其深厚，決非泛泛之交，而我又是如此的愛南部，想南部。可是沒過多久，你被調職臺北，從此以後，你的「嘉南時期」告一段落，而我們見面的機會就更多了。那時候，你住在芝山岩，公餘之暇，時常約我和葉泥及其他文友去玩玩。我們飲酒、談詩、賞花，玩得多麼的夠意思。一九六二年夏，你院中的曇花盛開，特地邀請我們前往觀賞。這一回，我居然一口氣成詩四首：「芝山岩的曇」、「詩人與飲者」、「曇開」和「我看曇花」，而皆已收入《檳榔樹丙集》了。這其中，尤以「詩人與飲者」一首為我所最得意，而也是你和朋友們所一致拍手叫好的。那就讓我在這裏再為你朗誦一遍吧：

UDUMBARA

二千年一開花；
花開時，金輪王即出世。

要是不呢？
佛說：「由他！由他！」

而芝山岩的曇是年年開的；

年年開，年年有訪花的珍客來。

詩人說：「曇開日，豈可以無詩？」

而飲者，撚撚他的鬍子，心想：

「要是無呢？由他。由他。」

不記得是從那一年開始的了，你借用「青年戰士報」的副刊地位，主編《詩隊伍》週刊，我們大家一致擁護，努力寫稿。而你這位可尊敬的隊長，直到一九七六年尾我移民來美，還在執行任務，提拔新人，繁榮詩壇，多麼的勞苦功高啊！但你終身不娶，不知是何緣故，我也不敢多問。聽說前幾年你帶著一群詩人應邀訪韓，在漢城，和高麗棒子許世旭等在一起玩得很高興。他們曾介紹一位韓國女士和你相識，而對婚姻一事，你卻婉言謝絕了。我想，如果你有一位老伴的話，也許不會走得如此之快吧？……唉唉，老友，你靜靜地睡吧！

（一九九四年十一月二十六日，寫完於舊金山半島。）

二三事懷鷗外

一、大西洋與太平洋

三十年代老友之一，詩人鷗外・鷗，已於今春病逝紐約。當年朋友們習慣地叫他「鷗外」，也像叫路易士「路易」一樣，省一個字，蓋暱稱也。他的女兒李和寄來一份「訃告」，說她父親已於一九九五年二月六日下午四時三十分走了，享壽八十二歲。又說：「我們遵從他生前的遺囑，軀體火化，骨灰撒入大西洋。只設家祭，免除一切繁文縟節。」這是對的，我以為。因為我也喜歡火葬，不情願被釘入一具棺木埋入土中。而我的那首「預立遺囑」（已收入詩集《半島之歌》，頁二三七），他也許看過了。不過，我和他不同的一點是，他指定了把他的骨灰撒入大西洋；而我卻說「無論太平洋、大西洋或印度洋都可以」。當然，能把我的骨灰撒入太平洋，那是再好也不過的了。為什麼？因為我懷念臺灣、大陸和香港。有生之年回不去，死後的靈魂也要飛回去看看的。唉唉！

好了，這些暫且不談。且說我和老伴的一番對話之結論：「如果他不移民來美，一直住在廣州，就不會水土不服，生活不習慣，因而影響了健康。而且，他是個南方人，下大雪的紐約天氣，那麼冷，他一定受不了。」而這一點，我又和他大不相同了。我們是北方人，盆地臺北的氣候，既潮濕又悶熱，弄得我三天一小病，五天一大病，天天吃藥打針跑「公保」，好不痛苦煞人也。可是退休後，一九七六年底來美，到了舊金山，一下飛機，我全身的毛病都不藥而癒了。真奇怪！這大概就是由於蒙受灣區氣候涼爽乾燥之所賜吧。

為了尊重老友遺囑，「免除一切繁文縟節」，我就連奠儀也沒寄去，而只寫了一封信給李和，勸她節哀順變，安慰家人。相信我這樣做，鷗外是不會不高興的。

二、詩壇雙怪

鷗外本名李宗大，廣東人，從事教育工作。他究竟大我一歲，小我一歲，或是與我同年，我已不記得了。我只記得，我們二人通信相識，以及他有作品在我主編的詩刊上發表，那是一九三四、三五、三六這三年裏的事情。直到一九三八年，我從雲南前往香港，這才和他見了面。巧得很，另一位三十年代老友，詩人徐遲也在香港。除了徐遲和鷗外，來自上海的杜衡、戴望舒、穆時英、葉靈鳳等，也和我們三個一樣，都住在西環一帶，大家很容易碰到，在一起玩得很高興。後來珍珠港事變發生，太平洋戰爭起，香港淪陷，有人去重慶，有人回上海，這一群朋友便星散了。

而在一九三八年以前，究竟是一九三七年還是更早一點，記得他在廣州，曾主編過一份名叫《詩選手》的詩刊，大約只出兩期就停掉了。而我到底有沒有給他寫稿，我已記不清了。不過，我還記得，《詩選手》的作者，除他本人，還有柳木下、黃魯等，東西也都寫得不壞。而他的那首名作「鎖的社會學」，大概就是發表在這份詩刊的創刊號上。

香港分手之後，他到了廣西。在桂林，他寫了不少有關山水的詩。特別是那些使用大小篆書畫出來的山形山色與山性，簡直妙不可言。我相信，法國詩人阿保里奈爾（Guillaume Apollinaire, 1880-1918）看了他的那些象形文字，也一定會拍手叫好，引以為他們「立體派」的東方同志。可是我們生當亂世，再三流亡，這些資料都遺失了。如果我能把他那首名作和立體詩抄下來給大家看看，那多好！

幸而我手頭還保有幾本我自己主編的詩刊，特別是《詩誌》，每一期都有鷗外的作品。發表於創刊號（一九三六年十一月）的「詩二首」，其中之一，題為「戴了眼掩的馬車之馬」，寫得有趣極了。其全貌如左：

妻，挽住了我的臂膀而行的
一乘馬車。

我，戴了眼掩的馬車的馬。
我的身心，
統一於一人之手。
行進於花枝招展的柏油的市街，
含了不能側目的苦；
不能逐鹿的苦。
對於沒挽馬車不戴眼掩的馬，
則有一枚垂涎欲滴的垂涎了。
但我掛了一臉無他無他的冒牌的忠實。

瞧！這最後一行，想必朋友們看了都會笑他一個會心的微笑吧。一九六三年五六兩個月，我應邀赴菲律賓講學，擔任中國新詩講座。我所使用的講義，早就在臺灣編好了，分為史的考察、質的分析和新詩選讀三個部分。而在詩選之中，既有臺灣詩人作品，也有大陸名家的詩。鷗外的這首「戴了眼掩的馬車之馬」，和徐遲的一首「戀的透明體」，學員們都很喜歡，甚至有幾個女生還會背哩。《詩誌》第二期（一九三七年一月）發表了鷗外的兩首政治抒情詩，極盡其諷刺之能事。第三期（一九三七年三月）發表了他的「户外運動選手」和「AMAZONES的恐怖失眠」，都寫得很夠味。在當年，就因為我們二人都用「散文」寫「自由詩」，反對「韻律至上主義」，而且在表現手法上，極力求新求美求變，的確顯示了一種與眾不同的獨自的風格，故所以有「詩壇雙怪」之稱。如今回想起來，覺得我們在「人生」的路上，雖然吃了不少的苦，受了不少的罪，但在「藝術」的路上，卻始終堅持和執著一貫的立場與看法，這一點，無論如何是值得肯定的。

三、關於煙斗和煙絲

在一九三七年以前，我本來是吸紙煙的；偶然吸點雪茄。一九三八年離開昆明，搭乘滇越鐵路火車到了河內，再換車到海防，然後乘輪船赴香港。而在海防候船期間，逛大街時，我買了一隻有名的三個B字牌英國煙斗和一小盒法國煙絲。而就在海船上，我開始抽煙斗而停吸紙煙了。到了香港，遇見鷗外，發見他也抽煙斗，而且已經抽了多年，資格比我老得多了。這使我不得不在這一方面向他多多地學習。於是我買了煙荷包，Pipe Cleaner及其他用具，樣樣都聽他的。他的煙斗，雖非名牌，但是[illegible]堅形正，他拿在手中，看上去很有派頭。至於他常愛抽吸的美國煙絲EDGEWORTH，我試著抽了一斗，覺得比法國煙絲強得多了，既濃烈又芳香，非常的過癮。於是，我把法國煙絲抽完，就開始改用這種美國貨了。從一九三八年到一九八三年，歷時五十多年，我一直抽這種牌子，十四個盎司藍色罐裝的，每月一罐。當然，這都是鷗外的關係，鷗外的影響。而在我的詩中，EDGEWORTH這個字，也曾出現過好多次，由此足見它是多麼的重要了。

鷗外有一本日文的《煙草通》，他正在看，說看完了之後借給我。我說不必了，只要講一點給我聽聽就行了。原來Tobacco這個字，本非英文，乃係來自印地安人的「外來語」，其本義為「煙斗」而非「煙草」。當初白人來到美洲，向紅人學會了抽煙斗和種煙草，帶回歐洲，以訛傳訛，結果就把「煙斗」變成「煙草」了。

一九八三年，我自動戒煙，一夕成功，說不抽就不抽了。但我始終沒讓鷗外知道這件事，無論是寄到廣州的信或寄到紐約的信，都隻字不提。在長途電話中，也不提。而於一九九一年，鷗外寫了一篇題為「話抽煙」的散文，發表於《香港文學》九月號（第八十一期），使我看了大為感動。他說：「三十年代末，廣州淪陷後至香港，住在西環桃李台，與紀弦上下樓之隔。我每下樓，便到他處閒話天下事，彼此都無所事事，唯執筆為報刊寫作而已，收入有限，可想而知。我與他都抽煙斗。抽煙斗，買外國煙絲，要以鈔票作燃料的。沒錢，怎麼辦？某日，天下著雨，我與他的煙絲均已告罄，雖然是吸煙黨的同志，也不能互相支持了！難道就這樣相對無言麼？豈不是更難過？我遊目四顧，看見桌上有一瓶雲南普洱，於是靈機一動，便建議不妨以它作為煙絲的代用品，試他一試。他聽了亦以為然。於是我們倆便各裝了一斗，一個劃了火柴，一個亮了打火機，吸起來了。這樣我們便成為始作俑者，以茶葉代替了煙葉，在窮困的日子。這是三十年代的往事了，如今不知紀弦還記得否？………」當然記得。而且，我還打算寫一篇「也談抽煙」，與他互相唱和一番哩。但是直到今天，我還沒有動筆。如今他已先我而去，我心裏很難過，還有什麼好談的呢？唉唉！………

鷗外到了紐約之後，和我不斷通信，也常在電話中交談。他說他很寂寞，沒有朋友。我就寫信給方思，要他把東部的幾位詩人介紹和他相識。我又安慰他，說我早晚就會去看他。然而我一直走不開，令他失望，真是太對他不起了。唉唉，老友，我真的非常想念你，也像你想念我一樣。如果你看了這篇文章，覺得我還算是夠朋友的，那就請你隨時駕臨我的夢中，談詩談藝術，也談煙斗和煙絲吧。唉唉，老友，你靜靜地睡吧。

（一九九五年四月二十六日，寫完於美西堂半島居。）

第二輯：千金之旅及其他

千金之旅

一、我愛南部

我愛南部，有詩為證。遠一點的不說。一九七三年五月，我曾應邀前往左營擔任講座，頭一天下午乘「莒光號」南下，住「四海一家」，次日下午，授課完畢，略事休息，就又搭乘原車北返，雖然來去匆匆，未能多玩幾天，但是居然成詩三首，也可以說是頗有收穫，而不虛此行了。那一口氣完成的三個作品是：「五月的左營」、「鳳凰木狂想曲」和「南部」。前兩首較長，為節省篇幅起見，只抄第三首如左：

人家說：在北回歸線以北，

所有的蜥蜴都是不叫的。

我點點頭，做了個爬蟲的姿勢。

喊道：我愛南部！南部萬歲！

請問南部究竟有什麼好呢？
我可以躺下來晒他一個夠；
然後信手採一朵鳳凰花，
點燃我久已冷卻的煙斗。

這三首詩，都已收入《檳榔樹戊集》，自一三八頁至一四四頁，屬於「一九七三年作品」之部，只要把書一翻，就可以查到了。

真的，我愛南部。我曾到過嘉義、臺南、高雄、屏東、斗六、斗南、虎尾、岡山、鳳山和左營。但是屏東線的終點枋寮及其更南一些的恒春，我從未去過。我常想，什麼時候有空，總要到那最南端去玩他一趟才好。

二、夢遊墾丁

「日有所思，夜有所夢。」這話一點不錯。我愛南部，我想南部，於是到了去年五月，我竟做了一個非常之有趣的夢；夜半醒來，立刻開燈下床，把那美妙的夢境，如實而稍加誇大地寫下了最初的草稿。第二天，我正在修改時，忽然接到《秋水》詩刊編者古丁索稿的信，我就把這首新作抄好了給他寄去發表。這首「夢遊墾丁」的全貌是這樣的：

某夜，作墾丁之初履。

這裏有許多不知名的大樹，
構成了一種「全體的美」。
而那第一棵，也是唯一的一棵
被我撫摩、擁抱和親吻的有福了——
因其姿態是特異的。

我沒有用小刀在樹幹上
刻以「紀弦到此一遊」六字。
也沒有站在如蓋的樹蔭下
攝影一幀以留念。
更沒有向人家請教：
「這棵樹叫什麼名字？」

連一聲再見都沒說，
我就策扶老而他去了……

此之謂友誼或愛
不足以爲外人道的。

此詩有一後記：「㈠扶老，即手杖。㈡此詩作於今年（一九七四年）五月。我真的做了這樣一個很好玩的美夢。我決定在今年六七月間前往懇丁一遊，看看那裏是否有這麼一棵樹，在等待著我的欣賞。是的，人是要出門旅行的。人不能老是呆在家裏，坐在一張寫字枱前發呆。我靜極思動了。」

三、且說退休

我去年六月也沒錢，七月也沒錢。有空是有空的，但是南下的火車票買不起，怎麼辦？到了八月，我曾服務二十五年之久的成功高中人事室忽然來了電話，要我帶私章去領取「退休人員保險證」。我喜出望外，立刻跑步跑到學校去蓋章，而自管事的小姐手裏接過來一張粉紅色的保險證：這不但比我退休前那張淡綠色的美麗得多了，而且貼上去的我的照片也顯得年輕了一些，而且很帥。怎麼搞的？六十一歲的老頭子，看上去竟比四十多的中年人還來得漂亮些？噢，對了，這都是照相館老闆的手法：他故意把我底片上的那些額部皺紋給修掉了。他真可愛！願他生意興隆，財源茂盛！

提起我的退休，我硬是不情願。我早就決定了：我要一直工作下去，直到滿六十五歲之日被一紙公文趕走為止。但是，人有旦夕禍福，天有不測風雲。我怎麼也沒想到，像我這樣一個又長又瘦有如一棵檳榔樹的傢伙，血壓方面終於出了毛病。

前年十二月五號，上午第三第四兩節，我給學生們講授文天祥的「正氣歌」。第四節下課時，忽感不支，差一點倒在講臺上，化為正氣之一部分。我離開教室，大有寸步難移之概，便扶著牆壁，勉強地走進教員休息室，坐下來歇了一會兒，又叫人去買了一瓶味全牛乳來喝下肚，可是還不能行動，覺得兩腿發軟，全身如棉，似乎所有的卡羅里都已消耗殆盡。我就用了最大的努力，撥了一個電話回家，吩咐我的大兒子趕快到學校裏來接我。回到家中，我是既不能吃東西，也不能講話了。他們把我抬上床去，讓我靜靜地睡了一個多小時。下午，帶我去公保看病。這時，我的精神已比上午好了一點，就把經過情形向大夫報告了一番。大夫替我量了血壓，把眉頭一皺，說「高度」一百二十，「低度」一百一十，高低距離太近，這比一般血壓過高的病人更危險，已經亮了紅燈，接近死亡線了。他問了我的職業和年齡，就指著我的大兒子說：「你的少爺已經這麼大了，你早就該退休，身體吃不消的，難道你還要錢不要命嗎？」我說：「不是的，大夫。我只想替國家多做點事情而已。」他就開了幾張單子，交給我的大兒子，除給我吃的藥，還要驗血和做心電圖檢查。他對我的大兒子說：「你們老太爺再不能工作了，馬上就要給他辦退休！馬上退休，聽見了嗎?」我的大兒子連説是是，順便向他請教了我之所以致病的原因。他説這都是由於幾十年來不斷地超支體力，而且超支過度了的緣故。我就想起我講「正氣歌」時竟是那樣的激動，而師生同聲一哭也是常有的事，除了遲睡早起，一生辛勞，這大概也是病因之一吧。然則，抑制情感，凡事不必緊張，可使血壓穩定；否則就會有生命的危險。到現在，我才體會出這一點「養生之道」。

十二月六號，我全天沒課，在家中休息了一整天，覺得又產生了不少的精力。翌日一早，我就瞞著家人，偷偷地跑到學校去上了第一第二兩節的課。可是不行，兩腿又發軟了，全身又如棉了。這才決定遵照醫師所吩咐的，提早退休。星期六，我去複診，換了一位大夫，他是神經內科的專家，頗為有名氣的。他很愛護病人，不像上次遇到的那位，罵我「要錢不要命」。他翻開我的病歷，看了驗血的報告和心電圖，説幸而我的血糖不高，心臟也沒毛病，否則的話，問題就嚴重了。但他也和那位會罵人的大夫一樣，勸我退休。我就請他給我開了一張診斷證明書，拿到學校去請病假。我們的人事室張主任，和我一向十分要好，就和教務處商量，請了代課的老師，鐘點費由我自己負擔，到放寒假為止；一面替我辦公文，請求教育當局准許我因病退休。而在被批准了之後，我去向李校長告別，走出校長辦公室時，我竟泣不成聲了。

我的病名，叫做「腦血管循環不良」；但是我的毛病，不同於一般高血壓症患者。我也服了一段時期降低血壓的藥，那是為了要使我的「低度」降到一百以下，而「高度」本來就沒問題。開始時我每天服藥三次，共有一紅兩白三種之多。後來我的病情逐漸好轉，就減少了一種紅的；再過些時，又減少了一次，每天早晚各一回，吃兩粒不同的白色小小的藥片；後來情況更進步了，就又減少一次，每天午睡前只吃一回，而這是用以穩定我的血壓的。於是出毛病的「低度」由一百一十下降到一百，再下降到九十，八十五，八十，而終於恢復正常了。

退休的手續是辦得很快，而退休金及各種福利金的發下來，也不算太慢。不過恢復公保的資格，卻一直沒消息。我早就和張主任商定，我要繼續保持公保的權利，所以寒假後，從去年二月份起，我每月都到校交費二百零三元。因為我很急，張主任就安慰我說：「既然他們肯收你的保險金，早晚總會發下新的保險證來的。」我也只好耐著性子等。等著，等著，到了八月，我終於拿到了一張粉紅色的「退休人員保險證」，我的號碼還是零九九零二三。我高興得不得了。回到家中，立刻向太座報告好消息，她也十分的愉快，當天晚上，還加了一兩樣菜，以資慶祝。而在我退了休尚未恢復公保之前，我每星期乃至每兩個禮拜，總要到一家公立醫院去看病的。張主任要我把那些醫藥費的收據妥為保存，以便一旦恢復資格，可憑以向中信局請求發還這一段時間我自己花的錢。其實我是只要能夠恢復健康，多花點錢又算得了什麼呢？但這是我應有的權利，也沒理由把它放棄啊。於是我就依照張主任的指示，到那家公立醫院去要了一份證明書回來，他們就辦好了公文，連同我的那些收據，一齊送上去申請發還我自己花的錢，一共有三千多元。我想，這筆錢，花都花掉了，還能不能夠拿回來，管他呢！如果真的可以拿回來的話，那我就要好好地利用一下——到南部去玩他一個痛快了。

四、千金之旅

依照公保處的規定，有些費用是要被核減的；而核減的結果，我領到了兩千多塊。我花了一千多請幾位寫詩的朋友吃鐵扒牛排，那是九月裏我自南部暢遊歸來以後的事情；而八月下旬之南遊，總共花了一千，所以稱之為「千金之旅」，這是一點也沒有誇張的，而且有詩為證。我寫了「純粹的旅行」。這一次的收穫，使我高興得不得了。請先看了我這首作於南部某地的得意之筆，然後再言歸正傳吧：

請別問下一站是個什麼地方；
而也不能預先指示某一可追蹤之方向，
用這根古舊的手杖。

多年來，它已成爲我身體的一部分了。

它是一種古銅色的，大概是檜木製的。
妳說妳喜歡它，
因它使我的風度不凡。
而我也很驚異有個陌生的女子
居然對我講這句話，
——那就讓妳再親它一個吻吧，
長一點兒沒關係的。

·

不過，我眞的要走啦，
走向過去未來與不可知，
這也不是假的。

此詩作於南部，寄自南部，而發表於「華副」。有不少的朋友看了之後，要我詳加說明。我的回答是：「那怎麼可以？連朱沉冬他們都不知道的。」而我在乘坐「觀光號」南下之前，早就和沉冬通了幾回信，一切按照預定計畫進行，樣樣令人滿意。

八月二十四號下午，黃昏時分，車抵高雄站。月臺上，沉冬夫婦，白浪萍，李春生，朱學恕，范亞倫，張為軍和李冰他們，早就在等著我了。大家在車站附近的一家小館子裏，隨便吃了點東西之後，就擠上了白浪萍的車子，前往鳳鳴電臺，舉行我的個人朗誦會去了。

五、檳榔樹之夜

中央日報南版，在八月二十四號登出了一則消息，說當天晚上八點，由中國文藝協會南部分會、中國青年寫作協會高雄分會、鳳鳴廣播電臺、高青文粹社暨山水詩社五個社團假鳳鳴電臺聯合舉辦「檳榔樹之夜」，「邀請我國著名詩人紀弦先生親自朗誦他自己的作品，歡迎愛好文藝的朋友們前往欣賞。」文協南部分會主持人陸震廷先生還特地在該報的「地方短評」一欄上，寫了一段「檳榔樹之夜」，替我吹噓了一番，令人感激得很。

到了鳳鳴電臺，該臺節目主持人歸來先生和寫詩的朋友們陪著我坐在會客室裏略事休息，就一同走進會場去，依照預定的時間開始進行起來了。首先由陸震廷先生致詞，接著是朱沉冬的介紹，他們二位都把我捧得太高了一點，我實在是不敢當的。沉冬介紹完畢，我就向聽眾鞠了一個躬，對著麥克風開始朗誦我的作品了。會場裏坐滿了聽眾，約有三百人的樣子，很靜很靜，就像在一個音樂會裏欣賞一位音樂家的鋼琴獨奏似的，那些高水準有教養的聽眾，都在靜靜地傾聽著我的朗誦。所以效果之好，那當然是用不著說的了。而在臺北，像這樣安靜的會場，我倒還從來沒有看見過哩。

我早就和沉冬在信上說過，我要來他一個「純粹的」朗誦。所謂純粹的朗誦，就是詩人上臺，親自朗誦他自己的作品，只管朗誦，不必解釋，而一句廢話也不許講。這一點，我是做到了。而我在臺北的任何一個朗誦會裏，也都是這樣做了的。不過，我所要求的會場的安靜，則除了高雄的這一次，在臺北是從來也沒有像這樣合作過的。你在臺上朗誦你的，他們在臺下聊天他們的，簡直像個茶館似的，請問還有什麼效果之可言呢？

這一次，我一共朗誦了長短二十八首，中間還休息了十分鐘，充分把握時間，八十分鐘，一點也沒浪費，可說恰到好處。我認為這一次的朗誦，是我生平最成功的一次了；而其效果之所以如此的良好，則不得不歸功於沉冬他們事前安排的週到，我應該謝謝他們。

散會後，回到白浪萍的觀光大飯店裏去休息。朱太太告訴我，她坐在後面，親眼看見的，有許多女生，都被我的朗誦感動得掏出手帕來不停地擦她們的眼淚。我笑著說：「能賺到人家大把大把的真珠，也算是沒白跑一趟了。」

我早就和沉冬約定，第二天一早上，我要獨自到墾丁去玩，誰也不許陪我，誰也不能留我。可是那些寫詩的朋友們，一定要請我吃一頓午餐，羅漢請觀音，情不可卻，我只好答應了下來。

八月二十五號下午，他們大家把我送到車站，我以十分愉快的心情，上了公路局的長途汽車。李春生在屏東教書，家也住在屏東，他陪我走了一段，在屏東站下了車，我就單獨一人前往恒春去了。一路上，我看見兩旁矮矮的椰子樹，結了乳房般的果實，很是有趣。不記得是誰對我講的了，這些椰子樹，都是林產管理局從菲律賓買回來的樹苗種植成功了的。我曾到過菲律賓。而在我的印象中，菲律賓的椰子樹，要比我看見的這些高大得多了。也許是由於氣候和土壤的關係吧？

六、寧靜的享受

對於一個在都市裏住久了，而又被「殺人的噪音」傷害得近乎麻木了的人而言，能有機會置身於遠離塵囂的山水之間，實在可說是一種至高無上的享受。請問所享受的究竟是什麼呢？——曰：寧靜。

到了恒春，換車去墾丁，就在濱海的「墾丁賓館」開了一個房間住下來了。時已黃昏，不能去公園玩耍了，而且肚子怪餓，解決民生問題要緊，就在賓館附近的一家小館子裏吃了一盤肉絲炒麵和喝了一瓶啤酒。回到賓館，洗了個熱水澡，換穿了睡衣，覺得精神百倍，心情十分愉快。窗外有蜥蜴的鳴聲，而以遠處的海潮音為伴奏，聽起來很是悅耳。靜極了，我簡直不想睡。我寫了幾封信，又改了幾句詩。而在熄燈就寢之前，我想，能獨自享受這一夜的寧靜，真是多麼的有福氣啊！至於蟖蝪的鳴聲和海潮音合奏的「寧靜小夜曲」，那更是百聽不厭的了。

第二天一清早我就醒了，洗過臉，穿好了衣服，走出去的第一件事情，是在外面園子裏猛呼吸帶有花香的異常新鮮的空氣，而在臺北，這是花了大錢都買不到的。我信步走走，到處看看，覺得一草一木，無不可愛，而尤以海邊淺黃而發白的沙灘，最是給人以舒適之感。我很想來他一個蛙式潛水。可是走到浴場門口一看，赫然八個大字：「風急浪大，禁止游泳！」沒奈何，只好跑到餐廳裏去，先吃他一頓早餐喝杯咖啡再說。我想，下回再來，非下水不可；而要是能夠橫渡巴士海峽，一直游到馬尼拉去，那多有趣啊。可是今天，我必須去找尋我的那棵「夢中之樹」了。於是我付了帳，就提著小箱子，搭車到墾丁公園去了。

七、觀海樓上看雨景

買了門票，步入公園，我就依照遊覽路線指示圖，一個景一個景的去加以觀賞了。首先，我把我的手提箱交給遊客衣物寄存處，手裏只拿著一根手杖（曾被一個陌生女子吻過的），這就輕鬆得多了。而那些所謂「景」的，其實並不見得都有其可取處：凡在我眼中可以多給它打幾分的，就玩的時間長一點；而分數較低的，只是走馬看花一番也就派司過去了。倒是沿途所見各種植物，無論草本木本，雖不屬於任何一景，而凡是我從未看見過的，都引起我很大的興趣。我可以在一棵樹下佇足良久，也可以在一朵花前凝視半天。不過，我一路上所遇到的樹木，全都不像我的那棵「夢中之樹」，這一點，很令人失望。

而整個墾丁公園遊覽區，又可分為前後兩部，建築得很不壞的「觀海樓」，則為其中心點。把「前區」逛完，過了「觀海樓」，進入「後區」，那就是古木參天有名的森林地帶了。我想，我的那棵「夢中之樹」，總應該在「後區」裏找到她的。我雖然很失望，但並沒有灰心。

可是快到「觀海樓」時，忽然下起大雨來，我就加速腳步，連忙跑到「觀海樓」上避雨去了。這是個圓形的大廳，週圍全是玻璃窗，不但可以觀海，而且也可以看山，看森林，看許多的風景。但是我已成了個落湯雞，一身的新西裝全濕了，覺得頗為掃興。而且時近中午，肚子有點餓了，就從這樓上的販賣部買了些點心和汽水，找了個空位子坐下來大嚼一頓。我本想等雨停了之後，再去作森林地帶之巡禮的。但雨越下越大，傾盆大雨而又雷電交加，狂風四起，看樣子，今天的遊覽怕只好到此為止了。我又聽到那些在這樓上和我一同避雨而有經驗的遊客說，雨後路滑，相當危險的「後區」，是無法去遊玩了。所以我就接受了他們的勸告，等雨稍停，打道回衙。

我吃喝完畢，就在這圓形的大廳上繞著圈子看雨景。一陣又一陣的煙嵐雲霧飄過，遠海近山，消失了又出現，氣象萬千，有如元人之水墨畫。我越看越覺得有意思。心想，如果是個大晴天，又那裏會看到這麼多有趣的圖畫呢？我的眼福不淺，做一次落湯雞也值得了。

過了一會兒，雨勢稍小，但一時還是不會停的樣子，那些避雨的遊客紛紛離去，我也不想在此久留，就跟著大家走捷徑（不是來時的原路），快步跑到方才寄存東西的地方，領回我的行李，走出公園，上了公路局車，直奔屏東去了。

八、歸途中

到了屏東，天已轉晴。我在街上逛逛，買了些木瓜蜜餞和椰子酥之類的當地名產。走進火車站，一看時間表，正好趕上了走山線的對號特快。可是從屏東到高雄這一段是普通列車，連站的地方都沒有，擠得要命，很是受罪。到了高雄站，換了車之後，我才喘過一口氣來。這時，我的衣服早已乾了，不過皮鞋和褲子上還沾著些墾丁公園的泥巴而已。有幾個院校不同的大專學生，坐在我前面和左邊的座位上，一看就知道，他們是約好了一同北上去辦新學期註冊手續的。其中有一個，打開了他的電晶體收音機，電臺上播放的，正是我前天晚上朗誦的錄音。我看看他們，他們也看看我。可是他們顯然不認識我，由此足以證明，前天晚上，鳳鳴電臺的聽眾之中，並沒有他們在內。一會兒，火車開動了，他們就把收音機關掉，而拿出紙牌來玩了。我覺得有點疲倦，就閉上眼睛睡著了。而當我一覺醒來，車已過了嘉義。

我想：這一次的南遊，「檳榔樹之夜」總算是成功了的；又在「墾丁賓館」裏享受了寧靜的一夜，也很夠意思；只不過，新買的游泳褲未能亮相，多少有點不快；而公園只玩了一半，沒找到那棵「夢中之樹」，這卻不能不說是一大遺憾了。「好吧！明年夏天，早一點來，多玩幾天。」我心裏打算著，就這麼決定了。我這個人，一向依計畫而行事；計畫既已擬定，就很少會改變初衷。不信嗎？這也有詩為證的：

當新年的春天悄悄來了時，
我將哼一支頗爲時髦的舞曲，
摟著苗苗條條的二三月，
走進豪華的花季裏去跳通宵。

於是到了四月二十七號，
一口氣吹熄了蛋糕上的蠟燭；
然後就回到我的小閣樓，舉杯自壽，
並且大聲地喊我自己的名字。

五月和六月，我會拿著手杖，
在嘉南大平原上走去又走來——
因爲這是早就同她們約好了的，
我要專誠拜訪那些盛開的鳳凰木。

．

躺在墾丁的海灘上晒太陽，
再沒有比七月更舒服的了。
而八九月，無論有沒有大颱風，
我總應該做一次東部的貴賓。

．

至於十月，我是除了有酒便喝，
在人家主持的那些節日的朗誦會裏，
被邀請了去念幾首詩湊湊熱鬧，
想必也是推辭不掉免不了的吧。

．

十一月，我最忙。

直到平安夜望彌撒報佳音之後，
我才可以洗乾淨手上秋播的泥土，
擁威士忌的瓶子欣欣然而起舞。

此詩作於去年十二月下旬，乃是去年一年之中最後的一個作品，題為「新春之歌」，已把今年全年的各項計劃都列入了。如今正是五月中旬，我即將於六月上旬前往嘉南一帶實踐諾言：我知道那些鳳凰木都在等我等得不耐煩了。而一月到四月，我已照「詩」行事：就在熱鬧的花季裏我曾上陽明山去玩了一趟；而我滿六十二歲的生日，是在家裏很簡單地度過了的，除了接受兒子媳婦女兒女婿孫子孫女兒的拜壽和吃了點蛋糕長壽麵之外，文藝界的朋友以及學校裏的同事都一概不驚動的。那麼，照預定的計畫，今年七月，我當然是要再到墾丁去暢遊一番以了心願的啦。我決定今夏再去墾丁時，還是住我喜歡的「墾丁賓館」，而一定要下海游泳；至於逛墾丁公園，則逕赴「後區」，非把那棵「夢中之樹」找到不可。

一聲「臺中到啦」，打斷了我的沉思與回憶。我買了兩盒太陽餅，這是我太太最愛吃的。可是我的箱子太小，東西太多，再怎麼整理也塞不進去了，只好拿在手中。到了臺北，叫了一部計程車回家，正好是十二點，她們剛看完了電視，還沒睡哩。我女兒看見我的皮鞋和西裝褲子上滿是泥巴，就問我怎麼搞的。原來臺北沒下雨，誰會想到我變成了落湯雞？於是我說：「怎麼搞的？這可說來話長了，明天早上，再詳談吧。而總之，很有趣，很狼狽，也很值得了。」我太太把她喜歡的臺中名產接了過去，就告訴我：「廚房裏有雞湯，你要不要喝一點？我去替你熱一下。」

聽了這話，我不禁為之大笑不止，弄得她們更加莫名其妙了。

（一九七五年五月十八日，寫完於覃思閣。）

夜記三章

一、詩與散文

我於一九四八年十一月底來臺，迄今已滿二十三年，在這一段不算太短的歲月裏，我一直是從事教育工作，而以業餘時間寫詩和散文，完全是出於自己的興趣，根本不靠稿費維持生活。所以我的寫作相當自由，不像那些職業作家那麼辛苦。不過我這個人最是講交情的，朋友們連催帶逼，左一個電話右一個電話的，限期交卷，弄得我只好大開夜車，也不是沒有過的事情。而今晚，我不是又像往常一樣，呆呆地坐下來了嗎？幸好朋友們要的稿子多半是散文而不是詩。要詩，那就得看手頭有無存貨。要是存貨已經出清，新產品還不知要到什麼時候才能弄出來，那麼，除請他們原諒之外，我就再也沒有第二個辦法了。至於散文交貨，倒是比較方便，提起筆來，一個格子一個格子的爬下去，在我並不覺得十分吃力。當然，偷工減料，敷衍塞責，我也是做不出來，不情願的。

然則我寫詩何以要比散文難得多了呢？原來在表現的方法上，我正好和十九世紀的人們相反；我以詩思想而以散文抒情。又，十九世紀的人們以「韻文」寫詩以「散文」寫散文。但是我們今天必須以「散文」寫詩以「散文」寫散文。否則，我們的文學和古人的差不多，毫無新於古人之處，豈不是太沒出息了嗎！

二、東北季風

東北季風啊！你給我停停吧！你這猖狂的風！你這邪惡的風！我恨你！我恨你！你比潑婦貝絲還要可恨！可詛咒的！可詛咒的！

十一月下旬，一連好幾天，東北季風不停地吹，呼呼地吹。終於，我手種的一盆大利花，被她吹斷了；其來勢之兇猛毒辣，簡直可說是攔腰一刀。可憐的大利花，除正在盛開中最大的一朵，連其他幾枝含苞待放的，也都完蛋了。盆子裏剩下來三分之一的根幹上，還有些嫩芽在，看樣子，死是不會死的。但我多傷心啊！因為這是五盆之中姿態最美好，花色最漂亮，苗苗條條的，亭亭玉立的，我最心愛的一棵。其餘四棵都不能和她相比。現在她慘遭東北季風之腰斬，怎不令人為之心碎啊！

唉唉！哦哦！東北季風啊！我恨透了你！你這猖狂的風！你這邪惡的風！可詛咒的！

我天天罵風。罵著罵著，她氣起來，給了我一耳光，我的嘴就歪了。

醫生說我的這個病叫做「顏面神經局部麻痹」，頂多兩個月，可以復元的。我就遵照醫生的處方，天天服藥，打高單位的針，耐住性子治療。一天，我去複診，請問醫生這種病的原因，他也回答不出什麼，總之原因很多就是的了。但我心裏明白，今後我再也不敢罵風了：我的右臉挨了一記耳光，左嘴歪了，要是左臉再挨一記，連右嘴也歪了，那可怎麼辦呢？

三、不為什麼

也是十一月裏的事情。一個星期六的晚上，在一個朋友家裏，和一群寫詩的喝酒。大家都忙，難得有個機會聚聚，我當然是很高興的。我一面大口大口的喝著金門高粱，一面一個個的欣賞著朋友們的臉，覺得在此世，還是這群傻子比較來得可愛。比起十幾年前，二十年前，這些傢伙都顯得更成熟了。他們都有職業，生活都過得去。多半都已結婚，而且生了孩子。有帶著孩子來的，我就一一加以檢閱，抱一抱，香一香，並給以祝福。

有想要玩我的煙斗的，我就給他們玩玩。

有想要摸我的鬍子的，我就讓他們摸摸。

孩子們不喝酒，喝可口可樂和黑松汽水。有拿了汽水瓶子過來和我乾杯的，我就跟他們浮一大白。

然後，我向大家告辭，提早離開，因為我自己的孫子孫女兒們還在家裏等著爺爺回去做馬給他們騎哩。

主人把我送到門外，說要給我叫計程車，他怕我喝多了。我說：「請放心吧！我的酒德已經大有進步。就在你到外國去跑了一趟的這段時間裏，我進步了。至少，不及於亂，這四個字，敢說是很有把握的。」他說：「好吧。那麼，下次再喝。」

我一面散步回家，一面心裏想：人生就要像這個樣子才好。朋友們時常聚聚，不為什麼，喝一杯而已。是的，人生就要像這個樣子才好。

（一九七一年冬）

幽默小品三則

一、史太林與煙絲

從前，有一個俄國留學生，由朋友的介紹，第一次和我見面，就問我的煙斗是什麼牌子，煙絲是那一國的貨。我馬上回答道：「煙斗是英國的三B牌，煙絲卻是美國貨。」

「噢！」他說：「史太林也喜歡抽美國煙絲。」

「是嗎？」我說：「美國煙絲的確不壞，濃烈香醇，比英國貨過癮。而EDGEWORTH我最愛抽。」

「好像史太林抽的也是這種牌子。」

「你怎麼知道的？」我歪著頭問他。

「克列姆林宮裏，史太林的親信傳出來的——早就是一個公開的秘密了。」

「這也算得上什麼秘密嗎？」我真有點莫名其妙了。

原來史太林的辦公桌上，經常放著有一大罐俄國製的劣等煙絲，其不堪一抽而又大傷喉嚨，乃是盡人皆知的。不過，這只是做做樣子的而已。只有在他會客，特別是接見外賓的時候，他才故作「愛國」狀，抽他的「國貨」；而當客人走了之後，沒人看見時，他就打開他的抽屜來，換個煙斗，抽他喜歡抽的了。而那種「資本主義國家」的產品，也是一向鎖在他的抽屜裏的。

二、猴子與花生米

我有一個孫女，乳名妮妮。大約是四歲時，有一天，她奶奶帶她到動物園去玩了一趟。回來時，我看見她手中還拿著半包花生米，那是餵猴子沒用完剩下來的。我就向她要一點吃吃。她不但不答應她爺爺的要求，還說了這麼一句俏皮話：「誰叫你不跟我們一同出去玩的？都是奶奶一個人帶著我。」

這天晚上，她爸爸帶她到外婆家去吃晚飯。她外公正在喝酒，看見她手裏拿著四分之一包的花生米，就向她要幾顆下酒。她也沒答應他，而且一本正經地說：「你又不是一隻猴子。」

三、灶神與麥芽糖

小時候，到了快過年時，最感興趣的一件事，就是送灶和吃麥芽糖了。按照官三民四龜五王八六的習俗，我家送灶，總是農曆十二月二十三這一天。事前，在我祖母的吩咐之下，廚子王二必須把整個廚房打掃得一乾二淨的；而在供灶神的地方，擺好了一盤麥芽糖和香爐蠟燭台，貼上去一副全新的紅紙對聯，也都是王二的任務。於是，吃完了晚飯，在祖母的命令之下，身為老大的我，就領著幾個弟弟，長袍馬褂的，走進廚房裏去送灶了。我們依長幼主僕之序，跪在蒲團上向灶神叩了頭。輪到王二時，他一面叩頭，一面還照那對聯上的文字喃喃念道：「上天說好話；下地保平安。」等他走到外面去燒了灶神像，又把一串鞭炮都放完了之後，我們弟兄幾個就平分麥芽糖大吃而特吃了。

記得有一次，一切照老規矩做完了之後，我卻把我分得的一份麥芽糖之一半，再放回那個空盤子裏去，而又在蒲團上跪下來多叩了三個頭，並且默不出聲地禱告著：「灶老爺，求求您，上天說好話，下地保平安！我請您多吃幾塊麥芽糖，可別把那件事情報告玉皇大帝呀！」王二看見我如此的虔敬，還大大地誇獎了一番哩。可是我的「那件事情」，只有我自己心裏明白，弟弟們根本不知道，王二也當然不會知道的。原來前幾天一位親戚送來孝敬我祖母的各種美國巧克力，全都被我偷吃光了。我害怕灶老爺上天一報告，我就很可能被雷公打死了。

過完了年之後，我祖母忽然發現裝巧克力的盒子已經空空如也了，就自言自語地說：「奇怪，奇怪，真奇怪！」我見了她那副模樣，心裏又好笑，又覺得不安，就一溜煙地跑掉了。不過，我卻暗中禱告了起來：「灶老爺呀，幫幫忙吧！等到今年十二月二十三，我一定把我的一份麥芽糖全送給你就是了。」（一九七五年夏）

我所最關心的一個人

——兼談「康康曲」產生之背景

一

一九七四年七月十九日，青年戰士報第四版，刊登了一幅至極美妙的照片，它的說明是：「參加環球小姐競選的候選人，在馬尼拉的菲律賓鄉村飯店的游泳池旁表演康康舞。」而在當天該報同一版面上，又有一道充滿火藥氣味的大標題，那便是「土國進軍塞島已告迫在眉睫」這十二個大字。我仔細地欣賞了小姐們翹起來的大腿和臉部的笑容，深為感動，立即振筆疾書，就在該版下面的廣告欄上，寫下了這首「康康曲」最初的草稿。

我的寫作，一向有個習慣，總要把草稿擱置在一旁，不去管它，隔了十天半個月之後，再拿出來慢慢地推敲，修改了又修改，直到自己看了覺得已無問題，才肯交給朋友過目，然後發表。可是這一回的情形卻大不相同了：因為我要爭取時間。

二十日中央日報第二版的大標題是：「土航艦率龐大艦隊出港，傳向塞島進發；希軍亦沿土邊大量集結。」而於同日該報第六版上，則刊登了有關環球小姐競選活動的兩幅照片。一幅的說明是：「環球小姐角逐者新加坡小姐、英國小姐、香港小姐、巴西小姐和芬蘭小姐，十九日在馬尼拉灣擺姿勢拍照。」另一幅的說明是：「一九七四年環球小姐角逐者塞浦路斯小姐、荷蘭小姐、未認明的一位小姐、塞內加爾小姐、愛爾蘭小姐、希臘小姐和加拿大小姐，十五日在馬尼拉旅社游泳池畔合影。」接著，二十一日中華日報第一版的頭條新聞是：「土軍閃電登陸塞島，希土兩軍爆發激戰。」而於同日青年戰士報第四版，則刊登了上下相連大小相同的兩幅照片，並加一令人激賞的小標題曰「戰爭與和平」，其說明是：「上：希臘領導的塞島國民軍在尼柯希亞區陣地對抗土耳其登陸部隊之進攻。下：儘管土耳其軍隊大舉進攻塞浦路斯，但在馬尼拉參加環球小姐選舉的塞浦路斯小姐（中）與土耳其小姐（右）還是那樣親切，和平相處。」這兩位小姐臉貼著臉，笑著微笑，相親相愛的動人鏡頭，使我凝視良久，神往不已，留下了極其深刻的印象。緊接著，二十二日中華日報第三版，發表了西班牙小姐穆諾姿榮膺后座的新聞與圖片。但是名叫安德蕾的「塞島女郎竟成烽火佳人，哭訴記者她已無家可歸。」這二十個大字實在令人看了觸目驚心，我忍也忍不住地為之洒下數滴同情之淚。

於是我一改往昔之慣例，馬上取出十九日之草稿，花了一整天的時間，以作文字上有必要的修飾，直到晚餐之後方告完工。這是具有時間性的稿子，太遲發表，便成明日黃花。所以連忙拿去交給自立晚報「星期文藝」的編者祝茂如先生，蒙他應允即於最近一期登出。而當七月二十八日見報當天，據傳和會尚未達成任何協議，而塞島戰火則有重燃之虞。至於那位流落異邦的「烽火佳人」，究竟怎樣了，卻迄無消息。願上帝降福給這位落選者，使她能早日安返她的祖國。阿門。

二

「康康曲」的全貌是這樣的：

讓她們去跳康康，
讓他們去跳康康，
這裏也康康，那裏也康康，
跳呀，跳呀，跳康康。
別開炮！別放槍！
別殺人！別打仗！
請把大腿翹起來，

跳呀，跳呀，跳康康。

教希臘跳康康，
教土耳其跳康康，
教塞浦路斯跳康康——
就像那藍藍的地中海的波濤一個樣。

教基督教徒跳康康，
教回教徒跳康康，
教全世界全人類跳康康——
這才合乎我們孔子大同之理想。

別開炮！
別放槍！
別殺人！
別打仗！
大家都要聽神的話，

千萬別上了魔鬼的大當！

康康，康康，康康……

跳康康呀跳康康。

根據我自己的理論，像這樣的一個作品，只能稱之為「詩」。因為「詩」「歌」分家，乃是十九世紀後半以來世界文學史上一個確定了的事實。我則堅持「新詩」必須使用新工具，創造新形式，表現新精神。散文是新工具；韻文是舊工具。自由詩是新形式；格律詩是舊形式。工業社會意識形態是新精神；農業社會意識形態是舊精神。而「新詩」與「舊詩」之區分，並不僅僅乎是一個「白話」與「文言」的分別而已。所以我對「新月派」的作品，從不承認其為「新」詩之一種。幸好我的這首「歌」，所使用的並非「格律的」文字，而只是一種「自由韻文」罷了。否則的話，我豈不是拿自己的作品來推翻了自己的理論嗎？但我不管。理論是理論。創作是創作。誰要是依照理論的規定去寫作，那他才真是個作繭自縛愚不可及的大笨牛哩！而我從事寫作的一大原則是：看題材。我能使用各色各樣的手法，處理各色各樣的題材，乃是千變萬化的，而非一成不變的。二拍子的康康舞，有其快速的節奏。所以我的「自由韻文」，也就當然的慢不下來了嘛。

三

請不要誤解了我，也不要誤解了孔子。誰要是認為我把康康舞和孔子的大同理想扯在一起是一種「不敬」的話，那就請他翻開「論語」來，仔細地讀一讀「先進第十一篇」的「子路曾皙冉有公西華侍坐」章吧！此章後半，記孔子與曾皙的問答，而師生二人的動作與表現，則活現於吾人之眼前：

「點，爾何如？」鼓瑟希，鏗爾，舍瑟而作，對曰：「異乎三子之撰。」子曰：「何傷乎？亦各言其志也。」曰：「莫春者，春服既成，冠者五六人，童子六七人，浴乎沂，風乎舞雩，詠而歸。」夫子喟然嘆曰：「吾與點也。」

為什麼孔子既「哂」了子路的吹牛，也沒有嘉許冉有和公西華的謙遜，而獨對曾皙的一段話表示有同感呢？那是因為這位狂者已把大同理想的藍圖給他清清楚楚地描繪了出來。所以我說——我常在教室裏對我自己的學生們說：如果孔子生在今天，他一定講國語，穿西裝，戴眼鏡，和各位老師沒有什麼兩樣。又，如果孔子生在今天，他一定會提倡新詩，而且十分欣賞我的作品。又，如果孔子生在今天，他一定會鼓勵青年們去征服太空，而且頒給阿姆斯壯一枚精神的勳章。又，如果孔子生在今天，一九七四年的選美大會聘他做評審員，他也一定會搭乘中華班機欣然飛往菲律賓去的。又，如果孔子生在今天，他要是不像你我一樣堅決的反戰反獨裁那才怪哩！

因為孔子乃是一位因時、因地、因事該怎樣就怎樣的「聖之時者」，他有時代觀念，凡事講求合宜，既不頑固，亦不保守，不但跟著時代前進，而且領導大家求新，集古代文化之大成，行儒家忠恕之大道，繼往而開來，承先而啓後，誠不愧為聖人中之聖人也。

四

什麼是我所最最關心的事？當然是世界和平大同理想之實現。那麼，誰又是我所最最關心的人呢？

是那位塞浦路斯政變中狼狽逃亡到美國去了的馬卡里奧斯大主教嗎？是過了沒幾天「總統」的癮而又被迫下臺了的桑遜嗎？是那位流亡巴黎十一年後重返希臘主政的卡拉曼里斯嗎？是前希臘國王康斯坦丁嗎？抑或是當選一九七四年環球小姐前五名中之任何一位美女嗎？不，不，都不是的。那麼，究竟誰是我所最最關心的人兒呢？原來我一直在關心著，一直在為她祈禱著的，就正是那位成了烽火佳人無家可歸的塞浦路斯小姐安德蕾啊！

安德蕾小姐和我無親無故的，見都沒見過面，談都沒談過話，何以我竟如此的關心她，而且還為她流眼淚呢？這真是毫無理由之可言。無以名之，名之為「純粹的關心」可也。

是的，純粹的關心，也就是一種普遍的同情。像這樣的一種心情，究竟合不合乎孔子的忠恕之道呢？——那是次要的和第二義的。而其主要的和第一義的解說是：我之所以詩心不老，年年有詩，數十年來如一日，沒有一年交白卷者，這才是我唯一的和最最可寶貴的，取之不盡用之不竭的創作之泉源，千金也難買的。當然，這心情是真實的，無偽的，所謂「思無邪」是也。而這泉源的汩汩淙淙之水流聲，在我的作品中，你也不是聽不見的啊。願上帝福祐那不幸的安德蕾小姐，使她能平安回到她父母的身邊。阿門！

（一九七四年七月二十八日，寫完於覃思閣。）

小坪頂之春

二月十八日，臺北地區是個陰時多雲偶小雨的天氣。感謝主！我昨天上午種好了的那棵玫瑰 Petite Folie 想當然是活了。別瞧不起這一陣陣的毛毛雨，對於我那焦渴而思飲的玫瑰三二九號，確實可說是當「及時」二字之稱而無愧的。啊！感謝主。

我早就和他們兩個約好了：二月十七日上午八點半，在我家裏集合，然後一同乘公路局車前往北投復興崗，步行上山掃墓。一個是我二弟，一個是我二兒。這一次，春節假期後第一回上墳，我的特別規定是：如果二弟事忙，他可以不必去；但是二兒非去不可，因為他月底就要赴美，還不曉得那年才能再回國來看看哩，所以他應該在動身之前，抽空到他祖母的安息處去行個禮才是。在電話裏，他告訴我：「二月十七日上午有空。」我說：「好極了。你早點來！什麼？八點半？好！就這麼辦。我起得比你們早。唔，是的。不過，如果下雨的話，那就要改期了。因為公墓那兒有一段泥土路。」二弟也在電話裏知道了我們父子的決定，他說他也要去，不影響他公司裏的事情，那太好了。

一連好幾個大晴天，十七日也天晴，我起了個大清早，還不到八點鐘，就一切都準備就緒了。我只帶一個塑膠袋，裝一隻花瓶和一把小鏟子。另外，又剪下了兩枝新開的玫瑰，用紙包著，拿在手上。一枝白的，名叫白后，編號六九，原產地美國；一枝黃的，名叫天女，編號四六，原產地日本。她們皆屬大輪，開大朵子花的。而我所擁有的十幾棵高級品種之中，只有法國產的三二九號屬小輪，開橙紅色的小朵子花，耐熱而強健，很是可愛，至於屬中輪的，卻一株也沒有。

八點半，兩個老二都沒有準時而到。我急了，就打了個電話給二兒催他快些。他說馬上就來。差不多九點欠五分的光景，他才和他二叔同時到達。二弟拿著他的古老手杖，穿一套黑西裝，他背微駝，但氣色還不壞。二兒平常是花花綠綠的，但是為了上山掃墓，他就穿得素淨了些。他還帶著我的兩個孫女兒，妞妞和娃娃也來了，怪不得的，是這兩個小丫頭把他纏住了，我心裏這樣想。我說：「不行，小孩子不能去，要爬山的。」她們沒開口，卻一臉的不高興。我就改用軟功，和娃娃商量：「你在家裏陪奶奶，今天我只帶妞妞一個人去，下回輪到你媽，還有你，小老虎，好不好？」她硬是不肯。沒奈何，只好五個人一齊出發。我太太吩咐二兒當心小孩子，別讓她們跌倒或是受涼吃壞了肚子什麼的一大套。

我們叫了一部計程車，開到中央日報門口，下了車，過天橋，站在希爾頓大飯店前候車。不久，來了一部走淡海線的公路局車，這裏是起站，乘客不多。我們上了車，買了三張全票，妞妞半票，娃娃免票。到了復興崗，在幹校門口下車，向前走了幾十步，朝右手一拐，就是上山的道路了。這時，出了大太陽，天氣熱得很，又加之還帶著兩個小孩子，怕她們走不動，又怕路上萬一發生什麼危險怎麼辦，我就改變了主意，決定上山乘車，下山走路。二弟和二兒一致贊成。可是叫車子很不容易：那些空車都是從山上下來的，要他們回頭開上去，都不肯。沒辦法，只好耐著性子等。等著等著，來了一部上山的空車，連忙攔住他：「喂！小坪頂信義公墓去不去？」司機的回答是：「去是去的，四十塊，少一個不去，因為爬坡很費油。」我們就依了他，上了他的車子。其實只不過是十九元的路程，他加了倍還多要兩塊錢。而且這條山路修得很好坡度並不算怎麼陡急的，步行也不會太辛苦。要不是為了小孩子，我又何必讓他敲竹槓呢？

到了信義公墓，下車又走了一段路，轉了兩三個彎子，才到我母親的安息處。這公墓是一層一層的，依山而築，有如梯田。我母親的安息處，位於倒數第三層的壁部，面對著這一丈多高的厚壁，自左向右數，第五個穴，她的骨灰瓶就安放在這裏，外面封住一塊大理石的墓碑，除了刻有教會規定的文字以外，左上角還貼有她的磁像，和藹慈祥，栩栩如生。我們是站在倒數第二層的平面上行禮，供花和默禱的。公墓每一層的平面，都是土葬的墳墓，而其壁部，都是火葬的骨灰洞，排列整齊，形式一律。這公墓，巧妙地利用了地形，而又經濟地支配了空間，像這樣的精心設計，實在令人佩服。

在大家尚未行禮之前，我所做的第一件事情，就是把上次帶來供花的那隻較小較差的花瓶收回，而把這次帶來更大更好的一隻埋一半到泥土裏去，使之固定於那個位置上，以後每回上墳供花就方便了。就在我以新瓶換舊瓶供上兩朵鮮花而丟掉以前的枯枝時，一個奇蹟忽然出現了。原來上次供的三枝，德國產五〇六號的藍月和美國產五〇八號的Oklahoma都已枯死，惟獨三二九號依舊是青枝綠葉的，花雖然早就謝了，卻長出好幾個嫩芽來，而且還生了根。我決定把她種在我母親的骨灰洞下，於是去拿起小鏟子來工作了幾分鐘。可是這裏沒有水呀，怎麼辦呢？天氣又這樣熱！但我相信她會活的，而且我有預感，不久就會下雨。二弟和二兒對我的信心都不表同意，只有妞妞和娃娃認為她們的爺爺總是對的。我說：「等著瞧吧！清明就開花了。」

於是我第一個肅立在我母親的骨灰洞前，開始默禱：「願我母在天之靈保祐我夫妻我弟兄健康！也保祐那些孫子孫女兒孫媳婦孫女婿和曾孫曾孫女個個都平平安安的快快樂樂的！娘啊！我方才種下去的玫瑰，如果您看了喜歡的話，就讓她成活起來並且早點兒開花吧！您自己不種花，但是我種的花，您都很欣賞的，還時常對人家提起，說我有十個綠色的手指，教會裏的姊妹弟兄全都知道。可是作為長子的我，當您在世之日，沒有能夠好好地孝順您，現在怎樣的後悔都來不及了。唉唉！

真所謂樹欲靜而風不止，子欲養而親不待啊！現在唯一可以告慰您的，就是我已自動地加入了信義會，去年聖誕節，在救恩堂，由魏牧師施洗，而正式成為一個基督徒了。相信自您蒙主恩召之後，這件事情會使您覺得高興的。平常如果沒有什麼特別事故，我夫妻兩人每星期都要上教堂去做禮拜，多少奉獻一點，這也是您生前的願望，而我們做到了。今天我們只來了五個人，代表三代，以後我還要把其他的兒孫分批輪流帶上山來向您請安。娘啊！您安息吧！」

默禱完畢，我恭恭敬敬地鞠了三個躬。然後依次是二弟、二兒、妞妞和娃娃，一個跟著一個走上前去行禮。禮畢，我們四下看看風景：青山如畫，而遠處一抹的煙嵐，呈淡紫羅蘭色，最是好看了。那些不知名的樹木，枝繁葉茂，姿態無不美妙。各種野草，有的正在開花，如蒲公英，可說是我的老朋友了。不過臺灣的蒲公英，不如大陸上的葉大花肥，而花色也似乎比較來得淡些。偶爾一兩聲山鳥的鳴叫，真是悅耳之至。靜極了，這裏。藍天白雲，陽光普照，寒流消散，大地春回。我不禁打心底裏發出了一聲歡呼：「好一個小坪頂之春啊！」

下山時，妞妞向我提出了一個問題：她的曾祖母為什麼要火葬而不土葬，為什麼不讓她睡在一隻棺材裏像她外公一樣。我說：「這有兩個原因。第一，這是她老人家生前的願望，她認為火葬衛生乾淨。第二，將來我們回到故鄉，可以把她的骨灰瓶帶回去安葬在祖墳裏，這比把棺材運回去要省事得多了。」

「噢！原來如此。」她就把外衣和毛背心脱掉，説：「好熱啊！」娃娃也脱下了她的外衣和毛背心，説：「奶奶還怕我們受涼哩！你看好笑不好笑？」二兒接過去他兩個女兒的衣服，他自己也脱得只剩一件襯衫了。可是二弟卻一件也沒脱，只是不時地用手帕擦汗。我呢？我是有先見之明，來時就穿得很少，一件單夾克而已，根本沒有脱的必要。我邊走邊禱告：

「主啊！快下雨吧！」

（一九七六年二月）

一隻鴿子

今年七月初，一連下了好幾天的雨；日夜不停的下，這種霪雨，最是令人厭煩的了。就在頭一天的夜晚，我女婿拿著手電筒冒雨上天臺查看水塔裏的儲水，偶然在我的一號花臺旁邊發現一隻受難的鴿子，他就把牠弄到我的天臺小屋裏來，找塊乾布，擦乾牠身上的雨水，放在我的書架上過了一夜。當時這鴿子已奄奄一息了，要不是他救了牠的命，不到第二天早上準會死的。於是我嘉獎了我女婿。我女兒聽見了我們的談話聲，也跑上來看看究竟什麼事情。這可憐的動物，不曉得牠怎會遭遇到這場災禍的？想必是有一群鴿子打從我們這兒經過，牠體力不支沒勁了，就暫時停下來，打算歇一會兒，等雨止了再飛的吧？是嗎？這只是我們的推想而已。又，牠是從那兒來的呢？我認為很可能就是我們附近人家養的。我女兒懷疑牠來自中南部，失了群，迷了途，又碰上風雨，因而造成這不幸的結果，也是有可能的。我女婿卻笑著說：「不是來自日本，就是來自菲律賓。或者竟是來自外太空的也說不定。」於是三個人都哈哈大笑了。

我們這三幢連在一起的三層公寓式房子，共住九家。我家住靠北的三樓，和住靠南的三樓那一家，分別佔用了天臺，各蓋小屋一間，而以水塔為界。我又利用空間，以紅磚水泥造了三座花臺：西邊的是一號，北邊的是二號，東邊的是三號，種了不少花木和蔬菜。我女兒我女婿我太太和我最小的兒子，他們四個人住三樓三間正房，我一個人獨居天臺小屋。我晚上批改學生們的作文簿，看考卷，算分數，或是寫稿子，常常要開夜車，弄到兩三點鐘才睡，所以我就和他們分開，離他們遠些，以免影響他們的睡眠，妨礙他們的安寧。而在天臺上，我卻有我的小天地，我自得其樂。平常沒什麼事情，他們也不會上來找我，怕打斷了我的文思，嚇走了我的靈感。可是這天晚上，情形卻大不相同了：聽見了我們三個人的笑聲，正在看電視的我太太也上來了，我小兒子也跟著上來了。五個人和一隻鴿子，構成了天臺小屋裏前所未之有的一大熱鬧場面，你一句我一句的說個不停。而最後的一個共同結論是：就讓牠歇在這兒吧，等天晴了把牠放走。

第二天早上，我剛剛睡醒，一眼就瞧見了那鴿子在我的書架上走動，似已恢復了點元氣，不像昨晚那樣的殭木了。於是我起身下樓，抓了把麥片上來餵牠。牠眼睛好尖，一看見糧食，就縱身一躍而下，啄個不停，吃了個飽。由此可知，牠挨餓已不止一夜了。我又用隻小盆拿了點水來給牠喝。可是雨還在下，天還沒晴，怎麼辦呢？只好留著牠，讓牠在我房間裏吃吃喝喝，走走跳跳又飛飛的，愛怎樣就怎樣。

第三天還在下。第四天還在下。直到第五天，好不容易，出了個大太陽。於是我打開房門，好讓牠自由行動。我照常做我自己的事情，不去惹牠。牠步出我的小屋，並沒有馬上飛走。牠先在天臺上走動走動，到處巡視一番；然後跳上一號花臺，再跳上比花臺更高的天臺圍牆，站在那裏，有所觀察；然後伸伸兩足，舒展舒展雙翼；又停了一會兒，這才振翅而去。我傾聽著牠的羽搏聲，是那樣的優美而有力，如某種樂器之發音，又像遠處紙鳶之弓鳴。

牠是一隻白色的鴿子，而頸部有翻毛，樣子很特別，就像Sir Walter Raleigh 似的；又像一位穿皮領大衣的貴婦人，如果牠是雌的。奇怪的是，除了頸部翻毛帶有一些不規則的赭紅色斑點之外，全身雪白，無一雜毛。牠的喙是淺紅色。眼睛是黑的，還有一道橙色的外圈，圓圓的，像鈕扣，這也不同於一般的鴿子。而兩隻腳的顏色近乎珊瑚紅，很是好看。我們猜想，牠可能是屬於某一高級品種。但這有待專家鑑定——我們從來不養鴿子，毫無經驗。真的，這翻毛鴿子，太像Sir Walter Raleigh了。如果要給牠取個名字的話，我想就喊牠「爵士」好了，假定牠是公的。而Sir Walter Raleigh乃是一種美國煙絲的牌子，即以這位爵士抽煙斗的畫像為商標。但很抱歉，這種牌子的煙絲，我是最不喜歡抽的。

出大太陽的這一天，整個上午，我都很愉快，因為我已經把鴿子放走，我們救牠一命的任務已告完成。午餐時，我還多吃了半碗飯，覺得胃口很好。飯後午睡片刻，十分鐘乃至半個小時，是我平日的習慣。可是這一天，卻大睡而特睡，直到下午四點多鐘，方才醒來：一種有節奏的羽搏聲，很熟悉的，使我睜開了眼睛。哇！原來是我們的「爵士」回來了。我隔著紗門，看見牠站在一號花臺上，精神滿好的樣子，我就下去告訴我太太，又舀了一盆水和抓了一大把麥片上來餵牠。牠一點兒也不怕我，而且對我頗有好感似的。我想，牠應該已經歸隊到牠的一群裏去了，而現在又飛回來玩玩，大概是不忘記牠的避難之所，和感謝我們的救命之恩吧？牠雖然不會說話，無法表達牠的心意，但我確信牠是有感情的，有意志的，而且智慧相當的高，絕非一隻凡鳥。

到了五點多鐘，牠還不走，還在天臺上散步，看樣子，牠大概是想在我這兒定居下來了。而我小兒子我女兒女婿都已下了班陸續的回來了。他們三個人都不約而同的第一句話就問我：「鴿子呢？」我說：「上午把牠放走，下午又回來了。」孩子們好高興，一致決議：收留，畜養。我女兒就說：「我猜的不錯吧？牠一定是來自中南部的，失了群，迷了途，回不去啦。如果牠是附近人家養的，怎麼還不歸窩？天都這麼晚了。」我承認她的話有理。我小兒子提議：「給牠取個名字好不好？」我說已經有了，就把那隻早已空了的Sir Walter Raleigh的煙罐子拿出來給他們看。都說：「真像！」於是我們家裏多了一位名叫「爵士」的朋友。

我把我的房門打開，好讓「爵士」進去過夜。誰知牠並沒有這個意思，牠在天臺圍牆外找到了睡的地方。晚飯後，我們用手電筒去照照，見牠在那圍牆盡頭，靠樓梯護牆，天臺伸出去尺把長的一角上，睡得相當舒適，也就不去驚動牠了。以後一直都是晴天，牠在露天底下睡覺，暫時不成問題。這樣過了兩三天，牠把環境摸熟，就又找到了一處更安全的臥室。那是樓梯盡處，與天臺相連接，比一個榻榻米略大的一小塊地方，無以名之，名之為月臺間。在這兒，我擺了一張有兩個抽屜的小書桌和一隻可以摺起來的椅子，專供白天寫稿之用。天臺小屋晚上涼快，白天很是悶熱，不能坐在裏面工作，有這月臺間一桌一椅的設備，我方便得多了。但這只限於夏季，天一冷就失去其重要性。除了攤開稿紙，坐下來寫文章，這張小書桌上，平常是什麼東西都不放的。所以我們的「爵士」，就看中了這張大床而藉以高臥了。還有一層，這月臺間，有一道門，打開來是通天臺的，我為了進出方便，這門就讓牠經常開著，用繩子扣好了，有門等於沒門，這對於「爵士」的早出晚歸，飛出飛進，當然更是毫無阻礙的了。

每天早晨，我一聽見了「爵士」的羽搏聲，就起來照料牠喝水吃東西。除了麥片，我又買了些鴿子專用的飼料回來餵牠。每天上午和下午，牠都要飛出去玩一陣子；而中午卻待在家裏，大概牠也養成了午睡的習慣。牠對於天氣的變化特別敏感。如遇有陣雨，牠會及時飛回來躲避，而不讓羽毛被雨水淋潮。我相信，上次慘痛的教訓，牠永遠不會忘記。牠常飛到隔街那邊大學的屋頂上去，和人家的鴿群會合，一同飛，一同玩，到了傍晚，牠就單獨回來，而不跟牠們走——這就是一種性格，獨來獨往，與眾不同。

我太太告訴我，她聽孩子們的阿姨說，有鴿子自動飛來，大吉大利，這個人家，一定會發財的。我笑笑，說：「但願如此。」其實我所特別重視的，只是「爵士」和我們之間的友誼——一種人鳥之間超然純粹的友誼。至於發財不發財，吉利不吉利，我是一概不管的。還有，牠究竟是雄的呢，還是母的？牠是什麼品種，血統如何，原產地是那兒？這些等等，要不要請一位專家來鑑定一下？——那當然不必了，這是誰都可以代我回答的一句話。為什麼？因為存在於我們之間的友誼，是超然的，是純粹的。我們愛這鴿子，這鴿子對我們有感情，這便是一切了。

（一九七六年夏）

我與玫瑰

年輕時，我對事物的觀感，恆以「雅」「俗」分之。凡歸類於「雅」者，則欣賞之愛好之；凡歸類於「俗」者，則唾棄之憎惡之。而玫瑰，是一向列入「俗」的一類，從不看她一眼，聞嗅一下她的芳香，甚至玫瑰二字都不屑一聽，或是由我口中講它出來。因為「紅玫瑰」啦「白玫瑰」啦，乃是理髮店的招牌，俗不可耐；又如流行歌曲「玫瑰玫瑰我愛你」，那歌詞，那腔調，簡直俗氣透頂，肉麻死了。

然而人的好惡是會變的。從少年到青年到中年，我已不知改變多少回了。如今，由中年而老年，作為一名退休教員，滿六十三歲，叫明六十四的我，卻終於出乎人們意料之外的，變成了一個「玫瑰專家」。人家這樣的稱呼我，而我也以此為榮，為一大得意事。怎麼搞的？這可就說來話長了。但總之是有詩為證。凡擁有我的自選詩全七卷的，他就可以查出個明白來。

從一九二九年到一九四八年這二十年間，我的大陸時期作品凡三百數十首，全都收集在卷之一《摘星的少年》和卷之二《飲者詩鈔》這兩部書裏，而只有作於一九三五年的一首「二月天」，其中有這樣的句子：「大地上，銀灰色的醉人的春意裏，玫瑰花，開遍了年輕人的頰。」此外，就再也找不到她的一片落葉，一個殘瓣，或一縷餘香了。可是來臺後的作品，從一九四九年到一九七三年這二十五年的五部書卷之三到卷之七——《檳榔樹》甲、乙、丙、丁、戊集，五年一書，共四百幾十首，這其中，卻有些地方是在散放著相當濃厚的玫瑰花香，而尤以作於一九六二年的一首「四月的沉醉」為最重要。詩的全貌如左：

良久良久地注視
她亭立在花前
我不曉得她叫什麼名字
我只喊她四月的沉醉

音樂般地笑了笑
然後舞踊般地離去
愛玫瑰的少女
玫瑰般的完美

中國綢緞似的玫瑰
巴黎香水似的玫瑰
而又作世界小姐之姿的玫瑰
一存在之至善
一至善之沉醉

我沉醉於玫瑰
我沉醉於愛玫瑰的少女
我沉醉於四月的沉醉
正如玫瑰爲了少女而開
詩人也是爲了玫瑰而死
此外一切不爲什麼
這就叫做純粹

而詩的後記很長，其中有云：「……因此，我對玫瑰素無好感。甚至因手指被玫瑰刺傷而死去的里爾克，我也嫌他俗氣，不高興看他的詩。其實，庸俗的是那些理髮店和那些流行歌曲，而不是玫瑰本身；是一般的俗眾，而不是愛玫瑰的詩人里爾克：錯了的還是我自己。……」由此可知，我這個人，從小到老，是經常地在反省我自己；而於反省之餘，我往往進入一新的境界，並可產生新的作品。

記得是一九七三年下半年的事情。我女兒路珊珊和她的同學李發泉（到一九七五年春，他成為我女婿），曾再三勸我種幾棵玫瑰玩玩。我起初是不肯。後來我允許了他們，先給我買棵薔薇回來種了試試看。請注意！這都和「雅」「俗」二字不相干。而在時間上，距離我那首「四月的沉醉」之完成，已有十一年了。為什麼我不要玫瑰呢？原來我早就買過一盆，但因不得其法，毫無經驗，開得好漂亮的一棵玫瑰，買回來還不到兩個月，竟生了不少害蟲（還有更多看不見的病菌）而一命嗚呼了。這失敗的打擊，使我再也不高興種她。她是那麼嬌弱。至於薔薇，聽他們說，要比玫瑰潑皮得多，所以我才答應下來。我從小就喜歡種花種樹。我有的是花盆、泥土、各種肥料、殺蟲劑、殺菌劑、種花用的小鏟子、剪刀、手套等工具，而我家的天臺，早已成為屋頂花園了。於是當兩個青年人買了一棵薔薇回來給我看了之後，我馬上就動手把她種下去，種在一隻中型的盆子裏，澆了點兒水，過一夜就活了。果然，這棵桃色的薔薇，很是健壯，經常開花，沒有使我失望，和其他幾十盆花木排列在一起，大有一種後來居上的神氣似的。

不久未得我同意，發泉竟擅自買回來一棵黃玫瑰，要我試種。像這樣的自作主張，我未免有點生氣了。但是第一，他說這是珊珊出的主意，求我多多原諒；第二，由於薔薇試種成功，給了我很大的鼓勵，薔薇和玫瑰，同屬薔薇科，栽培方法，大同小異，試試也不妨的，所以我不但沒有責備他，還嘉獎了他幾句。誰知過了幾天，他又不聲不響的買了一棵橙朱色的回來。而這次，可不是珊珊的主意了。「這下子，你要挨罵了吧？」珊珊說。「這是上回就定下來的，講好了今天去拿的嘛。」發泉這樣的辯解著。我就說：「好啦好啦，到此為止，別再買了！黃的還不知道怎麼樣呢，誰敢保險這橙朱的一定會活嗎？」也不曉得是不是我的栽培得法，還是這兩棵玫瑰有靈，替發泉爭了一口氣，結果她們都活了，而且活得欣欣向榮的。這引起了我莫大的興趣。於是我對兩個青年人說：「下回我跟你們一同到玫瑰花推廣中心去看看。」

農學士張碁祥所創辦的「玫瑰花推廣中心」，本園在彰化員林，臺北分園位於士林中正路，我們的一棵薔薇和兩棵玫瑰，都是從那兒買來的。而在珊珊和發泉勸我試種玫瑰以前，他們常到那兒去散步，賞花，呼吸新鮮空氣，面積不算大，但滿園花香，的確是一個值得逛逛的好去處。不記得是一九七三年底還是一九七四年初了，總之是一個天氣晴朗的好日子，我們三個人驅車前往士林玩了個暢快。我們在玫瑰園裏拍了些照片。我選購了一棵深紅色的。還買了大批肥料、藥劑和園藝器材。又從接待我們的張君口中，領教了不少有關玫瑰栽培的常識，諸如殺蟲、殺菌、施肥、剪枝等等，凡我所不知道的，都一條條筆記了下來。我是像這樣的謙虛、有禮，而不恥下問，一種「聖人無常師」的樣子，珊珊和發泉看了都覺得很好笑。

回到家中，把花種好之後，我就翻開張君送我的小冊子「世界最新名貴玫瑰花品種簡介」一看，不禁高興得大笑起來。原來我選購的這棵掛著六號牌的玫瑰，名叫Christian Dior，法國產，乃是一九六二年世界冠軍，強健，耐熱，曾獲金牌獎。而發泉所買的那棵十六號Super Star BB，橙朱色的，則係一九六三年世界冠軍，德國產，強健，耐熱，曾獲金牌獎。而在所有名花之中，得過世界冠軍的，就只有她們兩個，如今我都有了，這還不值得慶幸麼？至於那棵日本產四十六號的黃玫瑰，卻從未得過什麼獎，強健而已，名叫天津乙女（日文），即仙女之意，多花而不持久，但也算是優良品種之一。六號、十六號、四十六號，皆屬大輪種。所謂大輪，就是開大朵子花的意思。而曾獲金牌獎銀牌獎的都不算稀奇，得世界冠軍那才是最高的榮譽。

於是從一九七四年春，經夏而秋，在這七八個月裏，我幾乎每月都要到士林去一次，選購一兩棵玫瑰花苗回來，種在有釉的高級花盆裏，而沒有一棵不是一種就活了的。又，為了添購肥料和藥劑，一個月跑兩次，也不是沒有過的事情。玫瑰專用的肥料，主要的有三種：雞糞，營養素和花寶。雞糞和營養素可一同施肥，每半個月一次；而於施肥之前，必先鬆土——就是用小鏟子把盆邊的泥土翻一翻，弄鬆些，這樣，更容易吸收。花寶即美國造的Hyponex之譯名，音義兼顧，是一種粉末，以一格蘭姆加水一千CC的比例，每星期噴灑一次，常用綠色的二號，灰色的三號和紫色的四號，看實際情形的需要，有時混合使用。玫瑰專用的藥劑，主要的有二種：地蜜和佳鳳丹。地蜜是殺蟲劑，一粒粒芝麻似的。這種毒藥，必須妥為保藏，萬一被小孩子當芝麻吃下去，那可不得了！其使用的方法是這樣：在花盆的對面兩邊，各挖一個胡桃般大小坑洞，每一坑洞置放一到二格蘭姆的地蜜，然後加土蓋上，使成為一座小小的墳墓，以便識別。每三個月一次。而每次挖坑置藥，其位置最好不同。這地蜜的毒素，由玫瑰的根部吸收，經枝條而葉片，佈滿週身，那些專喜歡吃玫瑰嫩芽的害蟲，只要啃了一點點下肚，很快就中毒而死。殺菌劑佳鳳丹也是一種粉末，以一格蘭姆加水五百CC的比例，噴灑於枝葉上，每月一次即可。又，每逢大雨之後，必須補行一次。以上這些要點，我都用紅筆一條條寫在牆上掛著的月曆上，足見我是多麼認真，就像幹一番事業，或做一種學問似的，不只是消遣消遣，種了玩玩的而已。而以前種過的一盆之所以失敗，之所以令人掃興，那主要的還是由於我不曉得使用殺蟲劑和殺菌劑的緣故，光是加肥澆水而不保健，那有什麼用呢？

暑假期間，我已擁有高級品種十三盆。除最初的三棵之外，新買的十棵是：六十九號White Queen，美國產，純白，曾獲金牌獎；一百零三號Sterling Silver，美國產，淡紫藤色，強健，曾獲金牌獎；一百二十一號Papa Meilland，法國產，黑紅絨色，強健，耐熱，曾獲金牌獎；三百二十九號Petite Folie，法國產，橘紅色，強健，耐熱；五百零六號Blue Moon，德國產，淡紫藤色，強健，耐熱，曾獲金牌獎；五百零八號Oklahoma，美國產，黑紅絨色，強健，耐熱，曾獲金牌獎；五百一十三號White-prince，美國產，純白，強健，耐熱，曾獲金牌獎；五百二十三號Swarthmore，法國產，深玫瑰紅，強健，耐熱，曾獲金牌獎；五百四十七號Casanova，英國產，桃橙色，強健，曾獲金牌獎；五百七十六號Lady X，法國產，淡紫藤色，強健。而同樣是淡紫藤色，仔細觀察，就可發現，較之五七六「某夫人」，則一〇三「純銀」偏於銀灰，五〇六「藍月」帶點兒藍。又，兩棵純白的，也有著些少的區別：六九「白后」微綠，五一三「白王子」稍紅。至於兩棵黑紅絨色的，則法國產一二一和美國產五〇八，就簡直分不出來誰是更黑些的了。以上除三二九屬小輪品種，開小朵子花，餘皆大輪。此外，我還在門口向一個挑擔子賣花的鄉下老頭買了一盆月季。月季也屬薔薇科，而她是臺灣本地土生土長的，開桃紅色不大不小的花，倒也光艷照人，玫瑰譜上沒有她的姓氏，我就給她編了個零號，而名之為Miss Taiwan，寶島姑娘；有時，我也喊她阿英。至於那棵薔薇，則稱之為特號，不另取名字了。我把這十五盆薔薇科植物排列在我的天臺小屋外面，沿著東壁和南壁，使成一V字形，以象徵我的勝利。是的，一九七四年這一年，可說是我的「玫瑰年」，而我是如癡如狂廢寢忘食地陷入一種「玫瑰熱」狀態之中了。八月二日，我完成了一首得意之作，題為「卡莎羅娃」，由此足以證明，我的狂熱一點兒也不假：

多麼可愛的卡莎羅娃
至極動人的卡莎羅娃
炎炎的夏日，烈日下
正在盛開的卡莎羅娃

嫩葉與新枝
苗苗條條的
卻一點兒也不瘦弱
那姿態
多美妙啊

由稍濃的中心
而較淺的周邊
有著恰到好處的層次
桃色、橙色和些少的

西洋紅之混合了的花色
無以名之，名之爲
歐羅巴的笑靨

這多瓣的笑靨
笑著，笑著
竟使她左邊的Lady X
和右邊的White Queen
爲之黯然失色而妒忌不已

於是我說
不愧爲金牌奬的得主
不愧爲全世界的名花
讓我給你以深情的一長吻
使你的花魂顫動復顫動
而我的詩句也芳香

於是從國慶日到光復節，在這兩個星期以內，我大大地做了一番剪枝的工作。平常，我也剪枝，每開謝一朵花，就隨時剪去一截，讓她再生出新芽來。但是這回，卻是大規模有計畫的行動。而剪枝，不但是一種科學，而且是一種藝術——為了要使她們姿態美好，那些枝條應該保留，那些枝條應該除去，的確是字斟句酌頗費心機的。而在那些被剪掉了的枝條中，我又挑選了一部分出來，信手插入北邊花台肥沃的泥土裏，抱著希望有所期待。當然，這只是碰碰運氣的而已，我毫無把握。據「玫瑰花推廣中心」的張君說，玫瑰的繁殖，仍以實行空中壓條法而以塑膠袋育苗為最理想。但我卻嫌它太麻煩了，還是普通的扦插法來得簡易些，雖說成活率很低。可是到了聖誕節，兩個月後，看哪！三十多個插枝，居然成活了一半，佔百分之五十，這不能不說是一大收穫了。我把那些枯死了的拔去，而生出了新枝嫩芽的，從新年元旦後，都一一移植到花盆裏，共有十五棵之多。計開：零號一，六號一，十六號二，四十六號一，三二九號二，五〇八號二，五一三號一，五二三號二，五七六號一，特號二。我瞧著這些第二代的薔薇科，一個個生意盎然的，朝氣蓬勃的，覺得非常高興。正好也是十五盆，我就把她們一對一的排列在她們上一代的外圍，還拍了不少的照片。

一九七五年三月十八日，珊珊和發泉舉行婚禮的這一天，親戚朋友來我家道賀的，看見客廳桌上的花瓶裏，插著有諸色的玫瑰，無不大為欣賞。我太太就告訴他們，說那是我親手栽培的。客人們讚不絕口，而我是飄飄然了。花瓶裏的玫瑰，第一代的和第二代的都有，而第二代的較之第一代的，不但毫無遜色，而且更香更美，這一點，我最得意了。婚後，一對新人到南部蜜月旅行去了。就在她們離開臺北的這一段時間裏，我替鄰居宋老先生醫好了兩盆病弱的玫瑰。那是他兒子出差南部，歸途中道經員林，買回來孝敬他老人家的。兩盆都是桃色的大輪品種，但不曉得是幾號，叫什麼名字，因為他們早就把那掛在玫瑰枝上的號碼牌子給扔掉了，故無從查考。我也扔掉了，但在花盆旁邊，我已用油畫顏料，寫上了她們的號碼，所以是不會弄錯的。經宋老先生同意，「住院」治療兩個星期。為了便於工作，我就把兩位「病人」帶回家來。我把她們放在天台水塔旁邊，使遠離花國的子民，健康的群芳，以免傳染。首先，我給她們剪去了幾個枯黃發黑的病枝，又摘掉那些顯然患有黑斑病的葉子，然後鬆土，施肥，放置殺蟲劑，噴灑殺菌劑。五天後，都長出了新芽；十天後，各有二三新蕾出現；滿兩週「出院」，交給宋老先生時，已是含苞待放了。他向我謝了又謝。於是我這「專家」，一時聲名大噪；而登門求救的，從此就頗不乏人了。我的掌珠和快婿，從南部回來之後，聽到了這消息，都說我有「綠手」（Green finger）。我就看看我的十個手指，似乎真的有點兒發綠了的樣子，不覺大笑。

一九七五年這一年，我沒有添購新的玫瑰花苗。到了十月，我又做了一次扦插的工作。這一回的成活率，是百分之七十，比上回更有進步了。計開：零號一，十六號一，六十九號一，一〇三號一，三二九號一，五〇六號一，五四七號二，以上為第二代；六號一，五一三號一，五二三號三，五七六號一，以上為第三代。而所謂第三代，就是指一九七五年春成活了的第一批第二代之插枝而言。六個孫輩和八個同年叔叔，共十四棵。另有一棵單瓣的野薔薇，加上去，還是十五棵。而這些，都是一九七六年春出生的，棵數和一九七五年春出生的相等。當然，排隊，攝影，那是例行公事；而我的欣喜萬分，也就可想而知了。至於那棵野薔薇，卻是我無意間在東邊花台上發現的。當時她只有寸把高，五六片葉子，但我一看就認出了她的身份。她既非經「綠手」而成活之扦插，亦非花錢買來的。請問她是從何而來的呢？原來這和泥土有關：新建的東邊花台，所使用之泥土，來自鄉下山上，而她是被從鄉下帶進城裏來的。我把這位鄉下姑娘，從花台上移植到盆中，而稱之為號外。

今年四月二十七日，我滿六十三歲，兒子、媳婦、女兒、女婿、孫男、孫女，都回來給我祝壽了。他們一共是十二人，把客廳擠得滿滿的，好不熱鬧。如果留美的八人也來了，那不要把我和我太座二老擠扁了才怪。大家吃完了壽麵，齊唱祝壽歌，又分食了蛋糕之後，我就指著桌上花瓶裏插著的三枝深紅色玫瑰，出了兩個題目考他們。第一個題目是：這三朵同一品種的玫瑰，叫什麼名字？幾號？我女兒馬上就回答出來了：「六號，Christian Dior，一九六二年世界冠軍。」我說：「答對了，有獎。」孩子們都拍手叫好，說姑姑最聰明了。於是做姑姑的，就把我賞給她的那盒美國巧克力糖打開來，分給大家吃了，皆大歡喜。接下去，第二個題目，我卻指定了要我女婿回答。我說：「這三朵六號，是祖孫三代，誰是爸爸，誰是兒子，我已經在她們的枝上做好了記號，隱藏在瓶子裏，不許偷看。請回答吧！誰是爺爺？誰是孫子？」發泉用手抓頭髮，又仔細地觀察了一下，然後就指著她們說：「這是最小的一代，這是中間的一代。這是最老的一代。」可是結果，謎底揭曉，他卻錯把爺爺看成了孫子，而把孫子看成了爺爺。我說：「答錯了，罰酒！」珊珊說：「罰跪！」於是引起了哄堂的大笑。而這就是生逢亂世的我飽經憂患歷盡滄桑之餘所幸而保有的平安晚景之一場面。我的心情是高高興興的，我的生活是自由自在的，我與世無爭，我自得其樂。然則，說吧，朋友們，我還有什麼不滿足的呢？除了玫瑰一二一號Papa Meilland兩回扦插皆未成功之外，我還有什麼可遺憾的呢？在此世，今天？

（一九七六年九月九日寫完於覃思閣。）

關於感冒的相對論

在台北，我是經常感冒的。感冒成了習慣，也就不算一回事了。有時聽其自然，多喝點水，少喝點酒，過幾天，自然痊癒；有時咳嗽得厲害，而且還發了燒，那就只好去「公保」拿藥了。老實說，去「公保」，在我是最不情願，萬不得已才去的一件苦差事，一去就是一個上午或一個下午，最不好玩了。

說來你不相信，自我來到美國加州，迄今已有兩個月不感冒了。而在台北，我是三天一小感，五天一大感的，視感冒如家常便飯。如今換了口味，使我高興得不得了。請問這是什麼緣故？

原來我是帶著病上飛機的，而一下飛機病就好了。去年十二月中旬，我開始感冒；到了下旬，竟演變為相當嚴重的氣管炎，由於喉頭敏感，一癢就咳，咳過又癢，比什麼都難受。當然，「公保」專用的咳嗽藥水，諸如「安夫咳」啦「百藥咳」之類的，我是喝了一瓶又一瓶。但還是照咳不誤，癢得受不了。為了旅途上的需要，以及來美後的有恃無恐，我於二十八號下午動身之前，二十六號二十七號連跑「公保」兩趟，拿了四瓶藥水和兩大包的各種藥片，放在我隨身攜帶的手提箱中。而在飛機起飛時，我又忍不住的大咳了起來。老伴還半開玩笑的說了一句：「你就一路上咳到美國去吧！」我用手帕捂住我的嘴，以免被人家嫌厭。

可是，飛機一過太平洋上的「換日線」，撥慢了手錶之後，我身上的重病就逐漸的減輕了下來。於是闔上眼睛，呼呼的睡了一大覺，直到聽見快要到舊金山的報告才醒轉來。老伴叫我把「安全帶」扣緊，我也叫她照辦。一會兒，飛機停定，旅客紛紛下機。因為機艙裏的空氣不大清潔，又很悶熱，所以一下飛機，兩腳著地，我的第一個動作，就是連做了好幾次深呼吸。說也奇怪，這一呼吸，我竟渾身舒服起來，喉嚨也不癢了，咳嗽也不咳了，而且精神滿好。這使我意識到：我的氣管炎已告痊癒。

我和老伴，被我三兒夫婦接到舊金山衛星城市之一的聖·馬太奥郊區他們的家中時，正是美西時間十二月二十八號的下午五點半，然而已是台北時間二十九號的上午九點半了。我三兒的職業是工程師，三兒婦服務於一家公立學校，他們生有兩男兩女，留美已十多年，這一回，出於他們的孝心，把二老接到加州來住些時候，三代團圓，祖孫相會，享盡天倫之樂，自是不在話下。而我的喉頭敏感和氣管炎，居然不藥而癒，則不能不說是一大奇蹟了。

不！這並不是奇蹟。這完全是由於氣候的影響所致，台北的氣候多變，空氣潮濕而污染得厲害，一天之內，陰晴寒暑，差距懸殊；舊金山的氣候穩定，空氣乾燥，清新涼爽，而且四季常春，所謂「灣區」氣候，乃是屬於「地中海型」的，而「灣區」者，環繞金山灣這一廣大地區之總稱也，包含聖·馬太奧在內。這種氣候，最是有益於健康的。所以我可以說，我的經常感冒，是由於台北的氣候之不適宜我的體質所造成的，而我的從此不再三天一小感五天一大感了，則係由於適宜我的體質的舊金山的氣候之所賜。真的，這裏的氣候太好了，簡直可說是我的一大恩人——不僅醫好了我急性的氣管炎和喉頭敏感，而且也根除了使我苦惱了一輩子的慢性鼻炎。什麼叫做慢性鼻炎？那便是：一年三百六十五天天天流鼻涕，十分的不雅觀。在台北，我平均每天要洗三塊手帕，而都是親自洗，因為我很自愛，怕「阿巴桑」碰到了我的髒東西會倒胃口。但是現在，我每星期頂多洗兩塊，這就很能討我老伴的喜歡，再不像從前那樣的嫌我不乾淨了。

我在台北已住了有二十八年之久，經常感冒，經常看醫生，而且縱不感冒也是鼻涕照流，卻從未想到，不同的氣候竟然可以治療疾病，比之特效藥還要來得有效。由此看來，一個人在一個地方住久了之後，到另外一個地方去換換空氣總是好的。走筆至此，忽發奇想：一個久住舊金山而又經常感冒終年流鼻涕的美國人，如果讓他跑到台北去換換空氣，是不是也可以「相對地」像我一樣發生奇蹟而霍然痊癒呢？這我可就不知道了。

（一九七七年二月二十四日）

我愛聖·馬太奧

今年一、二兩月，我和老伴住在聖·馬太奧（San Mateo）郊區我第三個兒子家中；到了三月五日，就搬來舊金山市中心區，和我唯一的女兒一家三口子（女兒、女婿和外孫女）住在一起。在鄉下，二老是爺爺和奶奶；進了城，就變成外公和外婆了。

對於兒子和女兒、女婿和媳婦、孫男女和外孫男女，我們一向是一視同仁，毫不偏心，可是對於地方風光，我的觀感可大不相同了。我愛鄉村，憎惡城市。不同的鄉村和鄉村，不同的城市和城市，亦各有其愛惡程度上的差別。例如台北和台中，我會給後者多打一點分數，而士林和北投，我更喜愛前者。那麼大都會舊金山和小城鎮聖·馬太奧，比較起來怎麼樣呢？答案當然是肯定的。

然則，聖·馬太奧是怎樣的一個地方，究竟有何可愛之處呢？請聽我一一道來。

原來聖·馬太奧，作為舊金山的衛星城市之一，其馬路是異常的清潔和寧靜。即使是在鬧區，往來的汽車和行人亦不太多。而汽車都開得相當慢。——在美國，總是「車讓人」，而不像台灣非「人讓車」不可，所以行人臉部表情，也很少有作緊張狀態的。我可以大搖大擺地通過斑馬線，而絕無生命危險。街道兩邊的屋宇，無論教堂、學校、銀行、醫院、商店或公寓，其建築式樣及色彩，皆頗為藝術化，看上去滿舒服的。很少高樓大廈，很少噪音，陽光充足，空氣清新，而且到處都是樹木，滿眼都是花草，這就使人感覺到如置身於畫圖中了。市區如此之好，郊區那更是用不著說了。

我三兒業工程師，他在聖・馬太奧西郊買下來的房產已有數年：四房兩廳，一廚二廁，是一種建材與設計都很考究的木造平房，足夠他小家庭一家六口子（他夫婦二人生有兩男兩女）外帶一個西班牙女佣住的了。聖・馬太奧西郊是高級住宅區，然而多屬丘陵地帶，遠離市區，沒有汽車代步是不行的。這房子位於半山之上，環境幽靜，景色優美，特別是花園甚大，我最喜歡了。花園裏除本來的幾棵樹，有我兒子和媳婦平日手種的各種果木與花卉，還種了一些蔬菜。我每天清晨起身，就到花園裏去做早操、散步和呼吸新鮮空氣。草地上鋪著一層薄薄的霜。野鴿、麻雀、海鷗和不知名的黑色小鳥飛來飛去。不必走出大門外，就可以欣賞風景。隔著半人高的木板圍牆，朝西看去，穿過鄰家花園和幾棵很像白楊的落葉喬木，視線所接觸到的是遠處一長長的湖，有小如玩具的汽車往來其上的湖邊公路，和更遠的一帶青山。而在遠山的那一邊，就是我想看而看不見的太平洋了。那湖，在陽光的照耀之下，呈一種明亮的淡藍色。聽說湖水異常潔淨，禁止游泳或任何的污染，乃是聖・

馬太奧及其附近幾個小城鎮居民所使用的自來水的水源。

朝東看去，居高臨下，遠遠的，我可以俯瞰聖．馬太奧市區未被山巒所遮掩的一部分；那些房舍，有的紅色，有的黃色，有的咖啡色，有的奶油色，就像兒童積木似的，而聖．馬太奧所濱臨的舊金山灣，則時隱時現於遠處茂密的林木間；較之西邊湖色的淡藍，則東邊的海灣顯然是微綠的。而於舊金山灣之東岸，那些我曾乘車過橋到過的城鎮，諸如奧克蘭、海華、猶里盎城等，都落在海天迷茫一片雲煙之外，是無法望見的了。奧克蘭給我的印象是：壯麗而豪華。

朝北邊看，鄰人的房子和雜樹，遮斷了我的視線。朝南邊看，鐵絲籬笆外，斜坡下，七八棵塔形高大蒼翠的杉木，挺直的站在那裏，最是有趣：像一隊衛兵，接受我的檢閱。而在他們背後，鄰居的花園和房屋，大人們的户外活動以及兩三個小孩在草地玩耍的情形，盡收眼底。

到了晚上，我也有得看的。看什麼？看星，看月亮。每逢陰曆十四、十五、十六這三天，只要不下雨下霧，我總可以看見好大好圓的初升月，像一個大燈籠，由橘紅而橙黃而檸檬黃而銀白色，冉冉上升，漸高漸淡漸亮。而上弦月和下弦月，亦各給人以不同的感受。到了朔日，不消說，那些星星是格外的明亮了。晚餐後，當木星已西斜，獵户星座就當頭了；他那「腰帶三星」，我在別處從未見過竟是如此之清楚，如此之光明，和似乎更大了一點。而這裏那裏來來往往的班機之燈光，與星光相輝映，有的光點靜止著，有的光點在運動，不亦滿好玩的嗎？

我以為，聖·馬太奧的氣候特別可愛；冬天不太冷，夏天不太熱，四季常春，最是有益於健康的。一二兩月，冬春之交，再寒冷些也不會冷得像寒流籠罩下的台北那麼令人直發抖，平常總是在華氏四五十度之間，不過中午氣溫略為升高，早晚涼一點而已。空氣乾燥，濕度甚低，而且不含灰塵，亦無煤煙之類。所以我的一雙新皮鞋，動身前擦過一次，來美後兩三個月沒擦，還是和新的一個樣，這叫做「一塵不染」，對於像我這樣一個懶得擦皮鞋的人，真是再好也沒有了。但是請勿誤會，我實在是很勤快的：我勤於寫作，我勤於讀書，而且隨時隨地，觀察自然，體驗人生，我想，那些勤於擦皮鞋，一天擦三次，把皮鞋擦得雪亮雪亮的人們，未見得也能像我一樣的勤於看星月，勤於看山水吧？未見得也能像我一樣的耐著性子等，等，等，等待第一朵櫻花的開放吧？

是的，櫻花開第一朵了。那是二月初一個早晨我首先發現的。我為之雀躍，我為之歡呼，我指給老伴看了。她是桃紅色複瓣的八重櫻，花期特長，不過這棵櫻花，乃屬西鄰所有，隔牆伸過來約三分之一，所以算是兩家共同欣賞的。第二天，又開了三四朵。第三天，八九朵。第四天，十幾朵。第五天、第六天、第七天，一天比一天開得更多了。到了月半，已是全部盛開，枝枝怒放，實在美麗嬌艷到了極點。同時，北邊、東邊和南邊的芳鄰各自擁有的一棵也跟著開放了。其花色皆較淺，可能都是普通品種，但因距離較遠，為雜樹所遮蔽，我實在看不清楚，無法去辨別了。四鄰都有櫻花，惟獨吾家沒有，豈非欺人太甚？不，請看！就在供我孫子孫女兒玩耍的鞦韆架旁邊，靠近北邊圍牆，姿態美好，亭亭玉立，那開得滿樹雪白的一株李花，不正是這五家之中最值得驕傲和唯一的一株嗎？由於櫻花和李花的相繼盛開，先後怒放，引來了不少的遊蜂浪蝶；還有幾隻蜂鳥，也飛過來湊湊熱鬧。才二月半，聖．馬太奧已是春意盎然，而陽明山的花季尚未開始，可說是「美西春早」了。

三月初，我們搬家前數日，櫻花和李花全都謝了，落英繽紛，遍地殘瓣，有點慘兮兮的感覺。

四月初，一個假日，我兒子媳婦把我和老伴接了去玩一天。我看見李樹已結了不少的果實，最大的一粒像黃豆那麼大了。而那棵高貴的八重櫻，則已長滿了綠油油的新葉。哇！兩棵櫻桃、兩棵蘋果和一棵梨樹全都開花了。她們是三月裏開的，開得花團錦簇，煞是好看。乍看之下，分不出誰是櫻桃，誰是蘋果，誰是梨花，因為都是白色五單瓣的。至於那幾棵類似白楊的大樹，現已開始萌芽——脫去灰白色的冬裝，換穿淺綠色的春衫，即將婆娑起舞，迎接聖．馬太奧之春。晚餐後，我在花園裏散步。不曉得是那一家打開的電唱機，那唱片發出的抒情歌聲，好熟好熟的調子，我想了一會兒，想出來了：不正是「當春爛了時」嗎？是那樣感傷和動人心弦的呀！

（一九七七年四月）

龍女蘇珊

今年春天，我們住在聖．馬太與我三兒學濂家中時，大家一面看日曆，數日子，一面期待我女兒珊珊的分娩。因為這是頭胎，每個人的心情，都免不了帶幾分緊張和焦急。緊張的是：珊珊平時不大喜歡運動，怕她難產動手術。焦急的是：她已足月，預產期二月五號已過，六號，七號，八號，九號，十號，肚子一天比一天大了，而尚無動靜。也許是個雙胞胎吧，我想。不過，我媳婦敏珠每星期一次陪同她去醫院作例行的檢查，都說一切正常，令人滿意。更何況有我多福多壽的老伴在，照應她這樣，照應她那樣，多子多孫，經驗豐富，還有什麼不放心呢。

十一號下午五點半，珊珊由我女婿發泉陪著，從附近的小公園散步回家，敏珠和她婆婆正在包餃子，他們二人就走上前去幫忙。雖然有點餓了，但我什麼都不會做，只好和兩個孫子、兩個孫女兒坐在一起看電視，等著吃現成的。電視節目演的是：「金剛與恐龍殊死戰」，十分的精采，一老四小看得津津有味。忽然聽見一聲尖叫和撲通的一聲，把我嚇了一大跳。定睛看時，呀！不得了！孕婦跌倒了！她不是坐在那兒包餃子的嗎？怎麼會跌下來的呢？我連忙跑過去把她扶起來，一屋子的人都大吃一驚，她卻笑著說：「沒什麼，不要緊。」她倒是很鎮靜的，然而她媽她嫂子的臉色都變青了。因為流產這件事情，可不是鬧著玩兒的，這個，我也懂得。不久，我兒子下班回來了，問是怎麼搞的。這要怪那張椅子不好，螺絲釘鬆了，椅腳癱瘓，人就坐不穩了。於是老三把那張闖禍的椅子搬出去修理，修好了之後，大家吃餃子。我狼吞虎嚥地吃了三十多個。

十二號晚餐時，珊珊覺得有點不適，就提早上床睡覺了。婆媳二人低聲商量了一會兒，敏珠就打電話到醫院去告訴醫生。醫生說：「沒有關係的，還早得很呢，等到她肚子每十分鐘痛一次時再送來也不遲。」於是大家都安心了。這一夜，我睡得很熟，什麼也不知道。第二天一早上起來，才曉得她們已在半夜裏把珊珊送進醫院，一直弄到天亮才回來，只留發泉一人在那裏照應她。星期日上午，照例全家要去教堂做禮拜的，但是今天，為了等電話，聽消息，就不去了。我不時的看看手表，十點，十點半，十一點，十二點，十二點半……在客廳裏踱來踱去的。忽然，電話鈴聲響了，由敏珠去接聽，她滿臉笑容地掛上了電話說：「恭喜阿爸做外公了！恭喜娘做外婆了！十二點五十五分，珊珊生了一個女孩，重八磅七盎斯，大小平安。是發泉打來的電話，可憐他一夜沒睡，一直忙到現在還沒吃東西，沒喝一口水哩。」聽完了我媳婦的報告，我們都好高興。「啊！感謝主！」我說。於是大家跟著我齊聲感謝主恩，我太座吩咐老三打長途電話到洛杉磯和紐約，分別向他大哥和二哥報喜訊；又叫我寫幾封信到台北去通知親友。午餐後，婆媳二人攜帶各種應用物品，前往醫院探望產婦；我則留在家裏寫信。寫著寫著，忽然覺得有如下滑梯似的，身不由主，就一屁股坐在地上了。瞧著我那副尷尬像，我的長孫小明拍手大笑。還是他妹妹克麗絲汀的心最好，趕快跑過來問爺爺受傷了沒有。這時，正在花園裏種樹的老三，聽見我跌倒的聲音，也走進來了。我說左邊胳膊肘子有點兒痛，他就替我擦了一些藥水。原來這回又是那張椅子闖的禍；螺絲釘又鬆了。他一怒之下，就把它丟到汽車房裏去，說永遠不用它了。然而我仍舊要給它記一大功的：前天晚上包餃子時，珊珊要不是因坐它而跌倒，發生了催生的作用，怕還不會生得這樣快吧？真的，再過幾天，春節便到，從正月初一起，那就是蛇年了——蛇女那有龍女來得好聽呢？

我們的龍女名叫蘇珊，是她媽早就給她取好了的。美國醫院有一規定：新生嬰兒的父母，必須事前登記尚未出世的孩子姓名，以便到時候發給有醫生簽字的出生證明書。半個月前，珊珊在電話裏給醫院的答覆是：生男孩就叫愛德華，生女孩就叫蘇珊；而這是我們全家都贊成的。十四號，我到醫院去看了她們，並給蘇珊祝了福。十五號，由敏珠開車，去把她們接了回來。十八號，蘇珊出世的第六天，我們全家過了個非常愉快的春節。我閑來無事，就做了一個數字遊戲：給蘇珊算命。我開了一張單子，叫大家傳閱。單子上的內容是：「蘇珊出生於民國六十六年二月十三日上午十一點五十五分。六六三十六，二六一十二，二加一加三等於六，十一加五十五等於六十六，一加一加五加五等於十二，皆可以六除盡。民國六十六年即公元一九七七年。一加九加七加七等於二十四，十九加七十七等於九十六，也都是可以拿六來除盡的。又，跟在她的五個表哥、六個表姊之後，她是第十二個；她的乳名小珊二字，也正好是十二個筆劃，十二除以六，二六一十二。結論曰：蘇珊利六，逢六大吉。」大家看過這張單子，都哈哈大笑了。

真的，蘇珊利六，逢六大吉，一點不錯。三月五號，我們老小五個從聖．馬太奧搬來三藩市之後，我女婿就找到了工作，而已於三月下旬開始上班了。此外，我家裏大小諸事無不順利，簡直可說萬事如意。為什麼？因為我們住的這家公寓，門牌是六六〇，一百一十個六；而我們的分戶號碼一〇八，又是十八個六，這叫做六六大順，大吉大利。是蘇珊給我們全家帶來的好運。蘇珊的身體很健壯，食量頗大。才三個多月，人家就説她半歲以上了，她的臉型和她爸爸的一模一樣：圓頭圓臉，烏眉大眼，除了頭髮較稀，鼻子稍塌，耳朵、嘴唇、下巴、面頰，無不像她爸爸。甚至臉部表情和捏緊雙拳舉起兩臂作W形的睡覺姿勢，也都得她爸爸的真傳，有趣極了，這孩子。除非肚子大餓，平常很少哭鬧。見了人，總是笑。人見人愛。親戚朋友從台北來信，都表示關心我們老兩口子的生活，怕我們寂寞無聊。在這裏，讓我作一總的答覆吧：我們才不無聊哩。只要天氣暖和，風不太大，我們二老，就會推著蘇珊的嬰孩車，到附近一個名叫Union Square的小公園裏去晒太陽和呼吸新鮮空氣，我們自由自在，我們與世無爭，而終日和蘇珊在一起，這便是我們晚年最大的快樂了。

（一九七七年五月）

新居散記

新居位於三藩市南區中央。我們這條馬路，實在不太出名，而且相當的短，所以很少有人知道它的存在。不過，你在舊金山市街圖上，只要能找到市立專科學院（City College of San Francisco），就不難發現它的起點了。由南而北，通過七八條東西向的馬路，下了坡，又上坡，從City College出發，步行約十五分鐘可到。在半山上，靠右手邊，你可以看見建築式樣皆相同而顏色不一致共六家連在一起的一排二層樓房子，其中那淺咖啡色的便是了。

教我英文的Mrs. Wang曾在班上問過我：「How do you like your new house?」我的回答是：「I like it very much.」的確，新居是可愛的。因為這一帶的環境很是寧靜，景色亦有其可取處，空氣新鮮，陽光充足，堪稱理想的住宅區。不過距離Downtown（市中心）甚遠，交通不大方便，是為美中之不足。附近只有十路和三十六路兩線巴士可搭。如欲進城，尚須換乘電車或其他路線的巴士，需時五十分鐘以上。幸而我女婿在搬家的前幾天就已經買好了一部二手貨的汽車，走高速公路只消二十分鐘，否則他們上班上學就難免要遲到了。

所謂新居，乃是新「買」的房子，而非新「建」的房子。這房子已有三十年的歷史了。以前的屋主對之十分的愛惜，保養得相當良好，所以看起來還跟新的一樣。當我女兒女婿決定把它買下來時，曾帶著我和我太座前來看過，我是舉雙手贊成了的。其建材頗為考究，木料都很堅實，而且現代化的設備如中央暖氣等，應有盡有，這還有什麼不滿意的呢？樓上有兩間臥室，客廳、飯廳、廚房、浴室各一；樓下有一間較差的臥室，一間很大的休閒廳，一間浴室和一間汽車房，另外還有一個小小的花園。我們人多是多，但已足夠住的，再也不像從前擠在市中心一家公寓裏時那麼活受罪和搶著上廁所弄得個個頭大肝火旺的了。

搬好了家之後，我內人和我四兒住樓上較小的一間臥室。我女兒女婿和我們的外孫女才長了四顆牙的蘇珊住樓上較大的一間臥室。我二兒的兩個女兒十二歲的海倫和九歲半的玲達住樓上的飯廳。因為廚房還算不小，餐桌能放得下，所以就在廚房裏吃飯了。我則一個人住樓下的臥室，休閒廳也歸我單獨使用，我把它佈置成一間書房。其實所謂書房，只是一桌一椅一燈，佔了很小的一角而已。其餘地方，除了蘇珊的搖籃鞦韆和嬰孩車靠一邊擺著，是足夠海倫和玲達玩球或做其他遊戲的了。而這都是暫時性的安排。我二兒現在洛杉磯做事。將來我二媳帶著我們最小的孫子小虎來美，他們很可能定居洛杉磯，那麼海倫和玲達就要離開我們了。同時我四兒也要把我四媳接來另組小家庭。到他們各事都弄定了之後，這兒當然要重新佈置一番的。不過無論如何，我都不會住到樓上去。因為樓下的休閒廳和廳外的小花園，對於我的日常生活，具有絕對的重要性。

每天清早，才六點多，大家就起身了。七點半，至遲七點四十分，我女婿就開車出發了。他先把兩個女生送到學校去，再把他妻子送到她服務的一家會計公司去，最後郎舅二人趕到他們自己公司的倉庫裏去上班，時間總是很緊湊的，一分鐘也不能耽誤——這便是所謂美式生活的「時間第一」了。到了八點，我也搭車去「華埠英語中心」念英文，家裏就只剩下蘇珊和她外婆老小兩個了。中午我回來吃飯，幫助老伴洗洗尿布和做做其他家事，如無必要，就不再出門了。午餐後，二老輪流午睡片刻，養養精神。然後用嬰孩車，把蘇珊推出去晒晒太陽，就在附近兜兜圈，整個下午，只有等蘇珊睡了，我們才能各人做一點自己的事情。為了讓我女兒女婿出去賺錢，專心工作，使無後顧之憂，替他們帶孩子、做飯和管家，我太太的辛苦是可想而知的。而作為她得力的助手，我這個當外公的人，不也是夠忙碌的嗎？——聽啊！我剛寫到這兒，蘇珊醒了，她外婆叫她外公上樓去幫幫忙，只好把筆放下，文思遂暫時被打斷了。

到了晚上，家裏可熱鬧了。六點半，下了班放了學的人全回來了，蘇珊看見他們，高興得直拍手。晚飯桌上，大家邊吃喝邊談笑，可說是一日之間最愉快的時刻。

飯後，我打開收音機，聽點古典音樂。如果靈感來了，就寫一點東西；沒有東西可寫，念念英文也是好的。總之，把蘇珊交給她爸爸媽媽，我們就輕鬆了。而到了星期六和星期日，如果沒有什麼約會，我女兒女婿留在家裏帶孩子，我們更可以出去看看朋友，逛逛街，買點東西，或做些其他的自由活動了。

我的自由活動，除了散步，主要的就是整理花園，種樹栽花。我自幼即愛好園藝，樂此不疲。特別是培植玫瑰，最有心得和經驗。（請參閱「我與玫瑰」一文！）這新居的花園雖小，玫瑰卻有十幾棵之多。我之所以舉雙手贊成我女兒女婿把這房子買下來，當然也有一半是由於那些玫瑰引起了我的興趣之故。我們搬進來才一個多月。我忙裏偷閒，每天做一點，到現在，已整理得滿像個樣子了。我首先把那些冬青剪好：三叢圓形的和兩排長方形的，因為日久沒人照料，已不圓不方了，很是難看，我花了不少時間，使之恢復本來面目，這叫做「修齊治平」。接著第二步，我用了很大的力，出了很多的汗，把那些怪討厭的羊齒類植物和雜草剷除得一乾二淨，以免妨礙其他高級花卉之成長，這叫做「去蕪存菁」。第三步整理工作，是集中在那三棵相當健壯的繡球花身上，這不太吃力，花的時間也不多。目前正在進行中的第四步整理工作，就是最辛苦最危險最費心機也最有趣味的玫瑰花之修剪了。被玫瑰刺傷和流血，相信是每個園丁都免不了的事情。但只要戴著皮手套，善用工具，特別小心，也就不至於出太大的亂子了。待我把這步工作完成後，計畫中的第五步工作是，買些水果樹來種下去。當我把羊齒類植物和雜草拔光了時，已經預留地位。我將種八棵水果樹：蘋果、梨、櫻桃、李子、桃、杏、橘子、檸檬各一。除了我最喜歡的玫瑰和繡球花之外，園子裏還有一些其他的花卉和樹木，以及門前的一塊草地，幾棵松樹和兩邊的冬青，我也都一一給以應有的照料和修剪。怎麼樣？像我這樣一個夠勤快的園丁，你到那裏去找！而這便是我的人生晚景之最可欣賞和最富於情趣的一部分了。我與世無爭。我自求多福。我自得其樂。

是的，我愛新居，新居是可愛的。從前住在市中心一家公寓裏時，因為屋小人多，我總是定不下心來，實在無法寫稿，連給朋友們寫寫信都不太容易。現在可好了，我有了我自己的書房，能夠坐下來讀書寫作，心理上有了安定感，就可以沈思冥想而時有所得了。相信今後，欠著各方面的稿債，一一償還，應該不是辦不到的。

有趣的是，蘇珊這孩子，自從搬來新居之後，她已逐漸調整睡眠時間，把那半夜裏不睡覺的壞習慣糾正了過來。而這是自然而然的，並非大人們的功勞。她現在每天早上和大人們一同起身，晚上和大人們一同休息，只在上午和下午各睡一兩個鐘頭，一切都很正常，完全上了軌道。從前住在Downtown時，她每天總要睡到十點多鐘才醒，下午小睡一會兒，晚上六七點時，又要睡個二三十分鐘，然後精神就來了，一直玩到夜半十二點多還不肯睡，兩隻眼睛睜得好大好亮，而勞累終日的大人們都已疲倦不堪了。我們喊她「夜貓子」，簡直拿她沒辦法。你說這究竟是什麼緣故呢？我想也許是由於那公寓房子光線暗淡，白天裏都要開電燈，弄得晝夜不分之所致吧？

再過幾天，蘇珊就十個月大了。她早就會坐，會爬，扶著東西會站起來，站好了就蹦蹦跳跳的，只是還不會走路而已。她很健壯，也很聰明，皮膚黑了點，卻滿有趣的，滿俏的，滿活潑的，怪討人喜歡的。「What a cute baby she is!」隔壁鄰居家的老太太，一見了她就讚美不已。她向人家笑了笑，還向人家招招手。於是人家也笑了，她的外公外婆也笑了，連天上的太陽也笑了。

（一九七七年十二月八日，寫完於舊金山寓所。）

半島生涯

我和老伴於一九七六年底移民來美，一直都和女兒女婿住在一起。他們育有一女一男，兩個孩子都很可愛。他們都在郵局工作，不過職務有別，上班的地點也不同。一九八七年下半年，我女兒被派到聖．馬太奥（San Mateo）電腦中心去工作。開車前往，要花一個多小時，未免太不經濟了。經家庭會議決定，就把舊金山城裏已經住了十一年之久的老宅賣掉，而在位於中半島的密爾布瑞（Millbrae）買下來一所新房子；一九八八年春喬遷。從密爾布瑞到聖．馬太奥，開車只花十幾分鐘，對我女兒説來，這是很方便的。可是我女婿的職務並未改變，他還是要開車進城去上班的。但他是個男人，辛苦一點沒有什麼關係。

從前住在三藩市城裏，我名我的書齋為「美西堂」。現在搬到中半島來了，我就給它加上「半島居」三個字，使成為「美西堂半島居」，念起來也很好聽。而且自稱為「美西堂半島居主人」，不也滿有派頭的嗎？請問這位主人，喬遷之後，感覺如何？心情怎樣？平時作何消遣呢？且聽我一一道來：

原來我這個人，從小就愛種花種樹。在大陸，在臺灣，一向如此；來美後，依然樂此不倦。這是我主要的休閒活動。人家說：愛好園藝，有益身心。真的嗎？我才不管那些，我只是做我所「樂於」做的而已。舊金山的老宅，有個四方形的後院，面積不大，除原先的兩排Bush，幾棵樹和十幾棵玫瑰之外，我親手種植的，有一棵蘋果樹、一棵梨樹、一棵桃樹，和一些草本花卉。蘋果、梨和桃子，年年有得吃。特別是那棵梨樹，我最喜愛，因其果實甚甜，其花甚美，而其姿態頗為高貴，像一位古代的公主。至於那些玫瑰，有劍瓣的，有圓瓣的，綺麗芳香，而全是高級品種。我早就使用插枝法，插活了二、三十盆，屬於她們的第二代和第三代。我照料我的花木，的確是充滿了愛心，就像照料一個嬰兒，一個孩童一樣。親戚朋友和鄰居，有向我索討玫瑰盆景的，我硬是捨不得割愛。到了喬遷前夕，我一個人站在院子裡發呆。我含著淚，向那些搬不走的植物朋友，一一道了珍重再見。而翌日，上了搬家大卡車的，就只有十幾盆玫瑰而已。怎麼搞的？二、三十盆，只剩下十幾盆了？還不是一半已被人家拿走了嗎！

新居的後院很大，約五、六倍於老宅的，但不是矩形，而是不十分規則的半圓形，分為裡外兩部，隔以木籬，有門可通。裡部有一半草地和一半水泥地，種著有兩棵茶花，兩棵李樹，一棵枇杷，一棵柿子，一棵含笑花，七棵山杜鵑，四棵不知名的大樹和一些草莓。外部是一大片草地，而圍以樹牆，有的是足夠使用的土地，日後種花種樹甚至種菜都不成問題的。我女婿也愛好園藝。他特別喜歡蘭花，無論國蘭、洋蘭，他都喜愛。有些是從老宅搬過來的，有些是新置的，現在他已擁有二十多盆了。其實我的盆景比他更多，除了玫瑰，我還擁有幾十盆曇花、蟹蘭及其他仙人掌科。我每天都要在後院裡消磨至少兩、三個小時。而我女婿，只有在下班之後，晚餐以前，利用很有限的時間，去看看他的蘭花。當然，到了週末，他就有時間了。我對蘭花沒有多大興趣；而他也害怕玫瑰的刺。可是翁婿二人合作，在後院的外部，闢出幾塊田地，種了一些番茄、莧菜、茼蒿、辣椒之類，而經常有不含農藥的新鮮蔬菜可吃，這卻是兩個人的共同樂趣之所在。當然，我們的田裏，還附帶地種了一些葱蒜。有時老伴在廚房裏做菜，冰箱裏沒有葱了，只要她吩附一聲，我就會下田去給她剪一大批來備用。

除了園藝，我的消遣方法，諸如看電視、打麻將、讀武俠小説、聽古典音樂，還多得很哩。

新居的環境很理想，雖然位於兩條馬路交叉處，來往車輛甚多，但並不十分的喧囂，因為街道很寬，相當空曠，又沒有什麼高樓大廈，多平房，家家門前都有一塊草地，種些花樹，所以有的是「空間感」。而鄰居們也很和善，有的上班上學，有的已經退休，像我一樣。那些退了休的老頭子老太婆，見了面，打個招呼，怪親熱的。年輕人也很有禮貌。總之，半島上的小城，較之大都市是更適宜於居住的。

而陪同老伴在附近散散步，這也是我們的休閒活動之一。真的，我們一出大門，就像已走進了公園一樣。半島上，特別是氣候良好，經常晴朗，不像舊金山那樣的多霧，最是其可取處。至於交通，也還算方便的。就在我們門前，有一個巴士站，無論三十三號B或三十號A，所謂社區服務，都可以搭乘前往本地市中心購物、寄信和辦事情。而那些司機，也都是和善有禮，服務熱心的。這和臺北大不相同。如果要進城的話，這兩線巴士，也可以把乘客載到本地的火車站去。而我們老年人，無論搭巴士或乘火車，都有優待。所謂敬老尊賢，他們美國人是真的做到了。此外，還有各種社會福利，也都辦得很好。

我平時總在六時左右起身，是全家三代最早的一個，所謂early bird是也。我親自動手，煮水泡茶沖咖啡和烤麵包。有時我以餅乾為主食。而總之，不是麵包就是餅乾，蛋糕之類很少吃。至於飲料，一杯咖啡三杯紅茶是一定的。我平時很少喝牛奶，只有在早餐時，咖啡裏加一點牛奶和砂糖而已。早餐後，我就開始寫作了。我有時寫詩，有時寫散文和詩論；又有時應某出版社之約，編我自己的詩選，寫自序。而總之，我的「早課」，做到八點多鐘，就暫停了。這時，兩個孩子已經搭巴士去上學了；他們的爸爸和媽媽，也各人開自己的車，一個朝南一個向北去上班了；而老伴，她也已吃完早飯，做她自己的事情了。至於我自己呢，如果沒有奉命出去買東西或處理其他家事的話，那就當然的要跑到backyard裏去呼吸新鮮空氣了。總之，日子過得雖然平平淡淡，我的健康總是相當的良好，我的心情總是相當的愉快。我與世無爭，我自求多福。我一點兒也不寂寞，我一點兒也不無聊。我老是老了一點；但我相信，我還有的是明天哩！

自從搬家搬到半島上來之後，我的詩的產量，也似乎比以往更多了些。從前住在城裏，平均每年只寫幾首；現在居然能寫十首以上。臺北的朋友們，稱我為「詩壇上的常青樹」，我想我可以當之而無愧了。一九八八年春，我寫了一首「在綠色的日子」：

在綠色的日子，
我也穿上一件綠色的襯衫，
打了一條綠色的領帶。
倒並非怕被誰捏我一把，
而實在是由於我眞的喜歡綠色：
綠色是和平與希望之象徵。
在綠色的日子，
人們種愛爾蘭幸運之草，

講古代聖人驅蛇的故事；
而我卻躺在三月的草地上，
欣賞綠色的山，綠色的樹，
和緩緩步入綠色的夢鄉。

此詩有一後記：三月十七日是聖・派屈力克日（St. Patrick's Day）。在愛爾蘭，這一天，不但是個假日，而且還是國定的紀念日，因為聖・派屈力克（St. Patrick）乃是愛爾蘭的守護神，基督教就是首先由他帶到愛爾蘭去的。這位聖人，自古至今，一直被愛爾蘭人所崇敬。有一則故事是眾所周知的：人們相信，愛爾蘭所有的蛇類，都是被聖・派屈力克所趕走的。又說：當他傳佈福音時，手裏總是握著一枝幸運草（Shamrock）。這種草，我們稱之為酢醬草，視為蒲公英一類的野草，然而它卻是愛爾蘭的國花，別瞧它不起唷。每逢聖・派屈力克日，愛爾蘭人熱烈慶祝一番，自是不在話下；就連其他歐美國家，人們也紀念這位聖人。在美國，每逢這一天，人們都穿戴綠色衣帽以表紀念，因為幸運草是綠色的。一條綠褲，一件綠衫，或是一雙綠鞋，總之，只要身上有一點綠色就行了。否則的話，碰到熟人，就會被捏一下，這已成為一種風俗習慣了。一九八九年，我寫了一首「小城之春」：

這才不過是一月下旬嘛，
怎麼那些櫻花就已悄悄地開放了呢？
有的開了小半棵樹；有的剛開數朵。
來得多早啊，這小城的春天！

我貪婪一般地猛呼吸清晨帶甜味的空氣，
當我策杖作片刻之漫步時。
這邊一聲早安，那邊一聲您好，
每一位鄰人都那麼和藹可親，笑著微笑。
啊，這世界，
竟是如此的可讚美，
如此的可陶醉！

一九九〇年，我寫了一首「藍鳥」：
爲什麼一定要去
競選總統、議員之類的，
孩子們？何不欣賞
欣賞那隻藍鳥

在人行道上漫步？
那姿態，那風度，
當春天來了的時候，
當一群高中女生
發出銀鈴般的笑聲，
放了學，走過來，
和我一同等巴士的時候，
既優美而又高貴，
多麼像個，像個
詩人的樣子地。

在這首詩裏，我所寫的藍鳥（bluebird），又名藍知更鳥，在我所居住的舊金山半島及灣區，到處可見。牠的樣子十分漂亮，但是鳴聲並不怎麼好聽。

以上我舉出喬遷後所寫的詩每年一首為例，由此可知我的半島生涯的確是很夠意思的，這叫做有詩為證。

（一九九一年五月十三日，寫完本文於美西堂半島居。）

錯把李花當櫻花

一、我認錯

承認自己在寫作上犯了錯誤，請問當今的文藝界，除了我，還有第二個人嗎？要曉得，在這個世界上，人們指出他人錯誤之所在是並不難的，而要發現自己的錯誤那可不太容易啊。

如今，我既已發現並承認了自己的錯誤，那就讓我一五一十坦白地招供了吧。

二、關於木麻黃

不記得是那一年了，從前在臺灣，我曾隨團前往金門勞軍，看見島上那麼多的木麻黃，我非常欣賞，就說：「此地的馬尾松，怎麼這樣的高大啊！」不料此言一出，竟引起專車上朋友們齊聲的哈哈大笑。楊念慈坐在我旁邊，就笑著說道：「那是木麻黃，不是馬尾松。那都是前線將士們種的。他們還種了許多其他的樹木，聽說已經種了三千萬株。瞧！那些大葉桉、銀合歡，也都是他們的成績。」我隨著他手指處，向車窗外掃瞄了一下，就「噢」了一聲而結束了這一插曲。

幸好，在我的所有作品之中，我並未把木麻黃「寫」成馬尾松。但是，錯把李花當櫻花，這卻「有詩為證」，我賴也賴不掉了。

三、灣區春早

一九八八年一月，我們全家老小三代共六口子，從三藩市遷居到舊金山中半島之一小城密爾布瑞（Millbrae），迄今已七年多。對此新居，我十分的喜愛，因其環境幽靜，景色如畫，空氣清新，陽光充足，一走出大門，就好似身在公園中了。我舉目四望，只見對街和左右鄰居門前草地上都有一兩棵「櫻花」正在怒放，我大為高興，而且詩興大發，文思汩汩，覺得一個全新的「創作的高潮期」又要來了。不過，我總有點疑惑，心想，櫻花要到三四月裏才開，怎麼現在就開了呢？難道是由於氣候的關係，而總之，在這個小城裏，及其鄰近諸城，例如San Bruno和 Burlingame，到處都在盛開，花色之美，令人目不暇給，這使我下了一個結論，曰：灣區春早。

是的，灣區春早，而我也就提起筆來，大寫而特寫了。從一九八八年到一九九四年，我寫了許多的詩和散文，還有詩論，寄到臺灣、大陸和香港去發表，也有一些是交給本地華文報刊的。臺灣的朋友們，稱我為「詩壇上的常青樹」，我當之無愧。不過，這幾年裏，出現在我的詩和散文中的「櫻花」，其實並非櫻花，而係李花。錯把李花當櫻花，這簡直應該請我的老師拿起戒尺來打我的手心了。

四、白紙上的黑字

我的詩集《半島之歌》，已於一九九三年八月，由臺北「現代詩社」印行。這部新書，內容包含我從一九八五到一九九二共八年的作品一百多題，是緊跟在詩集《晚景》之後的紀弦自選詩卷之九。而遺憾的是：其中犯了常識上的錯誤的，竟有兩首之多！

作於一九八九年的「小城之春」（頁九八），自以為寫得很不壞：

這才不過是一月下旬嘛，
怎麼那些櫻花就已悄悄地開放了呢？
有的開了小半棵樹；有的剛開數朵。
來得多早啊，這小城的春天！

我貪婪一般地猛呼吸清晨帶甜味的空氣，
當我策杖作片刻之漫步時。

這邊一聲「早安」，那邊一聲「您好」，
每一位鄉人都是那麼和藹可親，笑著微笑。

啊，這世界，
竟是如此的可讚美！如此的可陶醉！

當然，第一節第二行的「櫻花」，乃是李花之誤，非把它改正不可。另一首「二月櫻花處處開」（頁二三四），作於一九九二年的，連題目帶第一節第一行的兩朵「櫻花」，也都應當改為李花才是。可是書已出版，印在白紙上的黑字，是無論如何也「校對」不過來了啊！我真欠揍！我真欠揍！

除此以外，一九九三年，我還寫了一首「春日懷友」，寄給瘂弦發表於他主編的「聯副」之後，朋友們都拍手叫好，也都知道我所懷念的是誰：

每當我舉杯欲飲，
就彷彿聽見了
你得得的馬蹄聲。

[illegible]知道你最喜歡流浪，
但不知如今
你已流浪到了何方。

還記得金門之醉否？
想當年，我們這一群，
多麼的不可一世。

哦！老友：
何不來此多詩的半島，
與我共賞二月櫻？

瞧！這最後的一行又弄錯了！幸好《半島之歌》所收入的作品止於一九九二年，一九九三年以降諸作尚未整理出書，日後出單行本，只要把「二月櫻」改為「二月花」就行了。至於散文作品中的那些「櫻花」，要不要改正過來呢？我認為，那並不重要，改或不改都無所謂，因為我主要的是一個詩人，而非以散文鳴家的。

五、我終於恍然大悟

今年春天，我照舊天天散步，天天賞花，也天天寫作。有一天，我換了一條路線，走到一條沒走過的小路，轉了個彎，就看見一家門外「櫻花」盛開，共有四棵之多，我就停步欣賞，暫時不忍離去。忽然來了一個四五十歲的美國人，牽著狗，從我身邊走過，卻又回過頭來，和我打招呼，說：「You like flower?」我答以「Yes, I do.」接著他說：「I enjoy it very much : Japanese Plum.」說罷，他就走了。

這使我恍然大悟，原來她們都是李花而非櫻花。不過，我記得，從前在大陸上，我們中國李花都開白色而非粉紅色的。也許就是由於日本李花的粉紅色，和櫻花很相近，這才造成了我多年的錯誤吧？我豈不是應當大大地感謝那位陌生人嗎？下回再見到他，要請他喝一杯。願上帝保祐他，也像我一樣的長壽。

（一九九五年四月十八日，寫完於美西堂半島居）

酒德頌

一九八五年春，美西堂主人成詩五絕一首：

酒德日以高
詩心猶未老
問君復何求
晚節須自保

當然，這不算是一首好詩，言志而已。然而，事實上，這二十個字，卻說明了今日之我已到達了怎麼樣的一種境界。

來美後，和親戚、朋友、洋鬼子們在一起喝酒的機會還是常有的，雖然已不像從前在臺北時喝的那麼多——幾乎是三天一喜酒五天一壽酒而又時常來他個「四大飲者」暢飲圓環或醉臥西門町。在那「臺灣時期」二十八年之間，雖非每飲輒醉，但至少曾大醉五六回、小醉十多次；硬是不肯「止於微醺」，就連三分酒德都談不上。其實我一個人關在自己的書房裏自斟自飲倒反而不大會出毛病。就是在人多熱鬧的場合，往往容易因貪杯而又好表現而失態、丟臉、闖禍，甚至於還上了花邊新聞。但是那些往事已如煙了，已如煙了，已如煙了。在這兒，不提也罷。

而自一九七七年起，在這「美西時期」十三年以內，我的的確確是連小醉一回都沒有醉過。我已經學會了如何控制我自己。我已經懂得了喝酒喝得恰到好處是最舒服最過癮也最有味道的了。這一點，我確實做到了，今天。我很高興我自己的進步。我可以向周人杜康和希臘酒神Dionysus舉手宣誓：以上我所講的，半個字都不假。

如果你們大家還不肯信任我的話，那就請此地（舊金山灣區一帶）我所有的朋友都來給我做個見證吧。他們的名單是：詩人馬朗夫婦，詩人陳伯豪夫婦，詩人陳敏華夫婦，詩人兼散文作家喻麗清夫婦，小說家陳若曦夫婦，以及美國女詩人魏金蓀夫人（Dr. Rosemary C. Wilkinson）及其也能喝幾杯的老伴。我相信，他們都會說：「酒德日以高」這五個字，今日之紀弦，真正是當之而無愧的了。

末了，倘若連這樣的一份名單，你們都還不能點頭的話，那就請你們去問問我的太座吧。她要是不罵你們一聲「太過分了」才怪。

（一九八九年秋）

我的書齋

從前在上海時，我的書齋叫做「居無室」，我還寫過一篇「居無室記」，說明從無「室」可居，到居於「無」室，蓋異常窮困之寫照也。

後來到了臺灣，執教於有名的成功中學，住在學校的大宿舍裏，課餘之暇，有的是讀書寫作的時間，遂名我的書齋為「發憤樓」與「苦讀齋」；而自稱「樓齋主人」，這比「居無室主人」，不好聽得多了嗎？

宿舍是一種三層樓的公寓式房子，每位老師一家住一層樓。我家住在三樓，所以天台歸我們使用。除了種花種樹，養貓養狗，我還在天台一角蓋了一間小小的木屋，名之為「覃思閣」，那是我一個人獨坐想詩的天地，閑人免入，神聖不可侵犯。「覃思閣」三字，是請詩人金軍為我寫的；而為我寫了「發憤樓」與「苦讀齋」六字的，是詩人羊令野。

退休後移民來美，因常住加州，故稱我的書齋為「美西堂」；這三個字，是我的親家翁朱敬恆寫的。一九八八年一月，我們全家從三藩市搬到半島上的小城

Millbrae來居住，從此就改名我的書齋為「半島居」了。但是搬家已三年，迄今我還沒有能夠找到一位適當的人選，為我寫「半島居」三字。而新居之牆壁，由於材料關係，不宜懸掛鏡框之類，那就不必找人寫了。這是我老伴的意見。我點了頭。

（一九九一年春）

我的寫作習慣

我是全家老小三代起身最早的一個，經常從五點半到六點。一下床，小個便，我就走進廚房，自己煮水泡茶，沖咖啡，烤麵包。咖啡只喝一杯，而立普頓紅茶必須三杯。麵包是兩片，塗以白塔油。果醬蜂蜜或花生醬之類，我不常用的。早餐既畢，去洗手間。人們多半先漱了口然後吃東西，我是先吃東西後漱口，相信這個辦法很合乎衛生。我在洗手間裏辦完諸事，就步入書房，在書桌前坐下來，開始寫作了。大約從六點半到八點半，我只工作兩小時左右，就停筆了。這時，上班上學的人全都走了；而老伴，也已經下廚做她自己的事情了。在廚房裏，她是大師傅，我是她的二把手。如果沒有什麼需要我幫忙的，那我就可以跑到後院裏去看我的海棠花、玫瑰花、桃樹、無花果樹和蘋果樹，呼吸新鮮空氣，自由活動了。

人們往往喜歡在夜靜更深時從事於寫作。而我是至遲十點鐘就要睡覺的，不能開夜車。也許有人問我，早晨寫作，究竟有什麼好處呢？而這種習慣，又是如何養成的呢？原來我這個人，飲食定時定量，日常生活有一定的規律，這種習慣，很自然地養成，就無法改變了。至於好處，我想，頭腦清醒，精力充沛，這八個字是可以拿來做答案的。我寫作很專心，而總是「集中於一點」，推敲了又推敲，直到滿意為止；當然，「部分」與「全體」之兼顧，這一原理原則之嚴格地遵守，那更是不消說的了。無論寫詩或寫散文，都是一樣。有時，電話鈴響，或是有人敲門，或是老伴叫我，我的文思與詩想，也並不一定會被打斷，只是「暫停」而已，等一等再接下去寫，毫無問題。請問這究竟是什麼原因呢？大約「心無旁騖」這四個字可作解釋。

是的，我乃當代酒仙之一。從前在臺灣，我和羅行、楚戈、鄭愁予、許世旭五個人，號稱「四大飲者」。分明是「五」，何以說「四」？因為「五大」不好聽，「四大」好聽。而且，五個人不一定每次都在一起喝，往往五缺一，或缺二。曾有人問我：「當你寫詩的時候，是不是一面寫一面喝？」我的回答是：「我才不哩！」「為什麼？」「因為當你喝得醉醺醺的昏昏欲睡了時，恐怕連筆都拿不動了，連稿紙放在何處都不知道了，請問還寫得出什麼詩來嗎？」而我是為寫詩而寫詩，為喝酒而喝酒，各行其是，各不相關，這叫做「純粹」。

（一九九一年十月九日，於美西堂半島居。）

隨筆五題

一、文化的相對論

當我正在等火車的時候，我看見了一則廣告：狗展。不過，那是二月份的活動；而今天，三月八日，我很忙，朋友們請我進城去喝一杯。所以說，就是想看也看不到了。

哦！狗展，貓展，龜展或什麼展的，那都是他們美國人的花樣，美式的玩藝兒。而我們中國人，以我為代表，除了畫展，詩展，對於其他任何事物，即使頗感興趣，頗能賺錢，亦不屑一展的。

這就叫做文化。不，文化的相對論。（一九九三）

二、Japanese Plum

一九九三年春三月，在舊金山半島上，那些日本李樹正在盛開；遠看是一片片，一簇簇的粉紅色，多麼像我們的陽明山啊。不過，太淡，太淺，也太小了，而都是單瓣的。這就教我想起來……

八重櫻，一九三六年四月在東京，我曾大大地陶醉過的，真美。至於五、六十年代，時常出現在我詩中的早櫻與陽明花季，每一念及，也使我不禁為之黯然神傷。

哦，臺北，我的第二故鄉，很對不起！（一九九三）

三、大畫家與名伶

喝醉了的名伶，有時唱得荒腔走板，被聽眾喝了倒采，應該是沒話可說的。但是大畫家的敗筆，也會成為奇貨可居；在倫敦的拍賣場中，標價是美金三千萬。就真的有人因搶購而打架而流血！（一九九二）

四、綠帽

我有十幾頂帽子，各種顏色，各種質料，各種季節用的。其中有一頂綠色的（MADE IN U. S. A.），我最喜歡。可是不幸得很，已被老婆扔掉。問了她，就說：

「不許戴！」

哦，太座，別那麼認真嘛！（一九九三）

五、倚閭而望

我和老伴，一向同女兒女婿和他們的孩子住在一起。女兒有時上夜班，總在翌晨八點十分到家。一九九〇年，有一次，她在歸途中碰到一隻鹿，把她的汽車撞壞了。但總算有驚無險：一位過路的先生幫助她解決了問題。鹿死，車傷，而人無恙。感謝主！

一九九一年六月某日，她回家很晚，那是因為下了班之後接著又開會之故。但我事先不知道。心想：難道又遇見鹿了？等著等著，直到九點多鐘她才到家，可把這個倚閭而望的老爸急壞了。（一九九二）

賀辭及其他

作為我的老友之一，小說家劉以鬯，在香港，多年來，為文藝而工作，而奮鬥，而奉獻，其成果，其成績，其成就，用不著我多說，乃是有目共睹的。

如今，欣逢他主編的《香港文學》月刊八周年紀念，我謹在此借用古人說過的「苟日新日日新又日新」這句話，來祝福我所最最喜愛和全力支持的這一份純文藝刊物，一年比一年更充實，更美好，更壯大！

讓我們大家一同舉起酒杯和酒瓶來，向我們的勞苦功高的園丁致敬。

・

記得從前，在臺灣，我獨資創辦《現代詩》季刊，也很不容易，因為我是個過來人，所以對於朋友們的為文藝而克難苦幹，那種犧牲精神，宗教感情，我是深深地有著同情的了解的。一九五三年二月一日，我主編的《現代詩》第一期問世了。我一個人身兼六職：發行人、社長、編輯、校對、經理和工友。買紙、車紙、跑印刷廠、跑郵局、寄書、收賬、拉稿子、拉廣告，都是我一個人包辦。辛苦是很辛苦，但我幹得滿起勁的。那時候，臺北馬路上的汽車、巴士、摩托車不像現在這樣多，所以我騎著腳踏車滿街跑，是暢通無阻毫無危險的。《現代詩》的讀者多半是軍人，學生較少；也有一百多個訂户。但是光靠訂户和零售很有限的收入，是絕對不能和付出去的紙張印刷費收支相抵的。我自掏腰包，我省吃儉用，一期一期的賠下去，我心甘情願。就連臺灣各報刊以及劉以鬯主編的《香港時報》副刊給我的稿費，我也全部用在詩刊上了。當然，脫期總是免不了的，有時還兩三期合刊。一直苦撐到一九六四年春，出了第四十五期，就再也出不下去了。唉唉！要是我教書的收入夠多，經濟狀況良好，我怎會拖欠印刷費好多期，而在萬不得已的情形之下，只好忍痛，忍心，忍淚，把我手創的這一份在文學史上佔重要地位的詩刊停掉呢？

·

當年有一種謠傳，說《現代詩》停刊，是因為紀弦受到了某種政治上的壓力之故，是耶？非耶？

對此，我一笑置之。

·

是的，謠傳，無聊透了！

另外還有一種誤傳，也非常之可笑：居然有人把我的籍貫弄成了湖北。對於湖北，作為中國之一省，我本來毫無成見。可是我的祖籍陝西盩厔以及我的出生地河北保定，還有我的「心目中的故鄉」江蘇揚州，都距離湖北甚遠，怎麼說都扯不到一塊兒去！

原來齊邦媛大姐主編的《中國現代文學選集》（AN ANTHOLOGY OF CONTEMPORARY CHINESE LITERATURE）之第一卷，介紹我的文字，有這麼一句話：「He was born in 1913 in Hopei.」一點也沒錯。此書初版於一九七五年。可是一九七六年初版的中文原文本，卻說我是「生於湖北」的！時隔一年，河北（Hopei）竟變為湖北（Hupei）了。英文不錯，中文反而錯了，這究竟是怎麼搞了的呢？我一直都在想寫封信給齊大姐，請她於再版時加以改正。但因事忙，至今尚未。而不久前，詩人梅新主編的《繁華猶記來時路》一書，收入我的一篇「在人生的夏天」，文前「作者簡介」，他的手下竟又把我寫成「生於湖北」了。一錯再錯，簡直令人啼笑皆非。請容許我大吼一聲：

我不是湖北人！

不過話說回來，就算我是湖北人，也沒有什麼關係。因為湖北人也同河北人、陝西人、江蘇人、臺灣人、香港人一樣，都是中國人，而非蠻夷戎狄碧眼黃鬚之流。只要大家不把我當做一個洋鬼子來看待，那就算了。

（一九九二年十一月四日，寫完於美西堂半島居。）

我與「香港文學」

老友劉以鬯主編的《香港文學》，我一向把它當做自己的刊物一般看待，就像把朋友的兒子視同己出一樣，對之有著一分至極深厚的情感。當然，其內容之豐富，其水準之高超，其編排設計之豪華精美而又大方新穎，無一而非第一流的；九年來，作為海峽兩岸以及世界各國華文作家之園地與橋樑，其成就與貢獻，不也是有目所共睹的嗎？

每當我接到一期《香港文學》時，我都會感覺到有如遠方親人寄來一封「家書」似的那麼親切與安慰，而又如接獲前線大將打了勝仗之後發出的一通「捷報」似的萬分欣喜而雀躍。是的，像這樣一份嚴肅文學純文藝的月刊，能夠在香港那樣充滿了庸俗市儈低級趣味的文化環境中屹立而不倒，已經是大不易；更何況今日之《香港文學》，日新又新，已成為華文文藝界唯一代表性的大雜誌，你教我怎能不向勞苦功高的主編劉以鬯兄大聲喝采和鞠躬致敬呢？

啊啊《香港文學》，如今你九歲了，可愛的孩子呀，祝你生日快樂！我是一個有福氣的老人，凡受我祝福的，無不幸福。那麼，就讓我向你説一句吧：祝你健康，長命，永遠活下去，一直活到九十歲，九百歲！

（一九九三年十月二十日，於美西堂半島居。）

有詩為證

我的詩，生根於我的生活；我的生活，決定了我的詩。我把我的一生分為三大時期：大陸、臺灣，和美西。各時期的生活不同，當然，詩的內容也就不一樣了。我的大陸時期作品，從一九二九到一九四八，凡二十年，皆已收入《摘星的少年》和《飲者詩鈔》這兩部詩集裏了。而《檳榔樹甲集》、《檳榔樹乙集》、《檳榔樹丙集》、《檳榔樹丁集》、《檳榔樹戊集》和《晚景》的前半，從一九四九到一九七六，凡二十八年的心血，則為我臺灣時期的成績。《晚景》的後半，從一九七七到一九八四，凡八年的詩作，皆為我來美後所寫的。至於從一九八五到一九九二這八年的東西，散見臺港大陸各報刊的，迄今尚未出過單行本。《晚景》一書，由「爾雅出版社」印行，很容易買到。在這以前的七個集子皆已絕版。但是由「黎明文化事業公司」出版的《紀弦自選集》卻是這七部絕版書之精選，也不難買到。所以說，只要你手中擁有「黎明」和「爾雅」這兩家所出的我的書，就等於已經得到我大部分的心靈之財富了。

來美後，我和老伴以及女兒一家一直住在加州。舊金山灣區一帶，景色優美，我很喜愛。特別是氣候良好，乾燥涼爽，一點兒也不悶熱潮濕，有益於我的健康。所以我就定居於此，並稱之為第三故鄉了。當然，對於我的第二故鄉臺北，第一故鄉揚州，我總是時常懷念，懷念不已的。有時候，我一個人伏在書桌上寫詩，想起來久別的故國與家園，心裏十分難過，就不覺淚涔涔下，而弄濕了稿紙，也是往往會發生的事情。例如作於一九八〇年的「茫茫之歌」和「在異邦的大街上走著」（已收入詩集《晚景》），作於一九八六年的「在太平洋遙遠的那一邊」和「夢見蒲葵」，作於一九八八年的「三個故鄉」和「去國十餘年」，作於一九八九年的「對於山的懷念」，「致故鄉」和「秋意」，作於一九九一年的「憶南港」，「中國人的傑作」，「懷揚州」，「夢觀音山」，「致終南山」和「山水篇」，這些都是。

啊啊！古城揚州，盆地臺北，我真是多麼的懷念，多麼的懷念。限於篇幅，在這裏，我不能把我來美後所寫的懷鄉詩一首首抄在下面。但是摘錄一些詩句以供參考是可以的。請看「懷揚州」的最後一節：「揚州，啊啊揚州，我親愛的故鄉；不知要到何年何月何日，才能讓我在你所能眺望的那條地平線上欣然出現？而我是夜夜夢見大踏步地奔赴你張開著等待擁抱我的兩臂間……」我的懷念，對於大陸如此，對於臺灣亦然。請看我寫的俳句吧：

去國十餘年
婆娑洋上美麗島
我朝暮西望

日本俳句，規定假名五七五。美國人以Syllable五七五為準則。我則用單音字五七五試著寫了一些；偶一為之而已。

是的，狐死枕丘首，葉落歸根。聽說大象老了，無論多遠，總要設法走回牠小時候飲水的地方去。而我，明年四月，就要滿八十歲了。那麼，等著我吧，臺北；等著我吧，揚州。我一定要飛回去看看你們！

（一九九二年十月十八日，於美西堂半島居。）

鑽石婚

我和老伴於一九三〇年一月二十三日結婚，當時二人都還沒過十七歲。到一九九〇年這一天，就滿六十年了。從前在大陸上，早婚是很普遍的，不像現在，三十出頭尚未結婚者多得是。結婚滿六十年，謂之「鑽石婚」，這比滿五十年的「金婚」更光采，也更難能可貴，所以要好好地慶祝一番。而在事前，我也已經寫了一首「鑽石婚」以紀念之，預備在晚宴時當眾朗誦。詩的全貌如下：

好比太陽系的太陽，哦，太座，
你就是我們這個家族系統之中心。
我們擁有十顆行星和十六個月亮——
男孩都很強壯，女孩都很美麗。
人家說：「好福氣呀！你們。」
我就點點頭，而你則報以微笑。

眞的，太座，我們的兒女和孫輩，
個個都很孝順，善體親心，
和懂得做人做事的道理，
常給二老以莫大的安慰。
但這多半都是你辛勞的成果，
我只不過是你的一名助手而已。

哦，太座，你眞偉大！眞了不起！
無論是競選模範的妻子，模範的母親，
模範的祖母或外婆，你都可穩拿第一，
手捧著一座金牌獎，你當之而無愧。

可是我們生逢亂世，不幸得很，
從小就沒幾天好日子過，
連年戰爭，內憂外患，
迫得我們離鄉背井，
流亡的歲月裡，無助無告，

受夠了飢餓和貧病的煎熬。
而在那崎嶇險巇多坎坷的世途上，
不知多少回一了，我跌倒又爬起，
拍拍身上的灰塵，再接再厲向前走，
全憑你給我加油和打氣。

哦，賢妻呀！要是沒有你的話，
我早就被生活的重擔壓扁；
要是沒有你的話，
我早就被時代的巨輪輾碎；
要是沒有你的話，
我那裡還會有今天？
哦，太座，你真偉大！眞了不起！
讓我向你鞠三個躬，獻詩致敬。

從一九三〇到一九九〇，
已經六十年了，自從我們結婚。

多麼的可讚美！多麼的可紀念！

人家說：「這叫做鑽石婚。

較之金婚與紅藍寶石婚，

這才是人生之頂點，

伉儷恩愛之最高峰。」

是的，太座，一點不錯。

現在讓我給你戴上一隻小小的指環，

聊表我對你的由衷感激萬萬分。

真的，在人生的旅途上，六十年來，我們的確遭遇過不少的艱難與困苦，二次大戰期間，在香港，還挨過餓，回上海，日子也不好過，直到抗戰勝利，離滬赴臺，當了成功中學教員，生活才算安定下來。好不容易，把五個孩子領大，瞧著他們一個個成家立業，生兒育女，二老也總算是苦盡甘來了。如今家境雖不富裕，但是兒女都很孝順，衣食不愁，不也應該滿足了嗎，在這樣的亂世。

為了要慶祝我們的「鑽石婚」，很早我就開始準備起來。照道理，四兒一女，一個女婿，四個媳婦，和十六個孫男女，都應該到場才對。可是今天，時代不同，環境兩樣，我們早就不是那種農業社會的「大家庭」制度了；更何況，來美後，大人們都要為生活而忙碌，孩子們也都要為學業而努力，每個人都受時間的限制，想要叫二十六個兒孫到齊，排起隊來，和二老歡聚一堂，合影一幀以留念，談何容易啊！一家一家的問過，結果是：女兒珊珊一家四口，老四學山一家三口都到；老三學濂一家只能來三個，他們夫婦二人和最小的女兒小珍，因為小明和胖子在羅省讀大學，妹妹和寶貝要去打工；老二學恂一家可以來五個，除他們夫婦二人外，還有娃娃、小虎和娃娃的男友吉福（Geoff），妞妞在聖路易斯讀醫科大學，當然不能來；至於老大學舒一家，可以來三個，那就是他們夫婦二人和小胖。我心裏想，一共能有十八個晚輩前來，加上二老，共二十人，也總算是很夠意思的了。

說到至親好友和文藝界人士，在我發出請柬和收到回條之後，統計人數如下：施文溶親家夫婦和他們的二少爺潤章二少奶曹韻和兩個孩子都來；珊珊的乾媽陶式範老師和她家二少爺李佩作二少奶鄭佩英和三個孩子都來；老友周介夫婦和他們的三小姐雙雙來三個；珊珊的另一位乾媽居太太和她家的四小姐四姑爺和一個女孩來四個；李芳蘭大姐是一定來的；除了她，文藝界的朋友，還有馬朗夫婦和他們的公子，張紹載陳敏華和他們的小姐張大方，陳伯豪夫婦和他們的公子，唐孟湘喻麗清夫婦，陳雪，老南，劉荒田，夏欣珉，高成鵬夫婦和胡會俊將軍；另外還有兩位記者，「世界日報」的楊芳芷和「中國晨報」的朱麗芝，一共是四十位。二十加四十等於六十，結婚六十週年，賓主共六十人，這叫做六六大順，大吉大利。而兩位記者於事前事後，都在報上發表了專訪和特稿，還附有精采的鏡頭，誠可謂「風光之至」。

我早就安排好了，兒女媳婿，十個大人，各有各的任務：老大是總指揮，兼管攝影與報告；老二、老三、老四負責迎賓，站在餐館樓下大門外，把親友帶到樓上的包廳裏來；四個媳婦擔任招待，請來賓就坐（每桌十二人，共五桌，那些人和那些人坐在一起，都按照名單的）；珊珊管簽名檯，兼做帳房，她的工作很忙，四位嫂子當然要協助她；至於我那乘龍快婿李發泉，則手拿一具錄影機，專門獵取現場鏡頭，跑來跑去，走馬燈似的，忙得不亦樂乎。這家餐館，名叫「馥苑」，不但在半島上很有名，就連三藩市的顧客也常到這裏來飲茶或聚餐，生意好得不得了。菜單是早就定好了的，香檳、可樂和汽水，也準備得夠充分，讓大家吃喝得高高興興的，熱熱鬧鬧的。

我於客人到齊，上菜之前，起立致詞。首先，我謝了大家的賞光與捧場。接著，就簡略地報告了我倆從戀愛到結婚的經過，並特別說明，我倆結婚的當天，一九三〇年一月二十三日，就是陰曆的臘月二十四，恰巧今天，一九九〇年一月二十日，又逢到臘月二十四，所以說，如照陽曆算，是提前了三天，但照陰曆算，就正好滿六十年了。這句話剛說完，就爆起了滿場的歡呼聲。最後，我從口袋裏拿出來一個小盒子，打開來亮給大家看，說這個鑽戒是送給我太座的一件「物質的」禮物，我就替她戴上；而另外還有一件「精神的」禮物，那便是我新寫的一首詩，題為「鑽石婚」，讓我來朗誦給大家聽聽。每個人手裏都有一份「鑽石婚」剪報的影印，所以一面看詩，一面聽我朗誦，是毫不費力的。而當我朗誦到「讓我向你鞠三個躬，獻詩致敬」這一句時，我的朗誦竟被眾人「鞠躬！鞠躬！」的吼聲給打斷了。我就真的向老伴鞠了三個躬。而這一外加的動作，也博得了如雷的掌聲與笑聲。一直等到大家稍靜下來，我才能接下去念完了最後的一節。席間，由老大邀請來賓致詞，李芳蘭、馬朗、陳伯豪、喻麗清、陳敏華、夏欣珉、胡會俊和施文溶親家都講了話。六時開席，九點多散會，整個過程，十分的圓滿。這叫做「凡事豫則立，不豫則廢。」我給女兒、女婿、兒子、媳婦各記大功一次。

事後，高牧師和其他較熟的教友，都問我為什麼不讓他們知道。我就說一則不敢多所驚動，二則餐館的包廳容量不大，這是萬不得已的，請大家多多原諒。事實上，就連文藝界的朋友，除了和我最親近的幾位，也沒有個個都通知。他們看到了報上的消息，有打電話來責備我的，我就只好說聲「對不起」了。

（一九九〇年春）

第三輯：

專題演講・序跋文・詩論與詩評

現代詩在臺灣

一九七六年底，我來美國，一直住在加州，快十年了。從前在臺灣，我常被人家請了去作專題演講。來美後，在這十年以內，今天我還是第一次上台表演。我很高興，在這兒，和各位見面，講一點東西，請大家指教。不過我已經長久不講了，也許講得不夠精采，還請各位多多原諒。我早就從教育界和文藝界退休了。「退休」二字，乃是「不再活動」之意，並非「不再寫作」。我時常有作品寄回臺灣去交給瘂弦主編的「聯副」或「聯合文學」發表。我是活到老寫到老的。一枝寫詩的筆，始終不肯離開我的右手。但是文藝界的活動，我早就停止了。而今天，怎麼搞的，我又一次「亮相」在各位面前？此無他，完全是看在夏祖焯博士面上。他的媽媽，林海音女士，他的爸爸，何凡先生，都是我的同輩作家；這一回，他請我來幫忙，你說，我怎麼可以不勉為其難呢？

今天，我的講題是「現代詩在臺灣」。我將分為史的考察，質的分析，其成就與影響，和結論一共四個部分，在規定的四十分鐘以內講完。

人們說，中國新詩復興運動的火種，是由紀弦帶來臺灣的。這句話，我一向不否認。一九四八年十一月二十九日，船到基隆。當我踏上寶島的第一步，我就感覺到無論國家或是個人的前途，都是一片的光明，充滿了希望，非常之愉快。那時候，我才三十五歲。而在我旅行用的手提箱中，就有我在上海主編的詩刊「異端」出發號和第二號兩期在內。從它的宣言中，人們可以看出，對於當年上海意識至上主義所控制的文壇，力爭文藝創作自由，「異端」是有其戰鬥精神的；又，講求新的表現手法，強調詩的藝術價值，「異端」是同時有其現代精神的。日後我創辦「現代詩」，組織「現代派」，就是這種「異端精神」的發揚光大。

初到臺灣，最初的一兩年，為了生活，是談不上有什麼文藝活動的。等到生活安定下來，我就開始和朋友們合作，展開中國新詩的復興運動了。一九四九年暑假後，成功中學正式聘請我為專任教員。從此以後，我和我一家人，就再也不會挨餓了。成功中學，本來的名稱是「臺灣省立臺北成功中學」，後來改名為「臺北市立成功高中」。我在成功中學教書，專講古文、舊詩、論語、孟子，絕口不提新詩，因為我的飯碗比什麼都更重要。除了少數幾個真正有詩才的弟子，加以特別培植，後來都成了名之外，沒有一個學生知道，道貌岸然的路老師，就是當代酒仙大詩人紀弦。

中國新詩，大體上可分為四個時期：從五四運動到一九三〇年左右，可稱之為

「萌芽時期」；從一九三〇年到抗戰爆發，可稱之為「成長時期」；從抗戰到勝利後幾年，可稱之為「消沈時期」；從紀弦離滬赴臺，以迄於今，可稱之為「復興時期」。中國新詩，在萌芽時期，叫做「白話詩」；在成長時期，叫做「新詩」，包含「格律詩」與「自由詩」兩種在內；在消沈時期，大多數左翼詩人所寫的標語口號宣傳品，根本就不能算是詩，都是文學以下詩以下，無以名之，名之為「非詩」；而在復興時期，就叫做「現代詩」了。我今天的演説內容，主要的是現代詩在臺灣，因此更早一些，在這以前，大陸上三個時期的新詩史，就不必多談了。

由我執筆寫了發刊辭而創刊於一九五一年十一月的「新詩周刊」，乃是臺灣光復後的第一個新詩刊物，借「自立晚報」副刊地位，每星期出一回。我和老友覃子豪、鍾鼎文，號稱「詩壇三老」，再加上李莎，四個人輪流擔任主編，既無稿費，又沒有編輯費，完全是盡義務。這個週刊雖然維持不到兩年，卻造就了不少新人，是有其相當的貢獻的。

一九五二年，我為潘壘主持的「暴風雨出版社」主編詩刊「詩誌」，八月一日出第一號，被稱為臺灣第一本新詩雜誌。可惜只出一期就停掉了！

於是節食縮衣，積極籌劃，我獨資創辦的「現代詩季刊」之第一期春季號終於在一九五三年二月一日問世了。我一個人身兼六職：發行人，社長，編輯，校對，經理和工友。買紙車紙，跑印刷廠，跑郵局，寄書，收賬，拉稿子，拉廣告，都是我一個人包辦。辛苦是很辛苦，但我幹得滿起勁的。那時候臺北馬路上的汽車、巴士、摩托車沒有像現在這樣多，所以我騎著腳踏車滿街跑是暢通無阻的。「現代詩」的讀者多半是軍人和學生。也有一百多個訂户。但是光靠訂户和零售很有限的收入，是絕對不能和付出去的紙張印刷費收支相抵的，我自掏腰包，我省吃儉用，一期一期的賠下去，我心甘情願。當然，脱期總是免不了的，有時還兩三期合刊。一直苦撐到一九六四年春，出了第四十五期，就再也出不下去了。唉！唉！要是我的收入夠多，經濟狀況良好，我怎麼會拖欠印刷費好多期，而在萬不得已的情形之下，只好忍痛，忍心，忍淚，把我手創的這一份在文學史上佔重要地位的詩刊停掉呢？

一九五四年，晚於「現代詩社」的開始活動，由覃子豪、鍾鼎文、余光中等發起的「藍星詩社」和由洛夫、瘂弦、張默等發起的「創世紀詩社」先後成立於北部和南部。於是三大詩社鼎足而立，詩壇上呈現出一片欣欣向榮的氣象。不過這三大詩社所走的路線，顯然是大不相同的。「現代詩社」的詩人群，從一開始就是以「新詩的再革命」為己任，提倡自由詩，反對格律詩，主張「新詩的現代化」，人人以一個「現代主義者」自居，而且是非常之自覺的。相對於他們這些急進派，「藍星詩社」的朋友們，取「抒情」而捨「主知」，就顯得有點兒保守了。至於「創世紀詩社」諸同仁，最初雖曾提出過所謂「新民族詩型」的主張，可是日後卻變成「現代詩社」的同路人，而且加速度地現代化了。所以我稱洛夫、瘂弦、張默為「創世紀三傑」，他們是當之而無愧的。至於「藍星詩社」的各位發起人，後來也都不再拘泥於形式，而成為自由詩和現代詩的作者了。我把「現代詩」、「藍星」、「創世紀」以及稍後幾年出現的「葡萄園」和「笠」這兩個詩社的全體詩人一概稱之為「中年的一代」。就是由於這些小姊妹小老弟之不斷的努力，現代詩在臺灣，才有像今天這樣輝煌的成就。他們是功不可沒的。我深深地以他們為榮。

接著，下面我馬上就要談到「現代派」的成立和有名的「現代主義論戰」了。那的確是非常之熱鬧。一九五六年春，「現代詩」第十三期，封面以紅黑二色印刷，揭示「現代派的信條」於顯著的地位；封裡是「現代派」消息公報第一號。十分響亮的口號是：「領導新詩的再革命，推行新詩的現代化。」而在其大標題「劃時代的具重大文學史意義的現代派的集團宣告正式成立」之下，說明由紀弦發起，經九人籌委會籌備的「現代派」詩人第一屆年會，於一月十五日下午一時半假「臺北市民眾團體活動中心」舉行，出席者四十餘人，洛夫代表「創世紀詩社」列席觀禮，公推紀弦主席，宣告「現代派」的正式成立。第一批加盟者八十三人。而在「現代詩」第十四期，消息公報第二號，宣布續有多人加盟，連前百零二人。我發出的通知，共一百二十份，只有十八人不參加。「創世紀三傑」雖未加盟，我還是一向把他們當做革命的同志看待的。我也曾邀請老友覃子豪、鍾鼎文和我合作，但被他們二位拒絕了。

在我還沒有和覃子豪展開「現代主義論戰」以前，就已經有個寫雜文的發表一篇罵人文章來攻擊「現代派」了。他是在看到了「現代詩」第十三期之後開口罵人的。而我立即在「現代詩」第十四期上給了他一點教訓。然後，他就不再叫囂了。這種人，頭腦裡，連一粒「詩的細胞」都沒有，卻擅長罵街的本領，我們本來不屑一顧，可以一笑置之，但他硬是要給人戴上好幾頂大帽子，其惡意的誣陷有如瘋狗之狂吠，所以我也就老實不客氣地揚起我的手杖來給他一頓痛揍了。當然，這不算是一場論戰，因為他什麼理論都不懂，外行得很。

但是覃子豪是個詩人，而且是一個很有成就的大詩人，雖然在路線上，他比較保守一點，不是像我這樣的急進，但他有他的一套理論，可稱之為「折衷主義」。他不贊成我們組派，並尤其反對我所提倡的「新現代主義」。於是他寫了「新詩向何處去」一長文，發表在他主編的「藍星詩選」第一輯上，開如向我們進攻了。一九五七年八月三十一日，「中國詩人聯誼會」舉行常務委員會，我到得較早，他第二個到，他就把這新出版的詩刊送了一本給我。散會後，我回家一看，覺得「大部分未敢苟同，頗有幾句話要說」。我就寫了「從現代主義到新現代主義」和「對於所謂六原則之批判」兩篇長文，分別發表在「現代詩」第十九期和第二十期上，給了他一個總的答覆。請注意，論戰歸論戰，我們二人的友誼還是絲毫不受影響的。覃子豪在他那篇首先開火的長文中，用來攻擊「現代派」的最最致命的一槍是：「

中國新詩無論提倡何種主義，標榜何種流派，均有撿拾餘唾之譏。例如：正當中國詩壇有人提倡現代主義運動之際，而英國現代主義詩人司梯芬．史班德在『現代主義派壽終正寢』一文中卻宣布了現代主義的死亡。中國的現代主義者，欲得進步之名，反得落伍之實，這是多麼殘酷的諷刺。」然而他這一槍，不但沒打中我們的要害，反而暴露了他本身的弱點。於是針對著他的弱點，我說：「在這裡，我首先要指出他的時間觀念的錯誤（否則就是一個文法上的問題）：我們宣告『現代派』的正式成立是一九五六年一月十五日的事情，而在二月一日出版的『現代詩』第十三期上發表第一號消息公報，雲夫先生的譯文是發表在去年四月十八日出版的『文藝新潮』第二期上。而史班德發表他的論文究竟是在什麼時候，現在手頭缺乏資料，無從查考，但以常理推測，無論如何，總應該早於我們的組派和提倡新現代主義，而總不會恰好『正當』我們組派『之際』！世界上巧合的事情不是沒有，但總不至於巧合到像這樣的程度。難道是史班德聽到了我們組派的消息，特地寫了這篇文章來勸阻我們的嗎？那是笑話！其次，史班德在他的論文裡，不但沒有如像『宣布了現代主義的死亡』這樣的字句，而且也沒有這樣的意思。他只是惋惜這個運動的消沉而已，一部分人走岔了路，一部分人妥協屈服，這才是使他克制不住其悲哀的原因。但他又何嘗是敵視現代主義，詛咒現代主義，唯恐現代主義不死亡的呢？有之，那是覃子豪先生吧？然則，基於這一連串的錯誤，覃子豪先生所丟給我們的『欲得進步之名，反得落伍之實』這一嘲笑，那就恕我們物歸原主了。」在這裡，請注意，雲夫先生所譯史班德的論文，題目是：「現代主義派運動的消沉」。是「消沉」而不是「壽終正寢」！又，「文藝新潮」是馬朗主編在香港發行的一份非常之進步的文藝刊物，跟在臺灣這邊的我們「現代派」遙相呼應，形成了以臺港兩地為中心的東方現代主義文藝運動之一不可阻遏的潮流，對於臺灣文壇有很大的影響。總之，覃子豪引用史班德的論文來攻擊「現代派」，這有點像是借外國兵來鎮壓國內的造反似的，可惜這一支外國軍隊乃是同情革命而非反革命的。他既誤解了我們而又曲解了史班德，徒然落得個斷章取義之譏。「濫引他人文字，可不慎哉！」我說。

覃子豪在他那篇攻擊「現代派」的長文之後半，提出了六點「原則」，要青年朋友們奉行，一切都聽他的。對此，我也一一予以批判，指出了他的錯誤。好啦，就到此為止，我不再引用當年我和覃子豪筆戰時雙方針鋒相對的文字了，因為時間不允許。而這只是第一個回合。第二個回合是：對於他發表在一九五八年四月十六日出版的「筆匯」第二十一號上的那篇「關於新現代主義」，我又寫了「兩個事實」和「六點答覆」。又，同年五月，對於黃用的那篇「從現代主義到新現代主義」，我寫了「多餘的困惑及其他」。又，同年秋，對於余光中的那篇「兩點矛盾」，我和林亨泰分別寫了「一個陳腐的問題」和「鹹味的詩」。對於他們三個的攻勢，我們兩個都一一擋住並各個擊破了。這以後，是否還有一些零星的筆墨官司，我不記得了，縱有一些，也不是什麼重要的戰役了。而非常之有趣的是論戰的結果：第一，整個詩壇都現代化了；從此再也沒有誰去寫那早就落了伍的「新月派」格律詩了。第二，余光中成為一個現代主義者；他的轉變，很是令人欽佩。第三，覃子豪也寫起現代詩來了；他的代表作「瓶之存在」的確寫得很好。第四，我也反省了我自己，修正了我的看法和主張：「抒情」與「主知」並重，不再絕對地堅持「情緒之放逐」了。因此，日後，我指出現代詩的偏差，大聲疾呼，要求青年們「回到自由詩的安全地帶來」，那不是沒有道理的。

到了六十年代，「現代派」交棒給「創世紀詩社」。「現代派」於一九六二年春解散，因為它已經完成了所負歷史的任務。「創世紀詩社」提倡超現實主義的表現手法，對於推行新詩的現代化頗多貢獻。可是除了洛夫、商禽等少數幾位具有高度超現實主義才能的詩人拿得出來他們優秀的作品之外，一般的效顰者實在沒有什麼可取之處。就是由於他們的刻意模仿，一窩蜂跟時髦，亂寫一氣，胡說八道，這才造成了詩壇上一股晦澀之風和一種虛無主義的傾向。那是非常之要不得的。針對著以無所表現為表現的晦澀之風，「葡萄園詩社」主張詩的明朗化；「笠詩社」強調現實精神及本土意識。而我也為了防止這個詩壇的清一色化千篇一律化，提出了我的「大植物園主義」之主張，要求各詩社破除門户之見，萬紫千紅共存共榮。於是到了七十年代，一批又一批更年輕的詩人們相繼的出現了。他們組織詩社，創辦詩刊，都有其良好的表現。而首先創刊的是由林煥彰、蘇紹連等發起的「龍族」。他們的宣言很簡單：「我們敲我們自己的鑼打我們自己的鼓舞我們自己的龍」，簡直就是一句很新很美的現代詩。作為「龍族」同人之一的陳伯豪，今天也在座，請他站起來讓大家看看。寫什麼和怎樣寫，這些滿有出息的後起之秀，都各自表示了他們不同的意見，而要走出他們自己有個性有特色的路子來。當然，這是好的，這是對的。而到了八十年代，又有一些詩刊出現，但都是不長命的，出了幾期就停掉了。而值得注意的一點是：這些青年詩人的作品，也都是現代詩和自由詩，而再也沒有誰去寫那二四六八逢雙押韻四四方方整整齊齊的豆腐乾子體了。這便是「現代派」所領導的「新詩的再革命」的成功之一個鐵一般的事實上的證明。一九八四年四月，張默在「文訊月刊社」舉辦的「中國現代詩談話會」中，說過下面的一句話：「現代派」運動對中國新詩的「現代化」有其不可磨滅的功績。我想我們是當之而無愧的。而「我們」，是理當連「他們三個」也包含在內的。

以上我已經把現代詩在臺灣之史的考察做了個簡明扼要的報告。下面我要講的是質的分析——那便是：什麼叫做現代詩？

所謂「現代詩」，嚴格地說，就是「現代主義的詩」。因而現代詩的作者，當然是一個現代主義者，無論他承認或不承認。現代詩是反浪漫主義的。它在看法、想法和表現的方法上，都意識地採取一種新的角度、新的立場，和新的技術。既非古代的亦不是十八世紀的，它必須是今日的，而非昨日的。凡古人說過的，它不再說了；凡古人走過的，它不再走了；凡古人用過的，它不再用了。它使用「散文」之新工具，捨棄「韻文」之舊工具；它採取「自由詩」之新形式，捨棄「格律詩」之舊形式。此乃質的決定，一切為了表現。它承認古人的一切成就。但是它有它的前途。它必須獨創！它必須從事於一全新的鋼筋水泥千層大廈之建造，而不是把既成的金字塔予以加高加大——那是加不高的，那是加不大的。現代詩跟科學做朋友，但決不是他的奴隸或義務宣傳員。現代詩以「心靈」為現實中之現實，復與天地間萬事萬物相默契。批判的，內省的，現代詩重知性。它否定了邏輯，從而構成一全新的秩序。以部分暗示全體，以有限象徵無窮。叫囂使人憎厭，雄辯使人疲勞，現代詩是克制情緒的。又因為其境界恆得之於靜觀與冥想，所以它是沉默的詩。然則，什麼是我所提倡的新現代主義呢？

對於詩，我有幾個基本看法，而其精神是一貫的；一、詩與散文之分；二、詩與歌之分；三、新詩與舊詩之分；四、現代詩與傳統詩之分；五、中國詩與外國詩之分。基於以上一貫的看法，我主張新詩的再革命，要求新詩的現代化。所謂新詩的再革命，分兩大階段；第一階段以自由詩運動為中心；第二階段以現代詩運動主體。所謂新詩的現代化，就是使新詩現代主義化的意思。我從正名、分類入手，作了史的考察，質的分析，方法上的比較研究，而到達理論的體系化、重點化、層次化。我的理論，就是一種革新了的現代主義。可稱之為新現代主義，後期現代主義，或中國的現代主義。因為它不同於法國的現代主義，亦不同於英美的現代主義。它包含了它們，而又超越了它們。它是國際現代主義之一環，同時是中國民族文化之一部分。由於受時間的限制，我的五個基本看法，不能一一說明。但是現代詩與傳統詩之分，中國詩與外國詩之分，不可以不弄清楚。現代詩的世界是一個秩序的世界，傳統詩的世界是一個邏輯的世界。從邏輯到秩序，這就是詩的進化。現代詩與傳統詩不同；中國詩與外國詩有別。所謂中國詩，包括了中國的現代詩與中國的傳統詩。所謂外國詩，包括了外國的現代詩與外國的傳統詩。中國的傳統詩與外國的傳統詩，有其相同之點，亦有其相異之點：以「詩情」為本質，兩者都是傳統主義的詩，此其相同之點；而其相異之點，在民族的性格，文化的精神。中國的現代詩與外國的現代詩，有其相同之點，亦有其相異之點；以「詩想」為本質，兩者都是現代主義的詩，此其相同之點；而其相異之點，在民族的性格，文化的精神。一切皆變，惟民族的性格不變；文化的樣相恆變，文化的精神恆不變。中國詩從舊詩變為新詩，從傳統詩變為現代詩，到頭來還是中國詩而非外國詩，因為變的只是文化的樣相，而非文化的精神。明乎此，則我的「移植論」之精義，是不應該再被胡亂地加以歪曲的了。然則，現代詩與自由詩，又有什麼不同呢？

現代詩是自由詩的發展，而非自由詩的反動。革去了格律詩的命的自由詩，乃是現代詩的開路先鋒、同路人與同志。兩者都使用「散文」之新工具，都採取「自由詩」之新形式，可是它們究竟有何不同之處呢？這除了在表現手法上現代詩更新於自由詩之外，一向為自由詩所重視的「散文的音樂」，也被現代詩拋棄了。自由詩是可以朗誦的，因為它有一種聲調之美。然而現代詩是不上口的，不入耳的，因此不宜朗誦。但是不宜朗誦的現代詩的語言文字還是美的。不過，那是訴諸「心耳」與「心眼」而非訴諸「肉耳」與「肉眼」的罷了。

傳統詩使用「樂音」；現代詩使用「噪音」。前者使用「協和音」；後者使用「非協和音」。前者使用「節奏的文字」；後者使用「非節奏的文字」。個別的噪音是刺耳的、難聽的，每給人以不快之感；但當現代主義者運用其高度的技巧，特殊的手法，把一群的噪音組織起來，賦予生命，使產生一種全新的效果時，它們就是美的了。而這個美，不是音響的美，乃是一種「秩序化」了的美。所以說，力求表現上的秩序化，這在一個現代主義者，是比一切重要的。個別的天鵝是美的。個別的醜小鴨是醜的。但是一群的醜小鴨，當其被組織了起來，使成為一全新的秩序時，牠們就是美的了。這和一群的天鵝並沒有什麼兩樣。故說：醜小鴨的秩序與天鵝的秩序，在美的天平上，其重量是相等的。但是現代主義者何以捨樂音而取噪音，捨天鵝而取醜小鴨呢？既然天鵝之群與醜小鴨之群在秩序化了的一點上是等價的，那麼現代詩的作者又何必多此一舉，不省點兒事呢？這倒是一個值得提出來檢討的問題。對此，我的回答是：第一，傳統詩自古以來就是使用樂音的。而現代詩反傳統。所謂反傳統，並非否定一切傳統詩在文學史上的存在與價值，而是企圖發展一種全新的存在與價值。所以它不再走傳統詩走過的道路，不再用傳統詩用過的工具，而必須自己發明一種工具，自己走出一條道路來，這就是「新傳統」的創造。因此，現代詩使用噪音是對的，而也是必然的。第二，幾千年來，那些天鵝，在傳統詩人的筆下，被使用了又使用，被組織了又組織，變來變去，時至今日，已經無法變化，再也搞不出什麼新花樣來了。牠們已經非常之疲勞。牠們已經十分的僵木。牠們已經成為標本。成為標本了的天鵝，當然不能飛了。而醜小鴨是活的，會游泳的。那麼，現代詩人的選擇，豈不是很有道理的嗎？說句笑話，一座冰冷的古希臘美人大理石雕像和一個有血有肉的黑種女子，究竟誰是更值得擁抱和親吻的呢？這在一個現代主義者看來，活的便是美的。而凡是沒有被古人用過的，都是活的都是美的。

說到現代詩的成就與影響，今天，在台灣，詩集詩刊和詩選的出版數量之多，乃是五四以來空前所未之有的，足見現代詩的讀者不在少數。而各詩社時常舉行的朗誦會，也很受一般聽眾的歡迎。特別值得注意的是，大學國文課本，近年來也有把現代詩編進去的。可以說，現代詩在台灣，現在已經是相當普遍地被社會各方面所接受與承認了。這當然都是由於詩人們努力不懈的成果。至於現代詩的影響所及，那是早在五十年代、六十年代，就已經造成香港、新加坡、菲律賓、印尼，以及中南半島華僑青年詩壇的現代化了。一九六二年、一九六三年的暑假，覃子豪和我，先後應邀前往馬尼拉講學兩個月；那些「菲華青年暑期文藝研習會」的學員，都很踴躍地向國內各大詩刊投稿，甚至有好幾位後來都成了名家。而韓國、日本、美國和歐洲各地華僑文藝青年，也沒有不喜歡來自台灣的現代詩的。近年來興起於大陸上的朦朧詩，不也是由於深受台灣現代詩的影響而產生的嗎？所以說，現代詩在台灣，其成就與影響，事實上已經是公認的了。為了節省時間，在這兒，我就不必舉更多的例子了。但是最近一兩年，聽說有人寫詩，其目的不在於詩本身的完成，也就是不重視詩的藝術價值，不在表現方法如意象的經營、語言的錘鍊上下工夫，而卻在於鼓吹某種政治上的主張，這實在和從前大陸上那些左翼詩人所走的路子差不多。令人費解的是，這些對政治有興趣的朋友們，為什麼偏要寫詩而不去寫政論呢？要曉得，到了文學史的現代，二十世紀的今天，詩人乃是一種專家，而詩是一種藝術品，不是可以拿來做宣傳用的。詩人寫詩，政論家寫政論，本來就是隔行如隔山，井水不犯河水，風馬牛不相及的兩回事嘛，怎麼可以扯到一塊兒去呢？末了，我的結論是：現代詩在台灣，三十多年來，已經長成一棵大樹，枝繁葉茂，那是推也推不倒，搖也搖不動的了。謝謝各位，請多多指教！

（一九八六年）

何謂現代詩？

何謂現代詩？現代詩就是現代主義的詩。而一個現代詩的作者，則必須是一個現代主義者。

五四以來的中國新詩，從最初以胡適為代表的「白話詩時期」，經由以徐志摩為代表的「格律詩時期」，以戴望舒為代表的「自由詩時期」，而發展到了今日臺灣以紀弦為代表的「現代詩時期」，已有七十多年的歷史了。格律詩是白話詩的反動，自由詩是格律詩的反動，但是現代詩卻是自由詩的發揚光大。一九三一年前的格律詩，注重形式，講求押韻，是一種「形式主義」的詩，被譏為「韻律至上主義」的二四六八逢雙押韻四四方方整整齊齊的「豆腐乾子體」或「圖案詩」。但是一九三一年後的自由詩是不押韻的，也沒有固定的形式，然而它的文字，配合其詩情詩意之起伏波動，一種很自然的節奏與旋律，所產生的聲調之美，毋寧是格外來得動人些的。我於一九四八年十一月二十九日到了台灣。一九五三年春，創辦《現代詩》季刊，發動「新詩的再革命運動」；一九五六年，復組織「現代派」，提倡「新現代主義」，使台灣詩壇整個地現代化了。人們說：中國新詩復興運動的火種，是由紀弦從上海帶到台灣來的。這句話，我從不否認。而臺灣的現代詩，又給香港、新加坡、菲律賓、印尼、越南等地區華僑青年以廣泛的影響；而現今大陸上流行的「朦朧詩」，實際上也是臺灣現代詩影響下的產品。然則，何謂現代詩呢？

現代詩就是現代主義的詩。而現代主義之一大特色在於「反傳統」。請問如何反法？那便是：文字工具的革新。它打破了幾千年以來的「韻文即詩觀」之舊傳統，而用「散文」寫詩，追求新的表現。傳統的詩觀是「詩」「歌」不分的。但是現代詩觀把它們分別得清清楚楚：詩是詩，歌是歌，我們不說「詩歌」。而從前大陸上的自由詩運動，性質上也就是日後展開於臺灣的現代詩運動之前驅或先鋒。現代詩與自由詩，有其相同之點，亦有其相異之處。原來現代詩也和自由詩一樣，捨棄舊的「韻文工具」而使用新的「散文工具」，採取新的「自由詩形」而放棄舊的「格律詩形」。使用韻文工具則產生格律詩形，使用散文工具則產生自由詩形，這叫做「工具決定形式」。除此之外，現代詩與自由詩相異之處有四：第一不同的是音樂性。自由詩有其聲調之美，都是可朗誦的，前面已經說過。可是現代詩是一種「內容主義」的詩，置重點於「質的決定」。它無視於表面文字的音樂性，能否朗誦根本不加考慮。因此，現代詩多半只宜默讀而無法朗誦。話雖如此，但其內在的音樂性，由其內容所表現的，你也還是有可能去加以領會的，所謂訴諸「心耳」的音樂高於訴諸「肉耳」的音樂是也。第二不同的是表現手法。比起自由詩來，現代詩是更加重「暗示」而輕「明喻」，它非常的講求技巧，因此被稱為「難懂的詩」。但是難懂並非不可懂，現代詩需要細讀。不過，有些人故意切斷聯想，努力逃避情緒，遂不免鑽進牛角尖裏去了。在臺灣，有過一段時間，詩壇上颳起了一陣「晦澀之風」，不僅讀者看不懂所謂的現代詩，就連那些詩人也說不出來他們寫的究竟是什麼。對此歪風，我曾發表過多篇論文予以批判，好不容易才把那種偏差給糾正了過來。本來，詩人不必把話說明說盡，留幾分給讀者去想想，那正是讀者的權利嘛。但是弄得文字晦澀，連自己都搞不清楚，過猶不及，弄巧成拙，那就不足為訓了。第三是「價值之自覺」。一個現代詩的作者，不同於自由詩的作者，他除了創作的才能，更要具有一種批評的才能。他必須知其然而亦知其所以然。當他在寫一首詩時，總是一面在不斷地批評著他自己的。所謂「創作的過程亦即批評的過程」是也。雖然他不一定同時做一個批評家，經常發表論評文字。第四是「意識形態的現代化」。一個現代詩的作者，必須是一個非常之自覺的「現代人」而非「古代人」，「二十世紀人」而非「十九世紀人」，「民主時代人」而非「帝制時代人」，「工業社會人」而非「農業社會人」。像這樣一種意識形態上的自覺，乃是非常之重要和具有決定性的。如果一個現代詩的作者，在他的作品裏，顯露出一種農業社會士大夫階級的劣根性來，那他就完蛋了。聽說在臺灣，有一年元宵節，幾位代表和委員逛西門町，其中有一位仁兄說：「你看這燈市，好熱鬧啊！讓我們『與民同樂』吧！」另一位先生大不以為然，吼道：「什麼與民同樂？你還自以為高高在上嗎？要曉得，現在已經不是科舉時代啦！」想想看，這是多麼的諷刺！

現在我們已經知道了什麼叫做現代詩，那麼當我們欣賞一首真正足以當「藝術品」之稱而無愧的現代詩時，就不至於不得其門而入了。

（一九八九年四月二日爲「海華文藝季」系列活動之一的「中國現代文學座談會」所作之專題演講。）

新詩之所以新

——一九九一年五月四日在桑尼維爾文教中心為「海華文藝季」文藝座談會所作的專題講演

主席，各位聽眾，女士們和先生們：

今天是五四文藝節。我們「北美中華新文藝學會」，為了響應和支持「海華文藝季」系列活動之一的文藝座談會，在上個月，四月裡，曾開了幾次會，大家交換意見，決定派人出席，擔任專題講演。我們的理事長李芳蘭李大姐，吩咐我和小說家石地夫分別主講新詩和散文文學。因為這是我們的本行，我們就義不容辭地遵命照辦了。

今天，我的講題是：「新詩之所以新」。報上登出來的消息，說我的題目是「新詩之所以為新」，多了一個「為」字，那不對。五四以來的中國新詩，簡稱新詩，從最初以胡適之為代表的白話詩，經過以徐志摩為代表的「新月派」的格律詩，以戴望舒為代表的「現代派」的自由詩，發展到今日臺灣以紀弦為代表的現代詩，已有七八十年的歷史了。如果不是分作幾個時期去加以考察的話，我們一向只用「新詩」一詞，這是約定俗成，大家用慣了的。（第二天的新聞，說我指出五四以來的新詩，約定俗成稱為「白話詩」云，大錯特錯！令人啼笑皆非！）而在臺灣，有些人誤用「現代詩」一詞去指「五四以來的新詩」而言，這簡直是犯了無視於文學史的大毛病啦！從前在臺灣，各大專院校同學，時常請我到他們學校去講新詩。因此，他們對於這個問題，新詩之所以新，已經耳熟能詳，有了相當的了解。可是來美後，十幾年裡，我應邀主講，這才是第三回。一般愛好文藝的青年朋友們，也許知道的並不多。所以我就把臺灣的「冷飯」，拿出來重新炒它一炒，加點兒味精和李錦記蠔油，希望朋友們嘗過之後，覺得還算新鮮夠味，那我也就不虛此行了。真的，我從中半島的密爾布瑞（Millbrae）搭乘火車來到南半島的桑尼維爾（Sunnyvale），一路上經過十六七個火車站，花了四十多分鐘，可說是一次長途的旅行，夠遠夠累的了。不過，既來之，則安之。現在，閒話休提，下面就讓我們言歸正傳吧。

首先，我們必須肯定的一點是：詩是有新舊之分的。詩而不新，則不得稱之為新詩。那麼，請問，新詩之所以新，究竟新在什麼地方？新詩和舊詩，究竟有什麼不同？也許有人可以馬上回答，說：「新詩是用白話寫的；舊詩是用文言寫的。」這未免太幼稚，太起碼了。請大家注意，今後如果你再遇上這個問題，可千萬別用這句話來回答了。原來新詩和舊詩的區別，不僅是口語和文言之分而已。新詩和舊詩之分，主要的是在於兩者所使用的「文字工具」不同這一點上。新詩使用「散文工具」；舊詩使用「韻文工具」。使用散文工具，則產生「自由詩」的形式；使用韻文工具，則產生「格律詩」的形式。這叫做：工具決定形式。散文是新工具，韻文是舊工具。自由詩是新形式，格律詩是舊形式。而這一點認識，是具有決定性的。如果連這一點都還搞不清楚，則不足以與言新詩了。在這裡，請注意，「自由詩」一詞，是包含了從前大陸上的自由詩，和臺灣的現代詩（又稱新自由詩），以及現今大陸上受臺灣影響而正在流行的朦朧詩在內，因為臺灣的現代詩和大陸上的朦朧詩，都是使用散文工具的自由詩之一種。

要曉得，一切文學，可以從兩個方面去加以考察：一是內在的「質」；一是外在的「形」。就文學的本質來加以考察，則一切文學，不是「詩」，便是「散文」；就文學的形式來加以考察，則一切文學，不是「韻文」，便是「散文」。在這裡，首須弄明白的，是散文之二義。原來散文一詞，含有兩種意味：其一是相對於「詩」的散文，指文學的「本質」；另一是相對於「韻文」的散文，指文學的「形式」。然則，何謂韻文呢？凡是「有格律的」文字，謂之韻文，凡是「無格律的」文字，謂之散文；韻文與散文之分，主要的不在於前者「押韻」後者「不押韻」，而在於前者有格律後者無格律這一點上。韻文與散文，是文學的兩種形式，同時也是文學的兩種工具。使用韻文工具，則產生韻文形式；使用散文工具，則產生散文形式。

然而，並非採取散文形式，使用散文工具的，就一定都是「散文」；採取韻文形式，使用韻文工具的，就一定都是「詩」。那是陳腐的「韻文即詩觀」，根本站不住的；今天的詩觀是：置重點於質的決定。原來整個的文學史，自古迄今，就韻文與散文之消長而言，可以劃分為三大時代；那便是，從「韻文時代」經「分工時代」到「散文時代」。在韻文時代，則一切文學以韻文寫，以韻文寫詩，以韻文寫散文。不只是文學而已，甚至歷史、哲學、醫書及其他著作，也無不以韻文寫。因此，凡是作者，都被稱為詩人；而一切著作都是詩。不過，那也難怪。因為散文的發生本來較韻文為晚，而在韻文時代，人們是根本不曉得除韻文以外還有什麼工具，還有什麼形式的。到了分工時代，情形可不同了：詩的形式是韻文，散文的形式是散文；韻文成了詩的專用工具，散文成了詩以外一切文學一切著作的通用工具。韻文的用途日漸狹小，散文的用途日漸廣大。在這個時代，只有使用韻文工具採取韻文形式的才被稱為詩，而使用散文工具採取散文形式的不是；只有韻文作者才被稱為詩人，而散文作者不是。因此，「韻文即詩觀」是應運而生了。這種詩觀，支配詩壇，由來久矣，迄十九世紀末葉，還是很權威的。它使那些「披了韻文外衣的本質上的散文」有所遁形，教人一下子看不出它的身份來，可以魚目混珠，以假亂真，所以是很可惡的，非把它打倒不可。而今天是散文時代。今天是自由詩的天下，世界各國都是一樣。陳腐的「韻文即詩觀」，在這情形之下，就是想要作祟，也已經無屍可借無魂可還了。今天是：一切文學以散文寫：以散文寫詩，以散文寫散文。詩人與散文作家之分，不再是由於一個使用韻文而另一個使用散文。主要的是看文學的本質：唯寫「詩」的為詩人；唯寫「散文」的為散文作家。正因為一切文學以散文寫，在這散文的二十世紀，詩與散文，兩者在本質上，才不可不加以嚴格的區別。否則，那些「分了行的散文」，也可以冒充自由詩了。偽自由詩和偽格律詩，其外貌雖不同，其為偽詩則一，所以是同樣的討厭和要不得。綜上所述，我們的理解是：詩與散文之分，在質而不在形。其區別愈嚴格，則文學愈進步，詩愈精純。詩與散文，這就是文學的兩大族類。至於被稱為「散文詩」的，我認為，形式上把它當作「韻文詩」的對稱則可，本質上把它看作介乎詩與散文之間的一種文學則不可。這應當加以個別的審核；如果它的本質是詩，就教它歸隊於詩；如果它的本質是散文，就教它歸隊於散文。這個名稱太灰色了，為了處理上的方便，我的意見是：乾脆把它取消拉倒。

接著，下面，讓我們來談談「詩」與「歌」的問題。這和新詩之所以「新」的認識大有關係。從前在臺灣時，我早就指出了：「詩」是不唱的，而唱的是「歌」。「詩」是文學，「歌」是音樂。「詩」是少數人的文學，「歌」是大眾化的。詩人是詩人，歌謠作者是歌謠作者。詩人而撰歌詞，寫童謠，乃至採取民間形式，製為山歌、民謠之類，以供社會教育、政治宣傳或其他方面的需要，這只是一種服務性的、功利性的附帶工作，而非其本位的，主要的任務。但是一個單純的歌詞作者，一個單純的童謠作者，一個單純的寫山歌、民謠的，則不得稱之為詩人。在今天，詩人是一種「專家」，而彼等不是。不僅詩人，就連詩的讀者，以及今天在座的我的專題講演的聽眾，也都是一種「專門的」意味上的欣賞家和研究者。他們是少數人，不是大眾。大眾不需要詩，大眾需要歌謠。給大眾以歌謠，給少數人以詩，這是十二分的合理，毋庸爭辯。在我的字典裡，沒有「詩歌」一詞。「詩」「歌」不分，籠統一概，稱之為「詩歌」是不可以的！詩是詩，歌是歌，我們不說「詩歌」。詩與歌老早分了家：前者脫離音樂，獨立發展，發展到了今天的新詩；後者則與音樂結合，成為音樂之一部分，或其附庸。這是一個事實，事實是不可否認的。要曉得，詩之最初的原始歌謠狀態，是不再回到文明人的社會裡來了。樂舞同源，詩歌一體，那是很古很古的事了。詩與歌之姊妹關係，也已不復存在。今而後，詩是永遠不可能通俗化的。通俗化的是歌而不是詩。此乃文學史的考察。此乃藝術論的考察。此乃現代詩學開宗明義之第一章。並此而搞不通，而無所知，還要糾纏不清，無理取鬧，則不足以與言詩，且不足以與言歌。

總之，新詩是自由詩，舊詩是格律詩。新詩好比天足，舊詩好比小腳。新詩使用口語，舊詩使用文言。新詩與舊詩之分，在一般人看來，似乎只是口語與文言之別而已。這其實是毛病很大的。因為同樣是用口語寫的，其中就有「不新」的在。

正因為新詩不新，新得不徹底，不足以當新詩之稱而無愧，所以我才主張「新詩的再革命」，從事於形式之刷新，工具之改革這一轟轟烈烈的運動。在臺灣，那是五十年代發生的事情。我獨資創辦「現代詩」季刊，復組織「現代派」，給詩壇及文藝界以廣大且深遠之影響。我們登高一呼，萬方響應，終於打倒了「韻律至上主義」，而獲得決定性和壓倒性的大勝利。從此，再也沒有誰去寫那十分落伍至極可笑的「二四六八逢雙押韻，四四方方整整齊齊的豆腐乾子體」了。人們已經認清：新詩之所以新，在其工具的新，形式的新；舊詩之所以舊，在其工具的舊，形式的舊。散文是新工具，韻文是舊工具。自由詩形是新形式，格律詩形是舊形式。因此，以徐志摩為代表的「新月派」及其影響下種種格律主義的作品——例如林庚的「四行詩」——一概屬於舊詩血統，而不得發給新詩的身分證。（當年戴望舒曾把林庚的「非新詩」譯為七言絕句，為文以譏嘲之，一時傳為圈子裡的笑談。）須知文學史上以韻文寫詩，以韻文寫散文，一切文學以韻文寫的「韻文時代」早已成為過去；以韻文寫詩，以散文寫散文，韻文與散文各有所司的「分工時代」也已經終止於十九世紀；今天是以散文寫詩，以散文寫散文，一切文學以散文寫的「散文時代」，今天是：散文的二十世紀。而韻文，是除了供歌謠之使用，再也沒有其他的出路了。

然則，新詩可不可以朗誦呢？當然可以。前面講過，詩是不唱的，而唱的是歌。所謂「唱」，就是說，譜起曲子來唱的意思。因為自由詩的每一節的行數不同，每一行的字數不同；而且又不押韻，當然無法譜曲。可是朗誦起來，還是很好聽的，很動人的。為什麼？因為自由詩的文字，有其高度的音樂性；散文的音樂高於韻文的音樂，詩的音樂高於歌的音樂，內在的音樂高於外在的音樂。它是以均衡代對稱，以繪畫的美代圖案的美，以散文的節奏代韻文的節奏，以自然而富於變化的聲調代機械的音步和死板的韻律，並尤其是講求以訴諸「心耳」的音樂來代替訴諸「肉耳」的音樂──那是基於詩中情緒旋律起伏波動而產生的。所謂引起共鳴，就是共鳴在這一點上。在臺灣，我的朗誦是很有名的，很受歡迎的。我用我獨自的音色與音量，一種低徊的抒情的調子，念幾首詩，去賺他幾顆女生的眼淚下來，是常有的事情。有一年，我還跑到高雄去，舉行過一次個人作品朗誦會，名之為「檳榔樹之夜」，大大地成功。

好了，規定的時間快要到了。現在，就讓我們來下一個結論吧。第一，新詩之所以新，主要的在其工具的新，形式的新。第二，新詩的詩觀是：置重點於質的決定。換言之，它是重質而輕形，什麼是「詩的」和什麼是「散文的」，必須分清，而追求更詩的詩。第三，新詩作者，皆為專家。過去的舊詩人，從事於格律詩的寫作，可以知其然而不知其所以然；但是今天的新詩人，從事於自由詩的寫作，則必須知其然而亦知其所以然。因此，我們必須從事於一種「批評的努力」，而這是一門十分重要的功課。我們不但對於一首詩的完成，具有高度的「價值之自覺」，而且還抱有一種很強烈的「使命感」。那就是說，我們認為，唐詩、宋詞、元曲，我們古人在舊詩上的成就，好比一座既成的金字塔，那是推也推不倒，搖也搖不動的。而且也無須給它加高加大了。但是今天，我們從事於新詩的創作，這就好比另外找塊基地，去建造一座鋼筋水泥的千層大廈，那當然不是一天可以完工的。一時代有一時代的文學。五四以來的新詩新文學，當然應該不同於過去的舊詩舊文學。我們努力工作，我們埋頭苦幹，我們不屈不撓，我們再接再厲，我們朝著既定的目標和方向，大踏步地前進。必如此，方可證明我們這一代人，是多麼的有出息、有抱負、有志氣。

謝謝大家！請多多指教！

關於臺灣的現代詩

——為一九九四年八月由臺北召開的第十五屆世界詩人大會所作的專題講演

一、前　言

各位女士，各位先生，來自世界各國各地區的詩人們，歡迎你們來到臺灣出席本屆大會。我今天的講題是：關於臺灣的現代詩（MODERNIST POETRY）。

我們自古以來就是一個「詩的民族」；我們的文學以詩為代表。我們唐朝的大詩人李白和杜甫，在座諸君沒有不知道的。而中國古代的「詩經」與「荷馬史詩」，同為不朽的「文學之花」；所不同的是：一為抒情詩，一為敘事詩而已。於是經由「楚辭」、「十九首」、「魏晉古風」、「唐詩」、「宋詞」、「元曲」、「清詩」……一路發展下來，兩三千年傑出的詩人和優秀的作品，多得有如滿天星斗，數都數不過來了。而到了近代，一九一九年左右，由胡適博士領導的「中國新文學運動」，迄今也有七八十年的歷史了。我們的新詩（NEW POETRY）和新小說，都各有所成就。但我今天專門講詩，其他散文作品就不談了。

中國新詩，五四以來，經由最初的「白話詩時期」、「格律詩時期」、「自由詩時期」，而發展到今日臺灣「現代詩時期」，有很大的變化。每一時期，都有代表的詩人與作品。但在這裏，限於時間，我不能一一舉例。而且，除了臺灣的現代詩，其他都在我的講題範圍以外，所以就從略了。

人們常說，「中國新詩復興運動」的火種，是由紀弦（CHI HSIEN）從上海帶到臺灣來的。這句話，我從不否認。因為在對日抗戰期間，中國新詩一度消沉下去，直到抗戰勝利，我於一九四八年來臺，這才重現生機。

二、史的考察

初到臺灣，生活甫告安定，我就展開一連串的文藝活動了。我一方面為各大報刊寫稿，一方面和朋友們合作，辦出版社，出單行本，主編詩刊，忙得不亦樂乎。一九五一年十一月，我和老友鍾鼎文、葛賢寧三個人共同發起，借「自立晚報」副刊地位，出「新詩週刊」，而由我主編。到了一九五二年五月，由於職務羈身，無暇兼顧，我們三個發起人先後擺脫編務，就把這塊園地交由另二位老友覃子豪和李莎繼續耕耘下去了。「新詩週刊」究竟出了幾期，什麼時候停掉，我已記不清了。而總之，以報紙副刊形式出現的詩刊，在臺灣，這還是破天荒第一遭。而在當年，團結詩壇，造就新人，它的確起了很大的作用，收到很好的效果，這一點不容否認。

就在一九五二年這一年以內，我也曾和另一老友潘壘有過一度合作，組成一個「暴風雨出版社」。我們印行了潘壘的長篇小說「紅河三部曲」，和我的兩本詩集：「紀弦詩甲集」和「紀弦詩乙集」，銷路甚佳，頗受讀者歡迎，而由我主編潘壘發行的「詩誌」創刊號，出版於一九五二年八月。這是臺灣有史以來第一份雜誌型的詩刊，和「新詩週刊」同樣的有其文學史上的重要性。可惜只出一期就停掉了，因為潘壘急於離臺赴港去搞電影，只好把出版社解散。

一九五三年二月，我獨資創辦的「現代詩」季刊之第一年春季號問世了。這是近代中國文學史上的一件大事，為世所公認的。作為「現代詩」的前身，「詩誌」停刊之後，我早就開始籌劃，積極進行。花了不到半年工夫，終於把它弄出來了。舉凡雜誌社的業務、編輯部、經理部、內勤、外勤，從社長到工友，皆由我一手包辦。想當年，我騎著腳踏車滿街跑，在一種強烈的事業心驅使之下，那副不知疲勞為何物的「幹勁」，就連我自己也不得不說聲「佩服」了。「現代詩」的作者，多半也就是「詩誌」和「新詩週刊」的作者。除了方思、李莎、林泠、鄭愁予、羅行、楊允達等之外，他如楊喚、彭邦楨、沙牧、沉冬、辛鬱、商禽、瘂弦、梅新、楚戈、張拓蕪等，約半數以上都是來自軍中的。而「現代詩」的讀者，也多半皆為軍人。這也可以說是臺灣的現代詩之一大特色。

從前在大陸上，我早就創辦過幾份詩刊。但是它們都很短命，只出幾期就停刊了，因為影響有限，不若「現代詩」的既深且遠而又範圍廣大。「現代詩」直接影響臺灣詩壇以迄於今，這乃是一個鐵一般的事實。而散文文學之多少蒙受一點「現代詩」的影響，那也是毋庸置疑的。所以說，「現代詩」在近代中國文學史上的崇高地位，已經是推也推不倒，搖也搖不動的了。而創辦「現代詩」，這實在可說是我一生事業之最高峯，我努力奮鬥之紀念塔。這是我整個人生過程中最最光輝，最最華美的一段歷史，我非常之珍惜。那時候，我才四十歲，日正當中，真是多麼的了不起，多麼的可回味。

一九五四年，晚於我們「現代詩社」的開始活動，由覃子豪、鍾鼎文、余光中等發起的「藍星詩社」和由洛夫、瘂弦、張默等發起的「創世紀詩社」，先後成立於北部和南部。於是三大詩社鼎足而立。詩壇上呈現出一片欣欣向榮的氣象。不過這三大詩社所走的路線顯然是不同的。「現代詩社」的詩人群，從一開始就以「新詩的再革命」為己任，提倡自由詩，反對格律詩，主張「新詩的現代化」，人人以一個「現代主義者」（MODERNIST）自居，而且是非常之自覺的。相對於他們這些急進派，「藍星詩社」的朋友們，開始時，取「抒情」而捨「主知」，而且講求韻律，注重形式，就顯得有點兒保守了。至於「創世紀詩社」諸同仁，最初雖曾提出過所謂「新民族詩型」，日後卻變成「現代詩社」的同路人，而且加速度地現代化了。而「藍星詩社」的各位發起人，後來也不再拘泥於形式，大家都寫起自由詩來了。這當然是一件好事。我把「現代詩」、「藍星」、「創世紀」以及稍後幾年出現的「葡萄園」和「笠」這兩個詩社的全體詩人一律稱之為「中年的一代」。就是由於他們這些詩壇中堅的不斷努力，臺灣的現代詩，才有像今天這樣輝煌的成就。至於臺灣的現代詩，影響大陸、香港、菲律賓及其他國家其他地區之華人詩壇，那也是有目共睹的一個事實。

一九五六年春，由我發起的「現代派」宣告成立。加盟者佔全臺灣詩壇百分之八十以上，其盛況可想而知。就是由於我們組派之故，乃引起覃子豪和我之間一場有名的「現代主義論戰」。他那邊，有余光中助陣；我這邊，林亨泰的一枝筆也是夠鋒利的。從一九五六到一九五七，歷時兩年，雙方大戰三百六十回合的結果是：整個詩壇都現代化了。從此以後，再也沒有誰去寫那至極可笑的二四六八逢雙押韻四四方方整整齊齊的「豆腐乾子體」了。可是我和覃子豪，兩個人的友誼，卻絲毫不受影響，這已傳為詩壇上的一大佳話了。

三、質的分析

以上我已經把臺灣的現代詩大體上作了一番史的考察；下面讓我們就質的分析來談談何謂現代詩。

所謂現代詩，就是奉行現代主義（MODERNISM）的詩。而一個現代詩的作者，則必須是一個現代主義者（MODERNIST），無論他自覺或不自覺，承認或不承認。人們往往把「新詩」和「現代詩」混為一談，這不對。一般人弄不清是可以原諒的，但詩人不可以。要曉得，新詩一詞，相對於舊詩，乃是「泛指」五四以來的中國新詩，而相對於傳統詩的現代詩，則係「專指」始於五〇年代的臺灣的現代詩而言。新詩與舊詩不同，現代詩與傳統詩有別。而現代詩之一大特色在於「反傳統」。請問那究竟是怎麼樣的一種反法？那便是：文字工具之革新，現代詩觀之確立。

對於現代詩反傳統，頗有一些不學無術抱殘守缺之徒，誤以為這就是反中國文化之傳統。那還了得！當然，我們是被誤解和曲解了的。而我們所提倡的現代主義，既非法國的現代主義，亦非英美的現代主義，而是包含了它們而又超越了它們的具有中國特色的「新現代主義」或「中國的現代主義」。你只要讀了我那部《紀弦論現代詩》其中的一篇「新現代主義之全貌」，對於我們的現代主義之理論的體系，就可以有一個大概的認識了。是的，現代詩反傳統。它打破了幾千年來「韻文即詩」之傳統詩觀，而用「散文」寫詩，追求新的表現。傳統詩觀是「詩」（POEM）「歌」（SONG）不分的，但是現代詩觀卻把它們分別得清清楚楚：詩是詩，歌是歌，我們不說「詩歌」。我們認為：詩是「文學」，歌是「音樂」；而詩人是一種「專家」。山歌民謠不算詩，而一個歌詞作者亦決非詩人之同行，當然不可以發給詩人的身分證。

現代詩使用「散文」之新工具，而捨棄「韻文」之舊工具；採取「自由詩」之新形式，而捨棄「格律詩」之舊形式，一切置重點於「質的決定」。使用韻文工具則產生格律詩形，使用散文工具則產生自由詩形，這叫做「工具決定形式」。而像這樣一來，那些「披了韻文外衣本質上的散文」就要被從詩的花園趕出去了。

前面說過，中國新詩，五四以來，有很大的變化。請問那是怎樣變過來的？原來在一九二〇年代，以徐志摩為代表的「新月派」格律詩，事實上是最初以胡適為代表的白話詩的反動；而到了一九三〇年代，以戴望舒為代表的「現代派」自由詩，則係格律詩的反動；然而始自五〇年代的臺灣的現代詩，卻並非自由詩的反動，而實際上是自由詩的發展。可以說，從前大陸上的自由詩，乃係今日臺灣的現代詩之前驅或先鋒，是一種革命的同志的關係，而同樣是使用散文工具，採取自由詩形，從前大陸上的自由詩，和今日臺灣的現代詩，這兩者之間，究竟有何不同之處呢？回答是：其相異之點有四：

第一不同的是「音樂性」。自由詩有其聲調之美，是可以朗誦的。當年我在大陸上，和老友吳奔星、徐遲、鷗外鷗等在一起寫詩，一致主張：散文的音樂高於韻文的音樂。詩的音樂高於歌的音樂。以均衡代對稱，以繪畫的美代圖案的美，以散文的節奏代韻文的節奏，並尤其是以自然而富於變化的聲調代機械的音步和死板的韻律，我們的自由詩，無論默讀或朗誦，都大受讀者歡迎。可是現代詩是一種「內容主義」的詩，它無視於表面文字的音樂性，能否朗誦根本不加考慮。因此，現代詩多半只宜默讀而無法朗誦。話雖如此，但是基於詩中情緒起伏波動而產生的一種「內在的」音樂，你也還是有可能去加以領會的。所謂訴諸「心耳」的音樂高於訴諸「肉耳」的音樂，「內在的」音樂高於「外在的」音樂是也。

第二不同的是「表現手法」。自由詩重「邏輯」，現代詩講「秩序」。從邏輯到秩序，這便是詩的進化。而比起自由詩來，現代詩是更加重「暗示」而輕「明喻」的。它非常之講求技巧，因此被稱為「難懂的詩」。但是難懂並非不可懂，現代詩需要細讀。不過，有些人故意切斷聯想，努力逃避情緒，遂不免鑽進牛角尖裏去了。曾經有過一段時日，詩壇上颳起了一陣「晦澀之風」，不僅讀者看不懂「所謂的」現代詩，就連那些作者也說不出他寫的是什麼。對此歪風，我曾發表多篇論文以批判之，好不容易才把那偏差給糾正過來。本來，詩人不必把話說明說完，留幾分給讀者去想想，那正是讀者的權利嘛。但是故弄玄虛，弄得文字晦澀不堪，而又不知所云，那就不足為訓了。

第三是「價值之自覺」。這一點很重要。一個現代詩的作者，不同於一個自由詩的作者，他除了「創作」的才能，更要有一種「批評」的能力。他必須知其然而亦知其所以然。當他在寫一首詩時，總是一面在不斷地批評著他自己的。所謂「創作的過程亦即批評的過程」是也。雖然他不一定同時做一個批評家，經常發表論評文字。

第四是「意識形態的現代化」。一個現代詩的作者，首先必須是一個非常之自覺的「現代人」而非「古代人」，「二十世紀人」而非「十九世紀人」，「民主時代人」而非「帝制時代人」，「工業社會人」而非「農業社會人」，並尤其是一個「太空時代人」——像這樣一種意識形態上的自覺，乃是具有決定性的。如果一個現代詩的作者，在他的作品中，流露出一種農業社會士大夫階級的劣根性來，那他就完蛋了。而除了那種封建思想之絕對的要不得，他還必須認清：科學乃文藝之友而決非其敵人。這一點，十八九世紀的詩人們不懂，猶可原諒。但是生當二十世紀，對於阿姆斯壯登陸過的那個地球衛星，我們是再也不可以把它看作嫦娥奔月的那種神話裏的「月宮」了！神話傳說固然很美，但是乘坐一艘超光速太空船去訪問距離我們銀河系最近的仙女座大星雲，難道不更美也更好玩些嗎？

四、結語

是的，五四以來中國新詩的歷史還不到八十年；而臺灣的現代詩也只有四十多年的歷史。這要和中國傳統詩兩三千年的歷史相比，那真是太年幼了。但是傳統詩已經沒有發展的餘地，而現代詩還有的是前途。我們古人在傳統詩上的成就，好比一座既成的金字塔，已無須給它加高加大了。而我們今天從事於現代詩的創作與研究，那就好比另覓一塊基地，去建造一座鋼筋水泥千層大廈，那當然不是一天可以完工的。須知一時代有一時代的文學。我們今天的現代詩，當然應該不同於過去的傳統詩。我們努力工作，我們朝著既定的目標與方向，大踏步地前進。必如此，方足以證明我們這一代人，是多麼的有出息、有抱負、有志氣。

好了，時間到了，我不能多講了。謝謝大家！請大家不吝指教！

序《密碼燈語》

詩人邱平，很早就和我相識，而且也是來自軍中的，和辛鬱、商禽、楚戈、張拓蕪等差不多同時，投稿「現代詩」，加盟「現代派」。

不知怎麼搞的，就在五〇年代中期，他忽然沒有消息了。直到今年五月，他給我一封長信，這才知道，原來他是為了婚姻、家庭、職務等種種原因而停筆的。在這幾十年裡，他也曾發表過幾首詩。而自八〇年代初，「限齡退役」之後，到九〇年代初，他才「再提詩筆，重新出發」。這當然是一件好事，如果他真的對詩還保有一份「持續的興趣」的話。

和他的長信同時收到的是他已編就即將出版的一部詩集之影印稿。他要我為他寫幾句話。我早就發誓不再給人寫序跋文了，但是邱平例外，他的情況不同，我無法推辭。

他的詩集，名叫《密碼燈語》；而這也是收入其中寫得很美的一首情詩。何謂「密碼」？何謂「燈語」？想當然，那是「彼此均曾熟習」的了。如果你正在戀愛中，或即將墮入情網，邱平的這首代表作，就恰好給你以一大啓示，不是不可以演習一番的。

這部詩集共分三輯：第一輯「沈默的戀人」，包含一九五〇至一九五六的作品二十多首；第二輯「裸身的鄉愁」，包含一九七〇至一九七五的作品共十首；第三輯「密碼燈語」，包含一九九〇至一九九四的作品二十多首。我把它們通讀一遍之後，發覺第三輯和第一、第二兩輯有顯著的不同之處。首先是這些「新作」，多半為數十行乃至百行的長詩；其次是這些「新作」，在表現手法上，顯然極力地求新、求變。而我的看法是：詩的好壞與長短不成正比。一首幾十個單字的小詩，或一首二十個單字的五絕，只要寫得是真好，在藝術價值的天平上，就不一定會輸給荷馬的二大史詩。而在處理題材方面，一個詩人重視技巧，力求有所超越，這種實驗精神，無論如何是值得尊敬的。但我一向主張：詩要寫得「自然」一點才好。而總之，邱平是一個本質上的抒情詩人，和我一樣。我們寫詩，應該「抒情」與「主知」並重。厚此而薄彼，或是厚彼而薄此，都不對；這一點，我願與邱平共勉之。

今年詩人節前夕，邱平寫的那首弔屈原的八十行長詩「瀟洒的縱躍」，的確是一首力作。但我更喜歡的還是他從前發表在我主編的「現代詩」第十期上那首，原題為「鄉愁」的「沈默的戀人」。至於其他短詩與長詩，還有不少是我喜歡的，在這本書裡。但我不想一一舉出，以免讀者受到我的影響，因而妨礙了他們獨自、獨立的欣賞的權利，那我的罪過可就大了。

是為序。

（一九九四年六月二十五日，寫完於美西堂半島居）

序《春天的遊戲》

一

詩人陳銘華和我相識已有數年。而在我的一群「忘年之交」名單中，他和詩人陳本銘，被我稱為「二陳」或「雙銘」。他們兩位曾來舊金山看我，還送給我一瓶美酒。我們在一起玩得很高興，談得很投契。他們二位在洛杉磯創辦並主編詩雙月刊「新大陸」，迄今已出了三十一期。五年來，從未脫期。而在編印方面，銘華出力更多。去年九月九日中秋節，由詩人張錯主催的詩朗誦大會，我也應邀前往L．A．出席朗誦。登台亮相的朋友們，除了我與張錯外，還有愁予、維廉、楊牧、秀陶、本銘和銘華。大家的表現都很不壞，被公認為近年來華人精緻文化在北美活動最成功的一次。

一九五六年，銘華出生於越南嘉定。祖籍廣東番禺。中學時期就開始寫詩了。一九七九年來美，專攻電子，從事電腦工程。他一面謀生，搞科技，一面寫詩，編詩刊，不但毫不衝突，而且相輔相成。作為一個二十世紀現代詩的作者，像這樣一種藝術與科學合一的生活方式，絕非那些十九世紀浪漫派詩人之所能理解的。別的不談，單就這一點而言，銘華也可以算是我的同志之一了。銘華的作品，除與本銘、遠方、達文四人合著的《四方城》外，他個人的詩集，繼《河傳》與《童話世界》之後，這部《春天的遊戲》，已經是他的第三詩集了。現在閒話休提，言歸正傳，下面就讓我們來談談他的這部新書吧。

二

收入詩集《春天的遊戲》裏的作品，共計五十三題六十二首（有一題二首或數首的），分為六卷。除一兩首作於九二、九三年，多為九四、九五兩年之新作。卷一「春天的遊戲」，包含十一題十二首。其第一首「春日」和第三首「春天的遊戲」都寫得很好。「春日」之全貌如下：

那婦人
憂鬱是她淡金的髮
因望遠而掛在青蔥山上
那梨渦
是去年我隨意的吻

不必爲重逢而白裡透紅

我不知道此詩究竟寫的是春天的太陽呢還是和一個女子的「重逢」。也許前三行寫的是景色，後三行寫的是愛情吧。總之，相當的朦朧，也很有味道。而尤以「淡金的髮」、「青蔥山上」、「梨渦」、「隨意的吻」和「白裡透紅」這些意象的經營為最美。至於「春天的遊戲」，給我的感覺也是同樣的喜悅和甜蜜：

婦人　我要藏妳進硬碟機去
用最Cool的程式來還原
愛給朝露　夢給苔蘚
眉給蜂蝶，鼻給花粉
襟前雙鷓鴣　噗噗
飛入我的懷抱
啊——啑
春天於焉成形

其最後四行不難懂，但只可意會，不可言傳。其第三第四兩行頗富於「裝飾趣味」

（凡學過畫的人都了解這術語），而又十分巧妙地用「愛」與「夢」、「眉」和「鼻」，引出了最動人的「詩眼」——「襟前雙鷓鴣」。真是太美了。可是第一第二兩行，那就要憑科技方面的常識來加以解釋了。什麼叫做「最Cool的程式」？我不太明白；而要把一個「婦人」藏進「硬碟機」裏去「還原」，這倒是滿好玩的。除此二首，還有「晾衣二題」和一些寫植物與花卉的，如「九重葛」、「Blue Girl」、「天堂鳥」等，亦各有其可取處。

卷三「下城之霧」，同樣包含十一題十二首。其第一首「越戰退伍軍人」寫得最好，最成功，我特別欣賞。全詩如下：

一隻腳已在雨季失蹤
另一隻要到福利局排隊
以致剛剛擔保回國
據說是唯一骨肉的女兒
離家出走
他連良心都早給白宮炸掉
不在乎只剩下
這憲法堅持的
一張嘴

用來灌酒

此詩相當明朗，很容易懂。但請注意，美學上的「明朗美」與「朦朧美」原本是無分高下的，我完全沒有厚此薄彼的意思，請勿誤會。而在我的批評原則之下，凡屬於朦朧美的詩篇，只要它的文字並不太過晦澀，我就可以讓它通過；而屬於明朗美的作品，只要它留幾分給讀者去想想，我也可以給它及格。銘華來自越南，對於越戰，有他親身的經驗，耳聞目見，比我們更多。當然，對於那些並未受到「英雄凱旋式」之盛大歡迎的退伍軍人，他是充滿了同情心的。我給他的信中，也曾說過：「越戰失敗，決非軍人之過，而係那些文人政府的渾蛋們所造成的。什麼叫做打仗不求勝利？真是千古奇聞，荒唐之至！……」如果有什麼文教機關徵詩給獎而以越戰為題的話，則我願意大力推荐陳銘華的傑作，並發動我所有的朋友投他一票。因為此詩實在難得：既是一段歷史的注腳，也是一個時代的見證。此外，在這一卷裏，還有一首「下城之霧」：

宿醉起來
流浪漢嘆一口——氣
廣廈千萬間

便從樹窗上
散
開
和一首「假釋犯」

他不要再次無家可歸了
他不要再幹鼠摸狗竊的事了
他要堂堂正正的去殺一個人
他懷念獄裏的三餐一宿
電視和熱水澡以及其它種種

也都寫得好棒。這些都是「鹹味的詩」，和卷一那些帶甜味的不同。

至於卷二「啤酒廣告」，包含五題五首，和卷四「和時間賽跑」，包含十三題十三首，則係有甜（如「邂逅」）有鹹（如「所謂後現代」）；還有一些酸酸的，苦苦的，辣辣的哩。

卷五「訪」，包含六題十三首，而尤以「台北詩行」一題六首和「訪張錯」為最重要，而且具有紀念性。一九九四年第十五屆「世界詩人大會」由台北召開，到會各國各地區代表數百人，盛況空前。大會由老友王吉隆（詩人綠蒂）籌劃並主持，我的得意門生之一詩人楊允達協助進行，一切順利，圓滿成功。他們早就再三懇切邀請本人出席，而且還要寄飛機來回票給我，但以老伴健康之故，我婉謝了。不過我的論文，還是在限期以內趕寫寄去，由允達代表他的老師當眾宣讀了。這一回，三藩市和羅省的朋友們都被邀請了，但只有銘華一人欣然前往，而他的收穫的確很不小。請看「台北詩行」這一輯的第一首「時間」吧：

小心裝進旅行袋裏
去年攢下的十五個小時
一下子遺失在台北
某街某巷某弄某號某樓
後現代的天空中

好不容易省下來的時間和一筆錢，就這樣花掉了。這對於一個有職業有工作的「上班族」而言，不能不說是一件大事。但是作為一個詩人，出席詩會，多交幾個朋友，這不也是值得的嗎？不過，「某街某巷某弄某號某樓」，吉隆和允達他們把他帶去了，那裏面究竟有些什麼好玩的呢？這個，我就不知道了。其第二首「故宮博物館」、第三首「日月潭之晨」、第四首「杜老爺西餐廳」和第五首「台北印象」都寫得很棒也很美。至於第六首「空姐開的玩笑」也很夠意思，而尤以最後兩行

她關上所有的窗
不讓一匹匹雲奔馳

我最欣賞。好一個「一匹匹雲」！這才是「詩的」；如果說「一片片雲」，那就變成「散文的」了。我以為，作為一個二十世紀的現代主義者，一個「自覺」的現代詩的作者，首須分清什麼是「詩的」和什麼是「散文的」，而這一門功課，比一切重要。銘華的詩，多半很短，四行，五行，是常見的；十行以上的都很少。就拿這一輯「台北詩行」來舉例吧，每首皆為五行。可是「訪張錯」就不同了——居然長達四十一行！這在他是很少有的。此詩之第一節是這樣的：

上山
上山
又上山

左轉
右轉
又左轉
鷹脊上站起
兩棵棕梠樹

在這裏，他使用了法國詩人阿保里奈爾（Guillaume Apollinaire）立體派詩的文字排列法，十分有趣。而在詩後「附記」，他說：「本詩的第一段幾乎與他隨手寫給我的路向指示完全相同。」由此看來，這也可以說是一種「寫實的」表現手法了。除此以外，銘華在其他詩作中，也有類似的情形。我認為，偶一為之，不是不可以。我也曾有過的。但常來這一套，那就沒意思了。「訪張錯」的第二節只有一行：

是曩昔繫馬的地方嗎

這當然沒問題。但是緊跟在第三節

劍掛不掛都無所謂了

刀則宜勤磨
不然
戚將軍的憂
鄧管帶的憤
譚章京的血
還有千千萬萬人的恨

之後，第四節

如何能雪

又是單獨的一行，像這樣的分節法，固然有其加強語氣之作用，不過還是不分的好，我以為。去年「九九詩會」一連串的活動節目中，有一天晚餐後，大家一同到張錯家去喝酒，是我最高興的一項，我看見了他收藏的那些古代兵器，都是很名貴的，下次再去，一定要他為我舞一回劍，讓我開開眼界。「昔有佳人公孫氏，一舞劍器動四方。」我不是也可以學著老杜的口氣寫他一首「觀詩人張錯舞劍行」嗎？當然，他不舞，我就不寫了。現在讓我放開張錯，接下去再談陳銘華。

卷六「散文詩七章」，包含七題七首。這七個作品，我都很喜歡。而尤以第一首「捷徑」為最妙。這是一首道道地地貨真價實的現代詩；而且也可以說是銘華的代表作之一，和「越南退伍軍人」同樣的重要。詩的全貌如下：

> 八歲的兒子聽膩了我對交通擠塞的牢騷，要幫我把我FAX到球賽現場去。以他現時的科技知識，包裝和輸送一個詩人是綽綽有餘的。我想。問題在於，將我變成現場觀衆和將現場變成電視的效果是否有什麼不同

由此看來，銘華的兒子，將來長大，在科技方面，必定大有成就，那是可以預期的。但在文藝方面，他能不能傳他爸爸的代，那我就不敢擔保了。在這裏，對於「散文詩」一詞，我有一點意見。我一向主張：文學分類，不是詩就是散文，不是散文就是詩，沒有「介乎詩與散文之間的」混合體，一切置重點於「質」的決定，凡本質上的詩，就叫它歸隊於詩，凡本質上的散文，就叫它歸隊於散文，不管它的「形式」如何。就拿銘華的「捷徑」來舉例吧，其排列之式樣，雖然和一般散文差不多，然而沒有一字一句不是「詩的」。而在這個作品裏面，實在連一點「散文的」成分也找不到，它完全是一首「純粹的詩」，而決非一個「雜種」。而總之，我們的現代

詩，「形式」上如何排列，那是各位詩人的自由；而「本質」上的嚴格要求則係具有決定性的。故說，較之傳統詩，現代詩是「更詩的詩」。我在我的詩論中，時常提到，「散文詩」一詞太灰色了，為了處理上的方便，乾脆把它取消拉倒。但請注意，這只是我個人的看法。銘華、秀陶、商禽和其他朋友，儘管使用這個灰色名詞，不肯取消，我也無法反對，甚至來他一個什麼「詩的散文」，那也是他們的自由，我可管不著了。

三

以上我已經把該說的和想說的都說完了。換句話說，我已經在銘華的新書《春天的遊戲》裏「遊戲」過了。當然，在這個大花園中，還有不少奇花異卉沒上鏡頭，也就是說，我沒提到。為什麼？因為不多留一點「新大陸」給讀者們去發現，妨礙了讀者們自由欣賞的權利，那我的罪過可就太大了！最後我要奉勸銘華一句話：保持你獨自的風格，走你自己的路，這是比一切重要的。那些來自臺灣的影響，什麼「超越自我」啦，又是什麼「實驗另一種表現手法」啦，都是鬼話，別聽他們的！

（一九九六年一月二十日，寫完於美西堂半島居）

跋《舊金山抒情詩》

作為我的好友之一的詩人邵燕祥為我的另一好友之一的詩人劉荒田第二詩集《舊金山抒情詩》所寫的序文，我拜讀了之後，覺得我所想要說的，差不多都已被他說完了。而且，他寫得很好很有道理，我舉雙手贊成。那麼，現在，還有什麼是我可說的呢？

也許，我想，下列三點，荒田、燕祥，以及其他詩人，其他朋友，看了都還不至於嫌我太嚕嗦吧。

第一，由詩人陳雪介紹，我認識了荒田和他的同鄉詩人老南，記得是一九八五年的事情。陳雪請客飲茶，我們一見如故，談得非常高興。從此，我們就成為很要好的朋友了。不過，為了生活，他們必須工作，都是很忙的人，大家見面的機會並不太多。

由來自臺灣的詩人、畫家、小說家及其他文友組成的〈北美中華新文藝學會〉，乃是舊金山灣區唯一的一個華人文藝社團，我一向擔任監事。今年春天，我和我們的理事長李芳蘭大姐介紹他們三位入會，受到朋友們的熱烈歡迎。我們以文會友，不涉政治，無論是來自大陸或臺灣的作家們，本來都應該共聚一堂的。現在以他們「三劍客」（我和老伴如此戲呼之，因他們三位常在一起玩）開其端，今後還要吸收更多來自大陸的朋友，以擴大本會之陣容。

第二，荒由的詩，充滿了鄉愁，可稱之為「鄉愁詩人」。而凡是離鄉背井，為了衣食，移民來美的中國人，逢年過節，誰不懷念故鄉與親人？但一般人雖有感懷而不能寫，只有詩人方可把這種懷鄉的心情藉著詩的形式表達出來。於是荒田的鄉愁詩，離開一人之手而成為眾人之所共有，所分享，乃確立了一種文學上的「普遍性」，是頗值得稱讚的。又，荒田詩的題材，無不來自現實生活，唐人街、花園角、他日常的所見所感，俯拾即是。他的工作相當辛苦，而待遇很微薄，但是生活上的折磨，正是培植其詩的花朵之不可或缺的養料。他的詩，生根於他的生活，代表這一時代大多數海外華人的心聲，這一點，最是令人欽佩。

我於一九四八年離滬赴臺，那時我才三十五歲，我的中年歲月，我的「臺灣經驗」，和《舊金山抒情詩》的作者，人生遭遇，實在頗多相似之處。因此，他的這部詩集，我特別喜愛。

第三，說到荒田的詩形與詩法，我認為他的自由詩有其獨特的風格，雖然多少受到一點臺灣現代詩和大陸朦朧詩（廣義而言，兩者皆為使用散文工具的自由詩之一種）的影響，但這對於他的藝術價值絲毫無損，因他非常之有個性，他的路子是他自己走出來的，這叫做「其人決定其詩」。他慣常使用寫實的手法來處理現實的題材，而描寫事物總是恰到好處，其冷嘲熱諷則尤其令人拍案叫絕。有時他也使用象徵的手法，而其文字一點也不艱深晦澀，這真是難能可貴的。在臺灣，有過一段時間，詩壇上颳起了一陣晦澀之風，我瞧著很生氣，曾發表過多篇論文以批判之，好不容易才把那種偏差給糾正了過來。本來，詩人不要把話說明說盡，留幾分給讀者去想想，那正是讀者的權利嘛。但是故意逃避情緒，切斷聯想，弄得文字晦澀萬分，就連那些自以為很前衛的詩人，也說不出他們寫的究竟是什麼，過猶不及，弄巧成拙，甚至走火入魔，鑽牛角尖，那就不足為訓了。而荒田、老南和陳雪，他們三位的作品，都沒有犯過這種毛病，所以我很喜歡他們，這不是沒有緣故的。

好了，就到此為止吧，我不再嘮叨下去了。但願我這篇讀後感說得還不太離譜，那就請朋友們給我多多的指教吧。是為跋。

（一九九一年八月二十九日，寫完本文於美西堂半島居。）

《紀弦精品》自序

一

收入這部選集的，皆為始自一九二九年（我開始寫詩）而迄於一九九三年（我滿八十歲）凡六十五年我這一生所有詩作之精品，故名此書為《紀弦精品》。

說實在的，所謂「精品」，亦並非意味著書中每一首詩皆為「傑作」（甚至有些「少作」，從一九二九到一九三三，作於最初五年的，還十分的幼稚；其所以選入一兩首者，也不過是為了讓你可以看出我發展的軌跡而已），但至少，在「藝術價值」的天平上，它們可算是夠份量的了。何以言之？蓋因我寄給莫文征兄的大批詩稿乃係「初選」，總免不了「癩痢頭的兒子自己的好」。但是經他「精選」之後，那些「不及格的」已被取消，這就沒問題了。莫兄選我的詩，嚴格、謹慎，既公平，又客觀，我非常的感謝。相信此書到了讀者手中，應該是不至於太令人失望的。

去年北京「中國友誼出版公司」已經印行了一部由我的朋友藍棣之選編並序的《紀弦詩選》，初版二千冊很快賣光，聽說有不少讀者向隅。現在莫兄選編《紀弦精品》，即將付梓，我想這對讀者而言，未嘗不是個好消息。不過我在這裏，不能不多講幾句話，對大家做個交代。根據我和「友誼」訂的合約，同樣一本書，在大陸上，無論那一家出版社，都不許再出了，這叫做「版權所有」。當然，書名不同，內容不同，是打不起官司來的。因此，凡是已收入《紀弦詩選》裏的作品，我都沒寄給莫兄；而不久問世的《紀弦精品》之中，亦絕無一首與前者雷同，這一點，我用人格保證。而總之，凡是既已擁有「藍書」的讀者，再買一本「莫書」，是不會花上冤枉錢的。

也許有人會問，「藍書」先出，「莫書」後出，相隔一年，好東西都被藍棣之拿走了，剩下來讓莫文征揀到的，不都是些個「二等貨」了嗎？這話不對。原來我的A級作品很多，「藍書」限於頁碼，未能盡收，漏網之魚，數以百計，所以「莫書」所收，也都是「上乘之作」，非甲即乙，無一吃大餅的，這一點，我也敢用人格來保證。另外，還有一點，也是兩書不相同的：「藍書」所選作品，始自一九二九，迄於一九八四，共計五十六年；而「莫書」所選，始自一九二九，迄於一九九三，共計六十五年，多了九年的東西，而皆為「新產品」。所以說，對於大陸上的讀者而言，這兩本書，是同樣的重要。

說到「漏網之魚」，也不妨舉例一二如下：首先是作於一九六六年的「過程」，此詩和作於一九六四年的「狼之獨步」為姊妹篇，都很有名，被目為紀弦的代表作，坊間各種詩選，多半一同收入。可是「藍書」只選入了「狼之獨步」，而漏掉了「過程」。事後藍兄來信，還表示了遺憾。另有一首題為「船」的短詩，作於一九五五年，也很重要，也漏掉了。此詩曾被韓國詩人許世旭譯為韓文，後又被韓國教育部編入高中國文教科書，列入「外國詩欣賞」這一單元中，聽說每個考大學的女生都會背的。至於我的情詩，如「等待」、「古池」和「你的名字」等，雖然已被藍棣之「釣」走了，但是莫文征所「捉」到的「藍色之衣」、「如果你問我」、「致情敵」、「戀人之目」、「奇蹟」、「吻」、「二號畫筆」、和「台北之夜」等，也都是膾炙人口傳誦一時的；特別是「戀人之目」這一首，詩人瘂弦還說他百讀不厭哩。此外，還有不少的飲酒詩、懷鄉詩、山水詩、植物詩、宇宙詩、神學詩和我的名作「脫襪吟」、「在地球上散步」、「火與嬰孩」、「午夜的壁畫」、「現實」、「火葬」、「杜鵑」和「玫瑰與甲蟲」等，皆不見於「藍書」，而上了「莫書」的目錄。而總之，在這裏，有的是石斑、鱈魚、螃蟹、干貝、蠔和大龍蝦……我的朋友莫文征，為你準備好了的一桌「海鮮大餐」，是足夠你去仔細品嘗的了。

二

我於十六歲時開始寫詩，從小到老，不停地寫，年年都有作品發表，一種「持續的興趣」始終不衰。今年八十一了，但是一枝寫詩的筆，還不肯離開我的右手。

怎麼辦呢？那我也就只好聽其自然，一行行，一首首地寫下去了。寫什麼？寫我所想要寫的。我的題材是多種多樣的，我的手法是千變萬化的。或為象徵的，或為寫實的，或為抽象的，構成的，超現實的；或為相對論的；採取什麼樣的一種表現手法，要看所處理的題材如何而定。此之謂「題材決定手法」。又，我雖求新、求美、求變不遺餘力，但我決不游離現實，藐視人生：我不是一個虛無主義者或一個頹廢派。我的詩生根於我的生活，我的生活決定了我的詩。我把我的一生分為三大時期：大陸時期（止於一九四八）、台灣時期（一九四九至一九七六）和美西時期（始自一九七七）。每一時期生活環境不同，感受不同，當然作品內容也就不一樣了。不過，我的風格卻是始終如一，到老不變的，此之謂「氣質決定風格，其人決定其詩」。我的風格，既非豪放，亦非婉約，而係陽剛裡帶點兒陰柔，陰柔裡帶點兒陽剛。我的文字，有時明朗，有時朦朧，但我總會展現一幅畫面，讓你可以看得見；指示一種境界，讓你可以走進去。所以說，我的詩，一點也不難懂。

從前在台灣，有人故意逃避情緒，切斷聯想，把詩寫得十分晦澀難懂，而自以為很「前衛」。我大不以為然，決不點頭。說現代詩是「難懂的詩」，如果不「難懂」，就不「現代」了，那真是一大笑話！我也是一個百分之百的現代主義者。而在台灣，我還是第一個提倡現代詩的哩。我創辦《現代詩》季刊，我組織「現代派」，我宣揚「新現代主義」，我領導「中國新詩的再革命運動」，但我從未鼓勵青年朋友去寫「難懂」的詩。把詩寫得含蓄一點，留幾分給讀者去想想，那本來就是讀者的權利嘛。但是故意扼殺主題，故弄玄虛，弄得莫知所云，那就不足為訓了。有過一段時日，台灣詩壇上颳起了一陣晦澀的風，某些人瞧著不順眼，就把「始作俑者」這一頂大帽子加到我的頭上來了，豈不冤哉枉也乎！於是我就寫了不少文章，苦口婆心，再三勸告，好不容易糾正了那偏差，最後總算把那些鑽牛角尖走火入魔的青年人給救回來了。

沒想到，時至今日，詩壇上竟又出現了一個叫做「後現代」的新名詞。跟在「後冷戰」之後，左一個後什麼右一個後什麼，紛紛出籠，簡直是一窩蜂的瞎胡鬧。別的不談，要問的是：你們那些「後現代主義者」，什麼是你們的理論之體系？可拿得出什麼「樣版詩」來給我看看嗎？如果沒有的話，那就請你們給我閉嘴，別再亂喊亂叫跟時髦了！須知今日之詩壇，包含台灣、香港、大陸及其他地區在內，依舊是一個中國新詩發展史上至極輝煌的「現代詩時期」，如日中天，沒那麼容易一下子就「日蝕」的。而我們的「新現代主義」，你是推也推它不倒，搖也搖它不動的！聽著！我們的看法是正確的，我們的主張是堅定的，我們的立場是鮮明的。

是的，現代詩反傳統。請問那究竟是怎麼樣的一種反法？當然，那決非反中國文化之傳統。原來現代詩反傳統，就是反它那傳統的「韻文即詩」之詩觀。與此相反，現代詩的詩觀，乃係置重點於「質」的決定。故說：現代詩是內容主義的詩，而非形式主義的詩。現代詩捨棄「韻文」之舊工具，使用「散文」之新工具：現代詩捨棄「格律詩」之舊形式，採取「自由詩」之新形式——此其所以現代詩之為現代詩的一大特色之所在。使用舊工具則產生舊形式，使用新工具則產生新形式，這叫做「工具決定形式」。而凡是一個真正的現代主義者，基於此一認識，無不把「詩」(Poem)與「歌」(Song)分清得一乾二淨的：詩是「文學」，「歌」是「音樂」。因此，我們不說「詩歌」。而一個「歌詞作者」，並非「詩人」之同義語。傳統詩的作者，往往知其然而不知其所以然；但是現代詩的作者，必須知其然而亦知其所以然。這叫做「批評的努力」，最是具有決定性的。人們常說，中國新詩復興運動的火種，是由紀弦從上海帶到臺灣來的。又說：紀弦是臺灣現代詩的點火人。這句話，我從不否認。然則，什麼是我對詩壇最大的貢獻呢？曰：文字工具之革新，散文主義之勝利。

如果那些死抱住「韻腳」不放的頑固分子膽敢企圖藉「後現代」這一新武器之殺傷力來達到既已被打倒的「韻律至上主義」之「復辟」的目的的話，讓我站出來，說：紀弦在此，請拋出爾等「挑戰的手套」吧！

可是話說回來，我其實並非一個喜歡跟人家打筆墨官司的好戰者。從前在臺灣，我和老友覃子豪，曾有過一次「現代主義論戰」，而那是由於他開了第一槍我才還擊的。他那邊，有余光中助戰；我這邊，林亨泰的一枝筆也是不饒人的。這場論戰，歷時一九五六、五七兩年，雙方大戰三百六十回合的結果，整個詩壇都「現代化」了，從此再也沒有誰去寫那很可笑的「二四六八逢雙押韻四四方方整整齊齊的豆腐乾子體」了；而我們二人之間的友誼，卻絲毫不受影響，這已傳為詩壇上的一大佳話了。

三

好啦，到此為止，那些往事就不必再提了。而我所要向讀者諸君交代清楚的一句話是：我的詩，多半為以「散文的音樂」寫了的「抒情」的自由詩，是可以當眾朗誦令人感動和賺他幾顆女生的眼淚下來的。當然，也有一些「主知」之作，使用「非節奏的」文字，缺少聲調之美，那就無法朗誦，而只好默讀了。不過，當你默讀它們時，一種基於內容情緒之起伏波動而產生的「內在的」旋律，你也還是可以用你的「心耳」去加以傾聽的。是的，朋友們，用你的「心耳」去傾聽我的詩的「內在的」交響樂和小夜曲，用你的「心眼」去欣賞我的詩的「內在的」風景，這豈不是比一切都更有意義的一種高級心靈的享受嗎？朋友們，愛讀我的詩的朋友們：請給我以多多的指教吧。

然則，去吧，我的詩！去航行時間的大海！去接受無情的考驗！

是為序。

（一九九四年六月八日，寫完於美西堂半島居。）

《第十詩集》自序

緊跟在《半島之歌》後，這部《第十詩集》，應當算是我來美後的第三本書了。其內容除補遺一首外，包含一九九三、九四、九五這三年的全部新作共計六十六題七十四首。當然，有些我自己瞧著不滿意的已被取消了。我編我的詩集，一向採取目錄編年法，依其寫作先後次序而排列之，這和一般的分類分輯法不同。我把我的一生分為三大時期：大陸、臺灣和美西。我從一九二九開始寫詩，到一九四八，這二十年「大陸時期」的作品，皆已收入《摘星的少年》和《飲者詩鈔》厚厚的兩巨冊之中了。從一九四九到一九七六，這二十八年「臺灣時期」的作品，皆已收入《檳榔樹甲集》、《檳榔樹乙集》、《檳榔樹丙集》、《檳榔樹丁集》、《檳榔樹戊集》和《晚景》的前半部了。而自一九七七開始，迄今十九年「美西時期」的作品，則已收入《晚景》的後半部、《半島之歌》和這部新書了。到此為止，從一九二九到一九九五，我的「詩齡」不是已有六十七年之久，超過一甲子了嗎？當然，今後我還要繼續寫下去，一枝寫詩的筆，硬是不肯離開我的右手。今年四月，我將滿八十三歲。詩人張默，稱我為「詩壇上的常青樹」，我當之無愧。但是詩人瘂弦，要我向人瑞進軍，活到一百歲，做個「人瑞作家」，這一點，我可就沒把握了。不過，我一定接受朋友們的勸告，注意健康，愛護身體，止於微醺而不及於醉就是了。

也和《半島之歌》一樣。收入這個集子裏的東西，全都是作於舊金山半島的。唯一不同的是：前者有些是住在舊金山城裏時寫的，有些是搬家後寫的；而後者則全部都是遷居中半島以後的產品。我和老伴，有時住Millbrae我們女兒女婿家，有時住San Mateo 的老人公寓。兩地距離甚近，交通方便，乘巴士二十分鐘可到。這一帶的風景不壞，我很喜歡。氣候屬地中海型，涼爽乾燥，不常下霧，對於我的體質頗為相宜。因此，我的健康良好，心情愉快，生活安定，寫作不輟。除了寫詩，我有時還寫點散文和詩評詩論，寄回臺灣或香港去發表。我一向是創作與理論並重的。但我決不根據理論來寫詩，作繭自縛的傻事我不幹的。如果我的詩和我的理論發生衝突，只要詩本身站得住，我就不顧理論了。我一向主張：詩要寫得朦朧一些才美。但在這個集子裏，卻不乏明朗之作。而只要沒把話說完，留幾分給讀者去想想，那也就可以了嘛。說到我的「詩藝」，在這個集子裏，從事於「意象的經營」和「境界的構成」，我是如何地下苦功，非過來人不了解；而除了「象徵的」和「寫實的」，一種「相對論的」表現手法，我使用的特多。這也可以說是我這部新書的一大特色了。另一與眾不同的特色是：在這最近的三年裏，我寫了比以前更多的

「宇宙詩」，而且多半是把天文學和我獨自的神學結合了起來的。這你只要看了「宇宙是一首詩」、「宇宙誕生」、「人類人類滿天飛」、「物質不滅」、「恆星無常」和「早安哈伯」這幾首就知道了。我總是悲天憫人的：悲人類、悲地球、悲太陽系、悲全宇宙。而像這樣一種持續的情操，在我的許多抒情詩中，是佔有了主要的支配的地位的。另一方面，我也是愛國、愛自由，渴望和平，嫉惡如仇，內心裏充滿了正義感的。這你只要看了「在低潮」、「晨禱」、「給兇手」、「丟那媽殺」、「O．J．辛普森」和「拉賓不朽」這幾首就知道了。我還寫了一些「飲酒詩」、「懷鄉詩」和帶諷刺的、富於幽默趣味的東西，在這部新書裏，那都要請讀者諸君自己去發見，去欣賞，我就不多談了。而總之，我的題材是多種多樣的，我的手法是千變萬化的，採取什麼樣的一種表現手法，要看所處理的題材如何而定，這叫做「題材決定手法」。有人為了「實驗」某種手法而去到處找尋題材，在我看來，十分可笑，捨本逐末，本末倒置，請問天下還有較此格外來得愚蠢的了麼？故意逃避情緒，切斷聯想，扼殺主題，弄得文字晦澀不堪，而自以為這就是所謂「難懂」的現代詩了，不但讀者不懂，他自己也不懂，多麼荒唐！奉勸青年朋友，千萬別聽他們的！請問阿保里奈爾（Guillaume Apollinaire）的「米拉堡橋」和桑德堡（Carl Sandburg）的「霧」難懂不難懂呢？如果回答說很容易懂，那麼，現代詩的懂與不懂，根本就不成其為一個問題了。

好啦，這篇自序嫌太長了，這就打住。末了，在這裏，我必須向我的同鄉，我的老友小說家蔡文甫兄鞠三個躬，因為他不計虧本，答應由「九歌」出版我的詩集，這在今天這種唯利是圖的出版界，像這樣重視嚴肅文學純文藝的，除了老蔡，還有第二個人嗎？是為序。

（一九九六年一月二十八日，紀弦記於美西堂半島居。）

我之詩律

第一則：日課必修

所謂詩律，是即詩創作之規律。這和詩論、詩觀、詩評、詩話之類不一樣。我相信，每個詩人，都有他自己的詩律，無論他自覺或不自覺，意識或不意識。而我之詩律，我所嚴格地遵守著的，硬是與眾不同。

我之詩律，以日課必修為第一則。所謂日課，就是天天都要做的功課。一般學生，於大學或至少高中畢業後，就不再有什麼日課之可做了。然而我的日課，卻是永無止境，死而後已的。

我的日課共有兩門：觀察自然和體驗人生。（當然，讀書求知也包含在內。）人生乃自然之一部分。部分與全體並重；日課如此，詩創作亦然。

觀察自然，體驗人生，獲得經驗，從而儲存之於心靈的大倉庫，那是取之不竭，用之不盡的。一旦從事於詩創作，我就可以把它們拿出來，組織之並加以秩序化，使成為一個藝術品。故說：詩乃經驗之完成。

由此可知，我的詩，都是生根於我的生活的。我的生活決定了我的詩。而我的活著並活下去，就是為了詩。對於詩，我有著一種至極虔誠的宗教的情感。雖然我沒有天天寫詩，但我天天都在為詩而用功，這倒是千真萬確的。

第二則：題材決定手法

我的題材是多種多樣的。我的手法是千變萬化的。或為寫實的，或為象徵的，或為構成的，或為抽象的，或為超現實的，或為相對論的，採取什麼樣的一種表現手法，要看所處理的題材如何而定。這叫做：題材決定手法。

請問，我的詩創作的題材從何而來？如何取得？這說來怕不會有人相信。原來我是一向不去「找尋」題材的。我讓那些題材一批批地送上門來，排起隊來供我檢閱，任我挑選，要的就留著，不要的請滾。而每當我從事於題材之選擇時，我的一大原則是：什麼是「詩的」和什麼是「散文的」，必須分得清清楚楚；凡是屬於「詩的」，就留下來備用，凡是屬於「散文的」，就一概不要了。

有些人為了要寫詩而去「找尋」題材，那的確很辛苦，也很可憐。而我卻是被題材所「找尋」，理不理它們完全聽我的。有時候，碰上老子不高興，就連最新最美最動人的，我也不要它了。這一點，大大地與眾不同。

第三則：多想少寫

我的詩，除極少數「神來之筆」瞬間偶得，大部分都是久久地「想」出來的。想好了之後，再把它寫下來，有一定的步驟。把詩寫在稿紙上，花的時間很有限，而「想」詩的時間可多了，這和那些終日伏案「寫」詩的人大不同。請問，我在什麼時候什麼地方「想」詩？那是隨時隨地都可以「想」的。有時夢中得句，起而筆之，也是常有的事。但那只是一首詩的「部分」，而非一首詩的「全體」，留著備用可也。

我一面生活，一面「想」詩。如果有個題材已經被我選中，我就會用心去「想」如何加以處理，使之一無遺憾地成為一首詩，一個藝術品。我「想」詩，就像一個工程師從事於某種設計，是頗為苦心孤詣的。故說：詩乃心中之藍圖而稿紙上建築物的出現是也。

但是我的設計，有時也會失敗。往往為了某一題材之處理，我會想上十天半個月，甚至三年五載的，而結果，試著寫下來的東西，看了還是不能滿意，我就會把它撕碎，下字紙簍，而暫時擱著不去管它了。可是一個題材沒處理得好，另一個題材跟著又來了。由此可知，在「詩的世界」裏，我實在是一個大忙人。雖然在放下粉筆退了休之後，我的日常生活看來過得很清閒似的。

我曾經根據我自己的經驗與心得，勸告青年朋友們「多想少寫」。可是他們總把我的話當作耳邊風，我也拿他們沒辦法。唉唉！

第四則：作為一個飲者

我乃當代酒仙之一。在臺灣，我被舉為詩壇上「四大飲者」之首。可是，作為一個飲者，我只是為喝酒而喝酒，而從來沒說過喝酒是為了寫詩的緣故。每當我在「想」詩時，我總是頭腦清醒的。而一旦喝醉了，我就什麼「詩」都想不出來了嘛。那些以「寫詩」為理由而去買醉的傢伙，我實在不欣賞；他們很可能有點怕老婆，口袋裏錢不夠。

飲者並不等於詩人。而詩人也並非個個都善飲。有些詩人滴酒不沾，照樣寫得一手好詩。有些詩人終日醉醺醺的，也不見得每亮出一個作品來都會被讀者所喝采。足見得詩與酒，這兩者之間，根本是毫無關係的。

是的，我是為寫詩而寫詩，為喝酒而喝酒，此之謂「純粹」。

（一九九二年七月二十九日，寫完於美西堂半島居。）

關於我的「少作」

劉福春教授，在圖書館中，發見了我早已絕版的處女詩集，影印了全書及其封面，自北京寄來給我，使我萬分感謝，感動不已。我的這部第一本書，自費印行，名叫《易士詩集》，因為當年我使用筆名「路易士」。後來，我嫌它太瘦，而又洋化，遂改用「紀弦」二字。

我從一九二九年開始寫詩，而寫詩是和初戀同時開始了的。而當初的愛人，也就是今天的老伴。

此時夜正深，
何處是我魂？
魂已遙飛去，
常隨我愛人。

這首五言詩，就是一個穿竹布長衫的少年，正在追求一位藍衫黑裙的姑娘，而陷入一種「輕微的熱病」時寫下來的。而這，便是收入我的處女詩集，作於一九二九年的處女作。雖說相當幼稚，然而很可紀念。

《易士詩集》所收我的「少作」，從一九二九到一九三三，凡五年，共六十多首。除了這首五絕，另外還有一首「心臟病的患者」，作於一九三三年春，也是為我妻而寫的。至於其他戀歌，都比不上此詩。

任一切毀滅去吧，
聽憑他怎麼都好。
心臟病的患者，
生命比不上一個皀泡。

有什麼値得你大聲呼喊？
——青春容易去！
至於孤獨的詩人，
當專愛一個淑女！
十萬詩句爲她寫，

再描幾幅畫像。
唯愛情之山難倒,
地球也許會失去太陽。

心臟病的患者,
生命比不上一個皀泡。
還有什麼不滿足的?
有淑女愛你以終老。

不知怎麼搞的,我年輕時總以為自己有心臟病,很可能是個短命鬼。其實我已經活得夠老的了,而每一次心電圖檢查,醫生都說沒問題。而我卻寫了像這樣的一首詩,豈不很可笑嗎?不過,詩本身還算不壞,所以我就把它保存下來了。

除此之外,還有一首「八行小唱」,也寫得很新很有力:

從前我眞傻,
沒得玩耍,
在暗夜裏,

期待著火把。

如今我明白，

不再期待，

說一聲幹，

劃幾根火柴。

此詩作於一九三三年十二月，可說是我年輕時的一首代表作，朋友們都很欣賞。

另有「六行詩」四首，作於一九二九至一九三二這四年裏的，連同「心臟病的患者」和「八行小唱」，一共六首，皆已編入我的自選詩卷之一《摘星的少年》了。六十多首的「少作」，只留下來十分之一，足見得其他那些東西都是不及格的；而且還有一些近乎標語口號之作，頗受當時「意識至上主義」影響，毫無藝術價值之可言，簡直連詩都不是了。

古人有「悔其少作」者，我也「悔」不該把那些太不像樣的東西印成白紙上的黑字。不過，就憑著「八行小唱」的最後一行「劃幾根火柴」，我自己照亮了我應當走的路。而一枝寫詩的筆，直到今天，還緊緊地握在我的右手之中，我也總算是沒有白活了這一輩子。

（一九九四年九月三日，寫完於美西堂半島居。）

詩與常識

一、南北極

那是三十年代的一件往事，我還記得很清楚。一九三六、三七之間，有一位詩壇新人，發表了一首情詩；其中一段，大意是說：「請勿對我那麼冷酷，冷得像北極一樣；也別對我過分熱烈，熱得像南極似的。」此詩寫得很美，真情流露，傳誦一時，然而卻犯了常識上的錯誤。

有一天，時常和我在一起玩的幾位詩人，在一家酒店中，偶然談到這位小老弟的作品，大家都很欣賞他的才華。不過對於「北極」與「南極」二詞的用法，就有人表示了欠妥。我說：「可不是嗎？他弄錯了。如果把北極改為兩極，把南極改為赤道，不就沒問題了？」眾人拍手大笑，向我舉杯致敬。我也很高興，連乾了三杯。

二、關於金星

金星又名啓明、太白。古人既無望遠鏡及其他科學儀器，而又缺乏近代天文學常識，誤以為早晨自東方升起的「啓明」和黃昏向西方沉落的「太白」為不同的兩顆星，那當然是可以原諒的。但是今天，吾人生當二十世紀，如果連這一點常識都沒有，那不是太可恥了嗎？

是的，可恥。而這個應該臉紅的傢伙，就是我自己。在這裏，請容許我坦白地說明一切吧。

那是一九四七年的事情。我最小的兒子，父母最疼愛的，當年已滿三歲。一九四四年，他出生才四個多月，我就為他寫了一首「火與嬰孩」。一九四六年，又為他寫了一首「在公園」。這兩個作品，朋友們都很欣賞。而一九四七年為他寫的一首「三歲」，朋友們也一致喝采，我也非常得意。可是誰都沒注意到，此詩有一重大錯誤！詩的全貌如下：

推開黃昏窗，
指著東天初升的金星，
問孩子：「好看嗎？」
他點點頭，說，「拿！」
「星是拿不到的呀。」
他說：「跳！」——

一種代表了全人類的飛躍的意志
在這三歲孩子星樣的眸子裏。

閃耀著

請問錯在那裏？錯在第一第二兩行。兩行之中，必有一行被修正過，才沒問題。如果第一行不動，第二行就應當改為「指著西天沉落的金星」；如果第二行不動，第一行就應當改為「推開黎明窗」。可是最後，我決定把第一行的「黃昏」二字刪去，使成為「推開窗」，這樣一來，我的這首得意之作，就不至於站不住了。唉唉！一九四七年的作品，直到一九九四年方才改正其錯誤，雖說經過了漫長的一段時間，但我從此也可以無憾了。

在臺灣，由「現代詩社」於一九六三年印行的我的自選詩卷之二《飲者詩鈔》，已收入此詩（頁一八八）。又，由「黎明文化事業股份有限公司」於一九七八年出版的《紀弦自選集》，也把這一首選了進去（頁一三五）。真是很對不起，很抱歉的。讀者諸君：如果你們手中有此二書或其中之一，務請把它改正，十二分地感謝。而即將由北京「人民文學出版社」出版的《紀弦精品》，也有此詩在內。幸好當我發現此一錯誤，立即寫信給莫文征兄時，印刷所尚未把校樣送到編輯部去。否則的話，那我真不知道要懊惱和慚愧到什麼程度了。謝天謝地！謝謝我的詩的大神！末了，我還要奉勸青年朋友們：請以我為殷鑒！也請以三十年代我們的那位小老弟為殷鑒！

（一九九四年九月）

談好詩與壞詩

一

人有好壞之分，詩亦然。

但是好詩，不一定人人都喜歡；而壞詩，有時還很可能得獎哩。

因此，在我看來，凡是用世俗或功利的眼光去評價一位詩人之成敗得失，其「文化的層次」之高低，「藝術的教養」之深淺，「批評的標準」之有無，就不必多問了。奉勸那些未能得獎的青年朋友們，千萬不要因此而灰心。

二

我認為，作為一位詩人，只要他拿得出來一兩首真正的好詩，就不算白活了一輩子。

例如：阿保里奈爾（Guillaume Apollinaire, 1880- 1918）死於西班牙風邪症時，才三十多歲，但他百分之一百二十地沒有白活，除了那些膾炙人口的動物詩，他那首「米拉堡橋」(Le Pont Mirabeau),的的確確是百讀不厭的。

至於芭蕉那首著名的俳句「古池呀青蛙縱身一躍而沒入的一聲撲通」,也實在是太美了,美得令人落淚,可說是「幽玄」到了極致。

芭蕉的俳句只有十七個假名(我把它譯成中文也是十七個漢字),阿保里奈爾的戀歌也很短,但是比起二大史詩的作者荷馬來,站在藝術價值的天平上,他們二位應該是毫無愧色的。而凡是依據詩之長短來給一位詩人打分數的,他不是白痴就是糊塗蛋。還有些批評家,專門喜歡去統計一位詩人一生作品之多寡來判斷其「偉大」與否,這也是不足為訓的。

同樣的道理,張繼有了「姑蘇城外寒山寺,夜半鐘聲到客船」這兩句,崔顥有了「昔人已乘黃鶴去,此地空餘黃鶴樓」這兩句,就已經很夠資格接到一份請柬而成為詩神的座上客了。而「前不見古人,後不見來者,念天地之悠悠,獨愴然而涕下」的作者,也是永垂不朽的,沒有任何一位諾貝爾獎金得主可以比得上。當然,張繼、崔顥、陳子昂,他們三位,並非生平所有作品皆屬甲等,而但憑以上所舉例子,他們就至少足以當大詩人之稱而無愧了。

其實,稱仙稱聖的李白和杜甫,不也曾有過不少的壞詩嗎?去看看他們的全集吧!難道每一首詩都是傑作?每一個字都是擲地作金石響的嗎?「國破山河在,城春草木深」這兩句,當然是好得不能再好了;但是「白頭搔更短,渾欲不勝簪」這一敗筆，就簡直連一點兒詩味都沒有了。須知一首好詩，不但需要「全體」的美，也很講究「部分」的美，像這樣嚴格地苛求，怎不令人「嘔出心肝乃已」呢！

三

那麼我自己呢？我怎麼樣？我當然也曾寫過許多許多的壞詩，就像古今中外每個詩人一樣。我今年滿八十。從十六歲開始寫詩，一直寫到今天，從未停筆。請問我已寫了多少首詩？有沒有上萬首？這個，我一向沒有計算過。但總之，一定不止幾百首，而至少，兩三千首總是有的。那麼，在這兩三千首之中，究竟有沒有一兩首，甚至一兩句，算得上好詩呢？我不敢自吹自擂。我只敢說，在臺灣，有一首「狼之獨步」，是被公認了的；在大陸，也有一首「你的名字」，為廣大的讀者所喜愛。其實除這兩首，我還有一些情詩（例如瘂弦所喜歡的「戀人之目」）和一些超現實派作品（例如商禽所欣賞的「吠月的犬」），也不是不可以上榜的。不過，我那兩首名作，曾經受到傷害，請容許我說明如下：

四

先說「你的名字」。此詩作於一九五二年，已收入《檳榔樹甲集》（一九六七年「現代詩社」印行）；後又編入《紀弦自選集》（一九七八年「黎明文化事業公司」出版）。其最後一行「於是，輕輕輕輕輕輕地喚你的名字」，分明是六個「輕」字，不知怎麼搞的，經由香港而傳入大陸之後，竟然多出來一個「輕」字，變成七個了！這太滑稽，太可笑了！我實在沒空寫信給那些雜誌社和出版社，要求他們改正。我只好在此向我的詩的愛讀者懇切請求：把第七個「輕」字刪掉，謝謝！

再說「狼之獨步」。此詩作於一九六四年，已收入《檳榔樹丁集》（一九六九年「現代詩社」印行）；「黎明」出版的《紀弦自選集》裡也有。榮幸得很，後來臺灣某大學中國文學系編印《大學國文選》時，此詩居然被看中而選入。可惜被選入的卻是當年發表於報刊上的「初稿」，而非收入詩集中的「定稿」。正因為初稿實在太不像樣，經我修改多次，方成定稿。而該大學的《大學國文選》出版於一九八一年，其時「黎明」的書，到處都可買到；坊間還有幾部詩選，也選了這一首，都是用的定稿。我真不知道這位《大學國文選》的編者，為甚麼不用我的定稿而偏要用我的初稿？難道他是故意整我一下教我丟臉的嗎？如果他編書時肯花點時間來信問問我，我一定很樂意把詩集上的定稿影印一份寄給他去派用場的。他們事前並未徵求我的同意而就自作主張地選用了我的詩，這已經是大大地失禮了；而事後我去信請求更正，也一直沒有答覆，請問我怎能不火冒三丈呢！可是我生我的氣，人家不理還是不理，有甚麼辦法呢？我也就只好自認倒楣，笑他一個苦笑算了。

不過，話說回來，如果當初我不急於發表，豈不是就可以免得受到這一場無妄之災了嗎？說來說去，還是怪我自己不好。奉勸青年朋友，請以我為前車之鑒，把一首詩推敲再三直到完全滿意再寄出去，就不會像我一樣地後悔不已了。

（一九九三年九月九日，寫完於美西堂半島居。）

談明朗與朦朧

一、美之分類

美學上的美之分類共有幾種，我已不記得了。我於一九三三年自蘇州美專畢業，步出滄浪亭後，也曾經做過幾個學校的美術教員；後來到了臺灣（一九四八年），就專教國文了。因此，在美專念過的那些書，如西洋美術史、透視學、構圖法和美學等等，早就不曉得弄到那裡去了。如今，我動筆寫這篇論文，沒有一部美學在手，我就無法說出美之分類一共有幾種了。但憑記憶，我所能說出的，除了明朗美與朦朧美，大約還有下列數種：陽剛之美，陰柔之美，動美，靜美，對稱之美，均衡之美，悲壯美，滑稽美，優美，醜美……而總之，明朗與朦朧之對比，對等和無分高下這一點，我是永遠不會忘記的，而也經常用之於我自己的詩學上。然則，何謂明朗美？何謂朦朧美？在下面，請聽我一一道來吧。

二、戴面紗的新娘

所謂明朗，就是「明白」「清楚」的意思；所謂朦朧，就是「不太」明白清楚的意思。戴面紗的新娘有其朦朧美；一旦被新郎官「掀起你的蓋頭來」，那就巧笑倩兮美目盼兮的成為明朗美了。明乎此，則一首比較「難懂」的現代詩，其內容與主題也還是可以去了解的。而「難懂」並非「不可懂」。如果揭開面紗而不見新娘的臉，那就墮落到虛無主義的深淵裡去而成為文學以下詩以下的非詩非文學了！多霧的舊金山，屬於朦朧美；晴朗的洛杉磯，屬於明朗美。但是洛杉磯有時也下霧，舊金山有時也天晴，所以說，明朗與朦朧，並非絕對的，而係相對的這一點認識，非常重要，無論你是畫畫或寫詩的。「霧失樓台，月迷津渡」這八個字，既明白又清楚，「風格」上屬於明朗美；然而其所描寫與形容的，「境界」上屬於朦朧美卻是無可否認的。雖然因「霧」而「失」，為「月」所「迷」，但是「樓台」和「津渡」還在，並未真的迷失，所以美。所謂「詩中有畫」，所謂「言之有物」，就要像這個樣子，才算是第一流。請注意！在這裡，言之有物的「物」，我的解釋與眾不同：那是專指一種畫面（可以看得見的）或一種境界（可以走進去的），而並非什麼「人生哲學」、「愛國思想」之類。當然，詩人在其詩中，表現愛國思想、人生哲學，不是不可以的。但在一個現代主義者看來，那是可有可無很次要的；而去「完成」一首詩，一種藝術品，那才是作為一個詩人，一個藝術家的主要任務之所在。

在臺灣，大多數詩人都傾向於朦朧美之追求，以為不朦朧些就不像現代詩了；而近年來流行於大陸上的朦朧詩，其實也是受了臺灣現代詩的影響而產生的。總之，海峽兩岸的新詩，發展到了今天，不是毫無成就之可言的；而正是因為朦朧得「過份」了一點，乃造成一種偏差，鑽到文字「晦澀」的牛角尖裡去了——這是大大地要不得！奉勸一般青年朋友，把詩寫得「含蓄」一點是好的。但是千萬不要故意地「逃避情緒」，不要故意地「切斷聯想」！詩要寫得自然一點才好，過份的「人工化」就不行了。當然，不要把話說完說盡、說得太明白了，留幾分給讀者去想想，那正是讀者的權利嘛。但是如果在文字上故弄玄虛，弄得晦澀不堪，而還要美其名曰「詩的語法」，那就是自欺欺人，也欺人太甚了，此風不可長。前面說過，戴面紗的新娘有其朦朧美。我相信這個比喻，大家都會同意的。但是如果用一床厚厚的軍毯去把新娘的身體整個地包裹了起來，那還美不美呢？像那樣的瞎胡鬧，恐怕連人命案子都要鬧出來了！所以說，文字晦澀，這並不等於朦朧美。而凡是犯了文字晦澀之大毛病的，在我看來，都應該打手心。

三、舉一個例子

好了，到此為止，我不再多講了。就拿我自己作於一九八三年的一首「相對論」（見詩集《晚景》頁二〇三）來舉個例吧：

向地球及其衛星說再見。

向太陽系說再見。
向銀河說再見。

我們乃是些所謂的性情中人，
一向生活於一有情世界。
所以瞧著你們那些奇特古怪冷冰冰的數字，
我搖搖頭，說不懂，這一點
應該是可以原諒的。

你點點頭，說有道理，
於是你就一個箭步回到了唐朝，
而我卻欣欣然買了張頭等艙票，
上了仙女座大星雲直達的宇宙船。

此詩文字非常易懂，一點也不艱深晦澀；但其所表現的主題之相對性，卻是夠你「想」半天的。如果你也有一點天文學上的常識的話，那就更容易理解了。

（一九九一年九月十二日，寫完本文於美西堂半島居。）

覃思閣主人論詩

一、詩與散文

詩與散文不同；寫得含蓄一點，暗示一點，留幾分給讀者去想想，讓人家去細細地品味，這正是它的本分。豈能一目了然如報告書，滔滔直陳如演說辭？況且詩的產生，非若日常的刺激反應之簡單，而主要的是基於詩人的心靈生活之觀照。無論如何，一詩人之心靈，亦如其膚色然，必有其「民族的」特性在：或為西洋的，或為東方的；或為中國的，或為美國的，這是顯然可以從其作品的分析來加以歸類的。又，無論如何，一詩人之心靈，亦必定帶有其「時代的」特色，這只要把陶潛的「飲酒詩」拿來和我的「飲酒詩」作一比較就可以看出來了。

故說：凡忠於個人心靈生活之表現的，亦即是忠實地表現了一時代，一民族之精神。而這是自然而然的，一點也不可以勉強的事情。

二、部分與全體

一首詩是一個象徵；象徵是「全體」的表現。詩的若干短語或詞，成一個小集團，而作繪畫之行動的，叫做意象；意象是「部分」的表現。

凡好詩，必有其豐富而鮮活的意象。但這只是作為一首好詩的條件之一。如果意象與意象之間，各自獨立，互不相關，呈一種無政府的狀態，則不能構成一個全體，自亦無所象徵，根本就不成其為一首詩了。

象徵派的人們重視全體，企圖以有限象徵無窮，而失之於晦澀難解；意象派的人們重視部分，企圖以部分暗示全體，而失之於捨本逐末：都各有其毛病、偏差在。

我對全體的完成與部分的推敲是同時並重的，所以我的寫作過程十分辛苦；甚至已經發表了的作品，我還要把它拿來繼續修改的。但是我的重視技巧，並非奉行「唯美主義」。故不可目我為一個巴爾那斯派。我也不只是一個象徵派，一個意象派，一個超現實主義者或一個使人疲倦的浪漫派。

我什麼都不是：我就是我。

三、談新現代主義

有些青年朋友誤解了我，說我是一個「現代詩」的反對者。那是由於詩壇上少數不相干的宣傳所造成的錯覺之所致。

原來「現代詩」是我首先提倡的。而我所講求的「現代主義」乃是此時此地的「中國的現代主義」，即「新現代主義」，而絕非法國的或英美的現代主義，那已隨同二次大戰一齊結束了的舊貨；是健康的、積極的、向上的而非病態的、消極的頹廢的；並尤其是愛國的而不是不曉得自己的國家存在於哪一個經度和緯度上的。

總之，凡誤解了我的，最好還是到我的作品中去求得答案吧：我絕非一個頑固的、保守的開倒車主義者。我是一個新現代主義者，一個中國的現代主義者。

但是一首現代詩之所以為現代詩，除了文字工具之以散文的新工具代韻文的舊工具，詩形之以自由詩的新形式代格律詩的舊形式，以及表現手法上的求新求變之外，更重要而且是具決定性的一點是：必須在其內容方面有一種「現代精神」之表現。

然則，何謂「現代精神」？

我認為，強調人性之尊嚴，反極權和愛自由，乃是屬於二十世紀之主題，截然不同於十九世紀的。作為一個現代詩的作者——以及其他文學其他藝術之創作者，首須認清這一歷史任務。所謂「現代精神」，較之工業社會的人生觀，太空時代的宇宙觀，這毋寧是比一切重要和具決定性的。中國新詩，正因為表現了這種「現代精神」，所以才有資格被稱為「現代詩」。而光是在詩的外貌玩弄玩弄技巧，在文字上鑽鑽牛角尖的，那不算。我常說：新詩要寫得新。詩而不新，則不得稱之為新詩。但是新要新得有道理。總之，一切為了表現。只要是在表現上的有必要，管他形式手法如何新奇，我都不反對的。然而你所表現的究竟是什麼，這卻不能不問了。

所以我所苛求於我的朋友們而也是嚴格地要求於我自己的是：

拿出貨色來！既是「中國的」，又是「現代的」，這才是真正的新詩。

（一九七四年十二月，於覃思閣。）

袖珍詩論十二題

一、詩要寫得自然一點

詩要寫得自然一點才好。過份的人工化，就沒有味道了。

是的，味道——一種雞湯的味道；而非雞腿、雞胸、雞翅膀的味道。

詩人寫詩，必須給以「詩味」，詩而無味，那就不值得欣賞了。但這「詩味」，恕我重複一句；乃是一種雞湯的味道，而非味精、味之素的味道，乃是一種自然的味道，而非人工化的味道。

二、刻意求工最要不得

刻意求工，而能做到天衣無縫的地步，難矣哉！

與其終日苦吟，而無法改好一字一句，何如全篇打碎，換個調子，從頭來起呢？

三、切勿留下斧鑿痕跡

去完成一首詩，使成其為一個藝術品，這當然是一件非常之辛苦的事情。你必須想了又想，改了又改，直到完全滿意為止。

但是即使你認為已做到了十全十美的地步，也往往會由於一個不小心，而留下了若干斧鑿的痕跡，於發表後為人所詬病，也令你悔恨不已。古今中外，這在大詩人尚且難免，更何況二三流的。

所以說，多想，少寫，慢一點發表，總是好的。

四、不可故意逃避情緒

凡詩人，皆為性情中人。但並非每一個性情中人，皆可以成為詩人。古人如此，今人亦然。

重主知，輕抒情，這是現代詩的一大特色。但是一個真正的現代主義者，他是絕對不會故意地「逃避情緒」的。

五、不可故意切斷聯想

現代詩講求技巧，輕明喻，重暗示；為了表現上的有必要，甚至於「切斷聯想」。因此，「雲想衣裳花想容」，像這樣的寫法，當然為現代詩的作者所不取。

現代詩是難懂的詩。但是難懂並非不可懂，現代詩需要細讀。當然，不要把話說完說盡說得太明白了，留幾分給讀者去想想，那本來就是讀者的權利嘛。不過，有人喜歡自我賣弄——即使並非「表現上的有必要」，他也故意來他一個聯想切斷，教你看了莫名其妙，那就不足為訓了。（以上作於一九九二年）

六、為誰寫詩

我的詩，不是為「一般人」而寫，而是為「詩人」和「準詩人」寫的。

何謂「準詩人」？

「準詩人」者，詩的愛讀者和終將成為詩人的讀者是也。

七、詩是少數人的文學

「詩」是「文學」；「歌」是「音樂」。我們不說「詩歌」。「詩」、「歌」不分是不可以的。

現代主義者認為：「詩」是少數人的文學；「歌」是大眾化的。詩人而作歌詞，供音樂家譜起來唱，原來沒有什麼關係。但那並非他的「本行」，這點認識，非常重要！

故說：再沒有比「詩歌大眾化」這一口號更顯得無知、落後和愚不可及的了，今天。

八、詩人是一種專家

只為一個人寫詩，只向一個人發表，有這種事情嗎？有的。

在今天，詩人是一種「專家」；而詩的讀者也是一種「專門」的意義上的欣賞者。

我的忘年之交吳慶學，素有「紀弦迷」之稱。我承認：他是真正了解我和喜愛我的，在這個世界上，所謂「知音」是也。自從和他認識，我就作了一個決定；今後寫詩，不一定非交給報刊去發表不可，只要寄給他看看，能給我打一個及格的分數就好了。（以上作於一九九一年）

九、何謂「詩」

何謂「詩」？

詩者，詩人心上的「藍圖」而稿紙上「建築物」的出現是也。由藍圖而建築物是並不難的。但是藍圖之構想與設計卻大不易；非過來人，誰知道這其中的艱難與辛苦！

十、「詩」非「歌」

詩是「文學」，歌是「音樂」。詩歌不分是不可以的。作為一個現代主義者，我和我的學生們，朋友們，一向不用「詩歌」一詞。英文的Poem和Song本來就完全不同的。

有人說，這是約定俗成，用慣了的嘛。那我也就只好笑他一個苦笑拉倒。而文化、藝術的「等級」，豈可不加以劃定乎？

十一、現代詩「反傳統」

是的，現代詩反傳統。請問，那究竟是怎麼樣的一種「反」法？在臺灣，曾經有過一段時日，圈子外的一些不學無術之徒（也算是搖搖筆桿子的），一窩蜂地亂喊起來：「不得了啦！紀弦這個傢伙，在那裏提倡什麼現代詩，說是要反傳統啦！讓我們大家一同來保衛中華民族五千年歷史文化優良的傳統吧！」

這實在是一大誤會，誤解與曲解。其所以如此者，是因為他們只是道聽塗說，以訛傳訛，而根本沒有讀過我的兩篇重要論文：「新現代主義之全貌」與「論移植之花」。如果他們冷靜一點，肯多了解一點，也就不至於鬧出像這樣的一種大笑話來了。但是他們會「虛心學習」嗎？天曉得！

原來現代詩反傳統，主要的就是反對傳統詩的「詩觀」——一種基於「韻文至上主義」的「韻文即詩觀」。根據傳統詩觀，大多數的「披了韻文外衣的」本質上的「非詩」也可以魚目混珠了。例如清代大批評家趙翼的「所謂詩」：「人面僅一尺，竟無一相肖。……力欲爭上游，性靈乃其要。」這實在不是一首「詩」，而只是一篇借用傳統詩形寫出來的「論文」罷了。當然，甌北其他的詩，也有些很好的。而吾人之所以極力主張使用「散文」之新工具而放棄「韻文」之舊工具，採取「自由詩」之新形式而放棄「格律詩」之舊形式者，就是因為現代詩觀置重點於「質的決定」之故。現代詩追求「真正的詩」和「純粹的詩」。

然則，說來說去，現代詩反傳統這又不是反「你們」的中華文化之傳統，大驚小怪的什麼呀？抱殘守缺，一知半解，還自以為是個識字念過書的文士，多麼可恥！

十二、無所謂「後現代」

又是一些圈子外的傢伙在那裏胡說八道了起來。跟在「後冷戰」之後，彼等居然發明了一個叫做「後現代」的新名詞，不可謂不聰明。但是聰明有何用呢？彼等既非詩人，而又和我們的嚴肅文學毫無關係，根本起不了作用的。不過，我已經注意到了，海峽兩岸和香港菲律賓、紐約、舊金山等地，有些青年詩人，雖然寫的也是「自由詩」而非「格律詩」，卻在不知不覺有意無意之間，口頭上或是文字上，用到「後現代」一詞了！這不對。

奉勸一小部分青年朋友，聽聽我的忠告：

第一，事實上，今天，中國新詩，在全世界，還是一個「現代詩時期」，而每一位真正有成就的詩人，都不會放棄其作為一個「現代主義者」之立場的。

第二，凡真正的詩人，都是「憑其作品而存在的」。只要你的詩寫得是真好，還怕沒有出頭天嗎？也許有人妄想藉「後現代」來反「現代」。但是請問，什麼是他們的「後現代主義」之理論的體系呢？說句不雅的話：屁都沒有！

第三，我們不說「詩歌」，也不說「後現代」。如果有誰膽敢企圖使用「後現代」這一法寶來打倒我們的「自由詩」而達到他們的「格律詩」之「復辟」的目的的話，讓我站出來，說：紀弦在此。請拋出爾等挑戰的手套吧！

（一九九四年五月四日文藝節，寫完於美西堂半島居。）

讀《時間的落英》

一

在我的「忘年之交」名單中，由詩人張默介紹和我相識的莫文征，是最新的一位。我們通信交往還不到一年，但我們之間的友誼，至少也有三年以上那麼深厚了。最近，我拜讀了他的詩集《時間的落英》，頗有一些心得，願與讀者諸君分享之。

二

首先，我要豎起大拇指來，由衷稱讚的一句話是：莫文征的人生，乃是一種「奮鬥的人生」。那不只是為生活而奮鬥，並尤其是為詩為文學而奮鬥。他這條船，在人生的大海上航行，難免遭遇狂風巨浪，有觸礁、擱淺、沉沒的危險，但他信心堅定，意志堅強，「一刻也不應停止前進」，就是像這樣的英勇、果敢，有詩為證：作於一九八八年的「船的哲學」（代自序）。而在同年寫的「我的帆」中，他「警醒」他自己：「莫走險道莫走險道，不能再經受傾覆的災害！」因他已經驗了「降帆失舵的抱憾，折檣斷櫓的悲哀。」而在我看來，就要像「莫文征號」這條三桅船一樣的大無畏和經得起考驗，這才叫做「人生」。否則，一帆風順的，風平浪靜的，那就一點兒「詩意」都沒有了。當然，也和一般被折磨過的中年人一樣，勞改下放，所謂十年苦難，那種史無前例至極殘酷的精神上的迫害，物質上的虐待，他是好不容易熬了過來的。這一點，我非常之同情與了解。他在作於一九八七年的「沉默」中，寫下了兩個金句：「橫豎不說一句話，話並不因此死去。」這是多麼的發人深省啊！「堅信吧！沈埋得越久，越會有石破天驚的一天。」請看他一九九一年寫的「沉船」，這不就是他那堅忍的性格之一種強烈的顯示嗎？而在作於一九九〇年的「燧石」中，他也曾說過：「然而，我沒有死亡，而是等待，哪怕是漫無邊際的等待。不管多少億年，只要敲擊到來，我便會放出警人的音響，炙人的火光。」他既會「等待」，也懂得「沉默」，作為一個詩人，就要像他這樣的耐得住寂寞才好。而他也擅長於冷眼旁觀的藝術。一九八九年，他寫了一首「榮辱」，極盡其諷刺之能事：「在紛紛的世事中，你無從測定座上客與階下囚是怎麼變幻著那不能自主的時間位置。」另一首作於同年的「靈之門」，也充分展現了詩人諷刺的才能：「每天發出的音波，被當成讚美的金曲；所有形體的造像，被當做輝煌的模式。」接下去，他再度宣揚了他堅持的信念：「我仍然堅信那個律條，户樞永遠不蠹；還有一個不變的因果，耕種必有收穫。」是的，一分耕耘，一分收穫，這個道理，我也是一向服膺著的。還有一首「蝸行」。作於一九八七年的，他描寫了他自己：「只要沒有阻攔，便是前進的信號；即使是倏然縮回，也決不氣餒，高舉著一對觸角，如一對待燃的火把。」這也是他那不屈不撓的進取精神之一象徵的表現，寫得好極了。他不停地前進，他努力地奮鬥，像這樣一種異常高貴的情操，在莫文征的詩中，是一貫地發展下來，佔有著主要的份量和支配的地位。

一九八九年秋，詩人回歸桂林故鄉，和兄弟幾人上山掃墓，寫了一首「父親的回憶」，流露出一片孝思與孺慕的真情，使我看了非常感動。而作於一九八六年的「一分鐘的價值」和「掘進」這兩首，可說是一種勞動生產的進行曲，一種經濟起飛的讚美詩，而其愛國的熱情，則躍然於字裏行間。看！

土地，我的土地
你應該眞正享有這一天
——坦坦蕩蕩地
走向世界！

作於一九八八年的「一天」這首詩，不正是代表了每一個炎黃子孫的心聲嗎？我的朋友莫文征，既忠且孝，忠孝兩全，太令人欽佩了。「鴉片戰爭」以來，一百幾十年的屈辱，到此為止，已被我們的詩人洗刷得一乾二淨了。讓我們一致歡呼！強起來吧中國！富起來吧中國！二十一世紀的中國，既富且強，不但比美兩漢，更要超越盛唐！

以上除了「一天」之外，我所談到的都是《時間的落英》第一輯諸作；而其第二輯各首，則皆為愛國詠史的抒情詩。不過，莫文征的「詠史」，不同於古今一般詩人之所詠的，如「阿房宮賦」、「赤壁賦」、「長恨歌」、「圓圓曲」之類，較之處理某一特定時代之傳奇故事等題材，他更長於「整體的歷史觀」之一種形象化的抒寫。他從幾千年來成者為王敗者為寇改朝換代的交替中，看見了「每一個不經意的晨昏，都是血色的赫然氾濫。」（「歷史之一」，作於一九九一年。）而於悲天憫人之餘，他卻又對那歷史老人加以嘲笑道：「你本是一位被滄桑錘鍊過固執而嚴厲的威武老人，從何時起，成為一位彎腰屈膝的卑微侍者？」（「歷史之二」，作於一九九一年。）又說：「不知什麼神明，施用了一種無所不在的幻術，在隱去萬物之外，居然把你這莊嚴的判官，貶謫為一個著迷你裙塗胭脂油的風塵女子。」（「歷史之三」，作於一九九一年。）這些詩句，都充分地顯示出詩人觀察力的敏銳及其表現手法之不凡。而在這一輯中，「黃河」（一九八八年作品）、「黃土」、「黃之戀」等，寫的都是我中華民族之文化精神，民族性格，硬是不同於歐美西方的：「呵！黃土：你是我的原色，你染透了我的肌膚我的心靈；你是我的原型，我的周身無處不存在你的基因。」瞧！「基因」一詞，用得多好！而一九八五年的作品「蜜月」、「石油河」、「油田之夜」等，也把新疆、甘肅一帶描繪得有聲有色，如在眼前。這其中，尤以「蜜月」一首，為我所最喜愛。他寫的是一位油田工程師和他的妻子的愛情——那不只是夫婦之愛，而更是對於油田之愛。他們來自南方，年年都說要回去看看，卻始終捨不得離開這扎了根的事業。「二十年前的工人成了工程師，二十年前的嫩姑娘變成了老大姐。」「三十年裡多少淚和笑，二十年裡多少汗和血。」「眼看孩子已該度蜜月，兩口子的蜜月卻未了結。」這究竟是為了什麼呢？原來「二十年風雕沙刻的西北人啊，就愛這玉門土、戈壁風、祁連雪。」在這裏，最後的九個字，多麼令人心神嚮往啊！而「風雕沙刻」四字，更使我看了為之擊節不置。

這部詩集共分五輯。其第三輯多為旅遊寫景兼懷古之作，如「鹿回頭」（一九八六年作品）、「日月山」（一九八四年作品）、「青海湖」（一九八七年作品）、「蘇州」（一九八九年作品）、「桂林」（一九八九年作品）等，都寫得很美。其第，輯多為情詩戀歌，如一九八九年改於北京的「遙遠的梔子花」，把那位「嬌小」而「羞澀」的姑娘描寫得多可愛呀。雖然一對情人之「成為兩塊分割的陸地」，但其難忘的記憶「卻偏偏在時光的昏暗中鮮明」。另一首「寄念」，作於一九八九年的，其最後一節：「只是，我的愛啊！既復燃為何又要匆匆熄火？既美好卻為何又如此短暫？」這幾句詩，使我讀了不勝同情，為之掩卷三嘆。其第五輯多為詠物詩和季感詩。作於一九九一年的「仙人掌」，既寫實，又象徵：「你在這無草的曠野生長，彷彿是大地伸出召喚的手臂；你終日面對這鐵青的大海，為一個頑強的信念而面壁。」單看此詩第三節之四行，就可知道莫文征所「詠」的「物」都是有生命的，都是人格化的。除此之外，如「蝶」，「虽」，「煤」，「笋」，「鐘乳石」等，每一首都大可欣賞，值得一讀再讀。而「梅雨季」、「秋感」、「夏」等所謂的「季感詩」，雖然寫的有關季節，不也象徵著人生嗎？是的，莫文征的人生，乃是一種「奮鬥的人生」，前面我已說過。而在奮鬥的過程中，他既會「等待」，也懂得「沉默」。請看他一九八九年寫的那首「桩」吧！「承負著山的重量，岩的擠壓，你毫不動搖，毫不動搖，只因為懂得沉埋，是為了獻身於新的崛起。」一點沒錯！這位五、六十年代初露頭角的文藝青年，忽然被「沉埋」了下去，而直到八〇年代，方才「重握詩筆」，像這樣的一種「新的崛起」，難道不值得我們海峽兩岸和香港等地全體詩人為之鼓掌與喝采嗎？哦！我的「忘年之交」，文征兄啊！你給我好自為之，好好地寫下去吧！

三

以上我已經把《時間的落英》這部詩集的內容說了一個大概；下面要談的是有關詩人莫文征的詩形與詩法。

先說詩形。雖然他習慣地押了自由的韻，但其每節的行數，每行的字數皆不限定，所以他的詩不能算「格律詩」，而還是「自由詩」的一種。而凡是自由詩的作者，皆為我的同志。從小到老，我一生為擁護自由詩提倡新現代主義而奮鬥，圈子裡的朋友們沒有不知道的。那些為我所深惡痛絕，被我所大聲嘲笑的「二四六八逢雙押韻四四方方整整齊齊的豆腐乾子體」，早就被打倒了。那種陳腐的「韻文即詩」之詩觀，早就成為過去了。今日之詩觀，置重點於質的決定：拔了韻文外衣的本質上的散文不是詩。吾人生當二十世紀，必須寫自由詩。不僅中國、美國、日本，世界各國都是一樣。誰要是還在那裡寫格律詩，死抱住「韻腳」不放，那他就變成一個十九世紀的古人了。

說到詩法，莫文征一向擅長於使用象徵主義的表現手法。他的詩，都是「言之有物」的，而對於文字的錘鍊，意象的營造，他那苦心孤詣，撚斷三根鬚，甚至於「嘔出心肝乃已」的精神，使我佩服得五體投地，單就他的「詩藝」而言，他的詩，可說是大陸「朧朦詩」的一種；當然，也可以加入臺灣「現代詩」的行列。而總之，是「新」詩而非「舊」詩，這一點，是百分之一百地肯定了的。

有繞樑三日的餘音，有橄欖一般的回味，莫文征的作品，必須細讀，要細嚼細嚥，不可以狼吞虎嚥。他的每一首詩，都多少留幾分給讀者去想想，而這也正是「讀者的權利」嘛。到此為止，我想我已經講得太多了。我也應該保留幾分，不能把話説完，以免造成一種「先入為主」的後遺症，剝奪了讀者諸君欣賞的自由，那我的罪過可就大了。

（一九九四年十一月二十日，寫完於美西堂半島居。）

讀非馬的「鳥籠」

詩人非馬新作「鳥籠」一首，使我讀了欽佩之至，讚嘆不已。像這樣一種可一而不可再的「神來之筆」，我越看越喜歡，不只是萬分的羨慕，而且還帶點兒妒忌，簡直恨不得據為己有那才好哩。

「鳥籠」之全貌如下：

打開
鳥籠的
門
讓鳥飛
走

把自由
還給
鳥
籠

我認為，此詩之排列法，其本身就是「詩的」而非「散文的」。如果把它排列成：

打開鳥籠的門
讓鳥飛走，
把自由還給
鳥；籠。

也不是不可以。但如此一來，就「詩味」全失了。一定要把「鳥」和「籠」二字分開來，各佔一行，這才是「詩」。這才是新詩！這才是現代詩！

說到詩的主題，非馬不但把「自由」還給「鳥」和「籠」，而且還有個第三者——我——在這兒哩。讓飛走的鳥自由，讓空了的籠自由，也讓讀者自由——所謂「留幾分給讀者去想想」，言有盡，意無窮，這多高明！多麼了不起的藝術的手段啊！

朋友們：請用你們的想像去創作一幅畫吧——站在舊金山最高一座山的山頂上，紀弦舉杯，遙向遠在芝加哥的非馬道賀與祝福的那種神情。好了，到此為止，我也該停筆了，因為我的話也不可以說完呀。

（一九九四年十二月二十日，於美西堂半島居。）

一籃子的蓮霧

一、我很想吃蓮霧

去年夏天，我很想吃蓮霧。從前在臺灣，蓮霧和番石榴，是我常愛吃的水果。來美後，這些東西就吃不到了。忽然記起，曾在什麼地方讀過詩人陳義芝的一首「蓮霧」，覺得他寫得很美，就去信要他把這首詩影印寄我，以慰鄉愁。是的，臺灣是我的第二故鄉，有那麼多好吃的水果，好看的風景和優秀的詩人，你教我怎麼不懷念呢？

陳義芝寄來的「蓮霧」，是印在硬卡紙上的一首「公車詩」之一。除了他這一首，還有辛牧的「路」，夐虹的「夢」和隱地的「廣告」。他們也都寫得很好。陳義芝的「蓮霧」是這樣的：

在園中
我看到果子垂掛

如晶瑩的顆淚
許多年前
一位心愛的女孩
一張仰起的臉也曾如此
後來
她輕輕地合睫
走了
像花開花又謝
留未了的心事給我
一輩子也解不開的謎

此詩文字一點也不晦澀，內容很容易懂，而且還留了幾分給讀者去想想，的確是一首很夠水準的現代詩，我非常欣賞。他同時還寄了一本新出版的詩集《不能遺忘的遠方》給我，而在扉頁上寫了下面的幾句話：「詩壇大老紀弦先生指教：你要影印的『蓮霧』，令人慚愧，因為該詩太單薄，實在應送一籃蓮霧水果給您，才美。路遠無法，致送這本較新一點的習作集。晚陳義芝敬上。一九九五年六月。」

是的，就在去年六月，我不是寫了好幾首懷念臺灣的詩嗎？其中有一輯題為「

南臺灣組曲」的，就有一首「我愛蓮霧」在內，其全貌如下：

從四十年代末，
到七十年代初，
就是那種清香，
那種脆，
和那種淡淡的甜味，
我最懷念。

哦！蓮霧，蓮霧：
十三四歲鄉下小姑娘似的，
你多美，多美呀！

還記得不？年年夏季，
有一珍客，來自台北，
拿著手杖，咬著煙斗，
一下了火車，就開始表演：

一種南臺灣的

徘徊

與留戀……

我這首現代詩，採取了「寫實的」表現手法，不同於陳義芝的「象徵的」表現手法，但是各極其妙，都是抒情詩的一種，而也可以證明我們兩個忘年之交皆足以當「性情中人」之稱而無愧了。

二、一籃子的蓮霧

陳義芝的《不能遺忘的遠方》，這部詩集，於一九九三年，由「九歌出版社」印行；內容共分五卷。除少數作於八〇年代的，多半皆為九〇、九一、九二、九三這幾年的新作。他這部書，除了他自己的作品和自序，還把他人寫的簡評、淺釋和導讀之類也夾雜了進去。這樣，也許可以有助於一般讀者的了解。但我並不贊成。

現在言歸正傳，且看卷一「我要一個旅程」吧。在這第一卷裏，一共有詩六首。前四首寫的是海岸風景與情調。「海岸入夜」、「熱樹林旅店」和「在露天劇場」。這三首，全都充滿了熱帶的氣息，想當然是他旅行觀光過了的地方——是印尼嗎？菲律賓嗎？還是南太平洋的某一島國？這個，就不必多問了。而總之，都很美，很

有趣。而尤以
一眼望不到盡頭的黃昏
有人在打羽球，向空中抛鈴鐺花
有人躺在沙灘上按摩，無意中
爲夜留下
一行秘密的電文
有人用吐煙圈的白牙調戲外來女客
在臨海的小酒館，用眉眼勾留
起身想走的憂鬱的男孩
以及
我聽到樹叢背後有人說話
捲著舌頭嘟嚕嘟嚕的赤道英語
——你好嗎？你從那裏來……

大約是一些簡單的問句

以及

多少爲傳說而大聲傳說的故事

爲痴迷而痴迷的人啊

南緯，夢中的秋天

神秘的舞蹈

我闔上雙眼

看見自己像莽莽草原上

一隻背光站著的狐狸

這些詩句，為我所最喜愛。至於「冬天的海灘」這一首，看來並不像熱帶的風光：

沙灘空曠

除了我以外就是

浪花中的一小列礁石

除了礁石就是

反覆推湧想上岸的海水
除了海水就是
有時飄忽，有時溯滂的風

單憑我自己的印象，這首詩，很自然地喚起了我對於花蓮、蘇澳一帶的記憶，是頗有幾分「寒意」的。其第五首「我要一個旅程」：

請給我一張車票
從一個月台進另一個月台出
白菊花落了黃菊花開
給我山和海，給我日和夜

請給我一個旅程吧
一張流浪的唱片不停地轉啊轉
一本天涯的相簿不停地翻啊翻
一卷和一生等長的錄影帶不停地放啊放

這究竟寫的是一種打算出門去旅行的心情呢，還是對於未來人生之一種憧憬，那就隨便你怎麼去領會吧。第六首「生活的岸邊」則是一首懷人之作，其第三節

算一算，分手已十年
中間經歷多少次黯然，大大小小
神傷之至，數得清和數不清的
至今已不敢說，若重逢
是仍驚喜或一點都不了

和最後三行

唉，總是關切，卻又爲了生活……
其餘的
等你回來再說吧

寫得多麼的溫柔纏綣而又情意綿綿啊。以上我已經把卷一談得太多了，下面讓我們來看看卷二「有人問」吧。

這一卷共計包含七首詩。前三首的題目皆為「我思索我焦慮」，而分成之一、之二、之三。這三首的主題皆不明顯，寫的都是「不完整的夢境」，然而很巧妙地把那些意象之群組合了起來，使成為一全新的境界，這便是「從邏輯到秩序」之一種「刻意」的嘗試與實踐，而也正是現代詩與傳統詩大大地不相同之處。當然，廣義地說，只要捨棄韻文工具而採取散文工具，不用格律詩形而使用自由詩形，這就是現代詩了。但是狹義地說，一個現代詩的作者，除了在技巧上求新求變，更要做到「意識形態的現代化」，而絕對不可以殘留一絲一毫農業社會士大夫階級封建思想在他的作品裏，這是我一向對於同時代人之一最最嚴格的要求，是具有決定性的。而陳義芝，在詩形、詩質與詩藝各方面的表現，大體上都可以令人滿意了。請看之二的第二節第三第四兩行：

有人「啊！」地一聲倒下
額上還抖動一支飛鏢

這「抖動」二字，用得真是妙極了！而之三的第一節

他們已離開這座廣場。曾經

喧嘩的人語、熱戀的秋光，以及
說不盡的俗世風煙
全都離去了
剩巨大的煙囪矗立在
無聲的廣場

也寫得很好。只要你能夠走進那「廣場」，看見那「煙囪」，這也就算是對於一首現代詩的有所欣賞了，不必去追問那究竟是不是詩人對於工業社會物質文明之一種否定或反抗。而之一的第一節

有人問
爲什麼獨留一朵紅花在枝頭
我說像那懸絲玩偶的命
背後也總有一隻手

我也很喜歡。因為我相信，不僅陳義芝和我，每個人的「背後」，看不見的，「也總有一隻手」在。卷二的第四首，題為「燈下削筆」，其第一節最是令人嘆服：

燈下削筆
有很多白天不便細述的事
藏在心底
趁此一刀刀削去

單看了這四行，我就不禁打內心裏叫出了一聲好。「一刀刀削去」，多痛快！而第三節

要怎樣才能摘下面具
削掉虛假的臉皮

則寫出了做人之難，我也十分同感。接著，第四節的

燈下削筆自有寬廣的嚮往之地
但只能在心的版圖上將它佔領

這兩行，作為此詩之「詩眼」，他寫得如此之棒，你教我怎能不給它畫上好幾個雙

圈呢！陳義芝祖籍四川，生於花蓮，回到從未見過的「老家」去看看，當然是應該的。一九八八年，他寫了「川行即事」之一「破爛的家譜」和之二「隱形疹子」，家鄉的苦難，親人的不幸，耳聞目見，乃產生這樣一種亂世的悲歌，令人不勝同情之至。這一卷的最後一首，題為「無夫無妻記」，寫的是一個賭徒的故事，指出了當今一種普遍存在的社會的病態。我常說：「詩乃人生之批評。」這便是一個最好的例子。農業社會的詩是農業社會人生之批評。工業社會的詩是工業社會人生之批評。讚美其所當讚美者，詛咒其所當詛咒者，愛其所當愛，恨其所當恨，此之謂批評。

三、吃一半留一半

人總免不了多少有些深藏不露的秘密，特別是關於男女愛情方面的。如果打算把它當作一種題材來加以處理的話，那首先就必須從事於一種潛意識之發掘、解剖和形象化，而且只許象徵，不可寫實，那的確是一件很辛苦的工作。所謂化主觀為客觀，離遠一點看自己，這本來就是作為一個現代詩的作者所應有的基本功夫，而陳義芝，在這方面，可說是夠修養的了。卷三「在霧中那女人」，包含「園中之女」、「外星人日誌」、「北半球日記」、「旅程」、「遙遠之歌」、「潛情書」和「浪花」，共七首，每一首都很美，很動人，和充滿了愛情。請看！

她給了我那麼多寫詩的靈感，我多麼希望
她存在於我最後的一頁詩中。

再看！

沒有終點的旅行叫夢啊
和你在一起，走
未完的路

像這樣的金句，多的是。但限於篇幅，我就不一一照抄了。

卷四「夢的穀粒」，包含二十一首短詩，多半只有兩三行，很有點像日本和美國的俳句，但不受「時地事五七五」之限制，完全是陳義芝獨自的詩型。他在自序中說，他要「盡量放鬆語氣，選擇一種快速，不遲疑的筆調」。這一點，在這些短詩裏，他做到了。我認為，詩的好壞與長短無關。一首只有十七個假名的日本俳句（例如芭蕉的「古池」）或是一首只有二十個漢字的唐人五絕（例如李白的「夜思」），在藝術的天平上，不見得就會輸給荷馬二大史詩。然則，你何不走進陳義芝的「短詩特區」裏去看看風景散散步呢？

卷五的總題是：「渴望看到從前」，包含十首較長的詩。除了第一首「居住在花蓮」、第二首「蛇的誕生」和最後一首「出川前紀」，其他七首皆為有關「大肚溪流域」之憶往詩。在這一系列作品中，我們可以「看到」一些五六十年代東臺灣農村的畫面以及幼年陳義芝的舊照片，仔細品讀，十分有趣。當然，「居住在花蓮」這一首，讓我們更清楚地了解詩人之身世，和他的父母兄姊一家人見了面，是格外重要的一首自傳詩。至於「蛇的誕生」這一首，我不大看得懂。只知道一九五三這一年誕生的陳義芝是屬蛇的。那麼，一九一三年誕生的我，不是也可以模仿他的「筆調」，寫一首「牛的誕生」給大家看看嗎？一笑。而最後也是最長的一首「出川前紀」，作為這部詩集的壓軸戲，可說是一首新型的敘事詩。其內容寫的是「秋天聽一位四川老人談蜀中舊事」，作於一九八六年，大有一種民國十年話前清的味道。余光中的「簡評」頗為中肯：「此詩共分十節，從家庭背景一直寫到出門從軍，有條不紊，敘事性雖不太濃，但場景卻頗傳神，氣氛也經營得相當真切、動人。」究竟怎樣動人？那就要請讀者諸君自己去體會了。

好啦！到此為止，格老子的，我已經寫了六千字，不能不停筆喝他一小杯了。

末了，我還有兩句話要說：

第一、陳義芝不能遺忘的遠方，既是空間的，也是時間的。空間上的遠方，除了花蓮、四川，還有「赤道以南的小島」，而那小島，在他心中，也是很美的一個去處。至於時間上的遠方，則除了童年和青少年時代的記憶，入於中年的陳義芝，不也有他對於未來之理想與希望乎？故說，空間上的遠方，無論到過沒到過，時間上的遠方，無論昨日或明日，總之，都是「不能遺忘的」。

第二、一籃子的蓮霧，放在我的書桌上，從一月下旬到二月上旬，壓時三個星期之久，天天看，天天吃，到現在，已經下肚一大半了。不行！再不許碰它們了！多少總要留下十幾個來給讀者們去嘗嘗才是。如果我的話說太多，造成一種「先入為主」的後果，剝奪了讀者們「自由欣賞」的權利，那我的罪過可就太大了。

（一九九六年二月十日，寫完於美西堂半島居。）

談梅新的「風景」

「風景」一詩，為詩人梅新之代表作，已收入北京「作家出版社」印行的《梅新詩選》（頁二七）。他這首詩，我非常的喜歡，可說是百讀不厭。詩的全貌如左：

不成風景不入山
入山成風景
握住一山性奔瀉如瀑布
是風景
我以漲潮繫住秋月
我不風景誰風景
昨日黃昏謁風景
今日黃昏謁風景
發現自己更風景

立也風景臥也風景
現在我正淋著黃梅雨
而明日入山的那位
跛腳僧
是我唯一的遊客

此詩共十四行，既不分段，也沒有加上標點符號，就其形式而言，乃一標準的自由詩。梅新所使用的文字工具，乃係「散文」之新工具，而非「韻文」之舊工具。長短句，不押韻，然而節奏分明，有其聲調之美，當然是可以朗誦的。所謂「以散文寫詩」，根據我的理論，術語地說，那便是：以「散文的音樂」寫詩。散文的音樂高於韻文的音樂，這在圈子裡已成為一般的常識了。

說到這首詩的表現手法，則為一成功的現代詩。而凡是現代詩的作者，在臺灣，皆無不經由象徵主義與意象主義之洗禮而有所超越有所獨創。梅新即其一例。至於此詩之所象徵者為何？換句話說，什麼是梅新之所想要表達的？我不回答，因為它是言有盡而意無窮的。在這裡，如果我試圖作一內容之解釋，那就等於畫了一個框框，限制了讀者欣賞的自由了。詩人有其創作的自由，讀者有其欣賞的自由，這便是一切了。

記得曾經有人把我那首「在地球上散步」加以曲解，弄得我啼笑皆非。我那首詩作於一九三七年，時年二十四歲，已收入紀弦自選詩卷之一《摘星的少年》（頁一五五）。臺灣「黎明文化事業公司」出版的《紀弦自選集》和北京「人民文學出版社」印行的《紀弦精品》以及坊間一些詩選皆有收入。詩的全貌如左：

在地球上散步

獨自踽踽地，
我揚起了我的黑手杖，
並把它沉重地點在
堅而冷了的地殼上，
讓那邊棲息著的人們
可以聽見一聲微響，
因而感知了我的存在。

這完全是一種孤寂感的表現，說它帶有幾分生不逢辰懷才不遇的心情也不是不可以，卻偏偏有人將之解釋為一首懷鄉詩，說是年老的紀弦身在異邦心念祖國云云，多麼的離譜啊。但是那些論客，不也有其批評的自由嗎？他們自以為是，那我也就只好笑他一個苦笑拉倒。

現在，請讓我把話說回來。梅新的這首傑作，最令人費解的，就是「我以漲潮繫住秋月」和「現在我正淋著黃梅雨」這兩行。依照一般常識而言，在「黃梅雨」的季節，是無所謂什麼「秋月」不「秋月」的；而在秋天，那些秋雨，也不能稱之為「黃梅雨」呀。這究竟是怎麼搞了的呢？須知現代詩不同於傳統詩，現代詩需要「細讀」，而我於仔細研讀，再三研讀之後，這才恍然大悟。原來「我以漲潮繫住秋月」是「昨日」的經驗，「現在我正淋著黃梅雨」是「今日」的經驗；「秋月」者，去年秋天的月亮也，「黃梅雨」者，今年春天的淫雨也。請注意「現在我正」這四個字。而「明日」呢，那位入山的跛腳僧，那「唯一的遊客」，不就是梅新唯一的知己：遠在海外的「老朋友」紀弦嗎。

寫到這裏，我忽然想起楊喚的詩集也叫《風景》，而我也有一首作於一九九〇年的短詩題為「風景」。這多好！你也風景，他也風景，我也風景，我們大家都風景。

（一九九五年四月十四日，寫完於美西堂半島居。）

關於梅新的《家鄉的女人》

在我的書桌上，靠窗的位置，排著隊，供我檢閱的幾十本書之中，有梅新的兩部詩集在。一天，我叫他們兩個站出來，讓我仔細看看：其一是臺灣「聯合文學出版社」印行的《家鄉的女人》，收詩五十首；另一是北京「作家出版社」出版的《梅新詩選》，收詩八十八首，前者初版於一九九二年十二月，後者初版於一九九三年十一月；而後者並未將前者全部收入，有些被剔除了。幸而好，我所特別喜歡的三首「家鄉的女人」，在這兩部詩集裏都有。我就把它們打開來，兩相對照了看。「之一」和「之二」沒問題，可是「之三」卻令我有點茫茫然了。於是我揉揉眼睛，再看一遍，這才恍然大悟，原來北京的「之三」乃是臺北的「之三」之修正稿，已經被改過了。兩書出版時間相隔一年，梅新當然可以把它修改一番。不過，根據我自己的經驗，改詩，有時會改得更好些，也有時愈改愈糟，那就吃力不討好了。且讓我們先看看「之三」的原作：

蓬鬆的頭髮
身著古舊的藍衫
終年至多只走至巷子口
等待夫歸
盼望兒回
臉上安詳得世間未曾發生過任何事的
一婦人
是我們家
不時攪動炭火
非爲
自己取暖的人

此詩長短共十一行，把大陸上典型的農村婦女之形象與美德充分地表達了出來。除了第六行末尾兩字「事的」之間應當加入一個「似」字，我認為已經是無毛可吹無疵可求了。我想，這個「似」字，也許原作本來就有，而可能是校對者不小心把它漏掉了的也說不定。至於「之三」的修正稿，長是長了一點，但並不好：

在矮屋窄巷的深處
推門迎面襲來一股
暖暖空氣的家
是個熊熊的火爐
風愈大
爐裏的火愈旺
不能挨近
想想也暖和
蓬鬆的頭髮
身著古舊藍衫
終年至多只走至巷口
等待夫歸
盼望兒回
臉上安靜得
世間不會發生任何事的
一婦人
是生火添柴

不時攪動炭火的人

此詩經過修改之後，前面加上八行，後面也稍有不同。其實在我看來，前八行完全是多餘的，後面改的也不好。尤其是把「安詳」改為「安靜」，這就變成了「環境的描寫」，而不見「母親的慈顏」了，我不贊成。

「家鄉的女人」之二也寫得很不錯：

黃昏
家鄉的女人
總不忘
生起一縷縷的炊煙
灰暗的天空
媽媽的炊煙
是爸爸望歸的路
連隔好幾座山
爸爸仍能看見
媽媽的炊煙

此詩一共十行，很短，但很完美，沒有可挑剔的地方。雖然原作的第八行「連隔好幾座山」的「連」字，到了北京卻變成了「遠」字，這一字之差，在我看來，兩個都行，就由他去了。

「家鄉的女人」之一，要算是三首之中最好的一首，簡直可稱之為「神來之筆」了：

家鄉的女人
總是醒在
家的前面
家
總是醒在
黎明的前面
天還未亮
我們家的
屋頂先醒
一縷縷的炊煙
自我們家的屋頂

昇起
乳白色的
還有女人的髮焦

此詩共十四行，不算太長，卻把整個題材處理得恰到好處，單就詩創作的藝術手段而言，可說是十全十美，已入於「化境」了，我十二分地佩服。

而總之，梅新的這三首「家鄉的女人」，我百讀不厭。他在詩集《家鄉的女人》所附錄的後記「與朋友書」中，說了下面的一段話：「前年我回家探親，家鄉的女人，已不是我兒時記憶中的女人。記憶中的女人，似乎有一種生活在傳統規律中的秩序美。女人容忍、操勞的美德，全都在那規律秩序中表現了出來。也許我詩中描繪的景象仍然存在；也許是我停留的時間太短了，無法重溫兒時所看到的家鄉的女人的種種。」由此可知，梅新這三首「家鄉的女人」，完全是根據他兒時的記憶（特別是母親的形象與美德）寫出來的。當然，如果他沒有回家探親，也許就很難喚起這種非常之寶貴的記憶了。我認為，梅新詩中所描繪的景象，那種至極可讚美的中國農村婦女的典型，不僅在他們浙江，在他們南方，而且在我們陝西，在我們北方，甚至全大陸，全臺灣，是「仍然存在」的。雖然表面上的生活方式已今非昔比，但是那種內在的傳統的美德還是不會改變的。所以說，把握住這一點，梅新的詩，雖然產生自其個人的經驗，但是離開一人之手，而成為眾人之所共有，這就在其「普遍性」的一點上，獲得了成功。

作為我的老友之一，代表臺灣詩壇，作為「中年的一代」之一，我深知梅新寫詩，絕不模仿他人，完全是他的獨創，也一點都不受洋人的影響。他的詩，可說是一種具有中國特色的現代詩，既是中國風的，而又有其與眾不同的個性之表現，這一層，最是他的長處。有人說，梅新的三首「家鄉的女人」，頗帶有幾分「蘇格蘭民謠」的味道。對此，我不能苟同。那些論客，往往借題發揮，故意炫耀，一副好為人師的嘴臉，再沒有比他們更可惡的了！

（一九九五年五月一日，寫完於美西堂半島居。）

第四輯

我的童年、少年與青年時代

童年瑣憶

一、黃金時代

古今中外，人人都有一個黃金時代；而我，當然也不例外。關於我的黃金時代，童年，十歲以前，如今記憶多半已模糊了。但至少還有幾件事情十分重要，也滿有趣的，回想起來，清清楚楚，不是不可以一一寫在下面，以博讀者諸君之一粲的。

何以說，童年乃人生之黃金時代？有人童年很幸福，有人很不幸。有些兒童吃得飽穿得暖，有些兒童常在飢寒交迫中。有父母雙全的，也有雙親缺一或無父無母的。而總之，並非每個人的童年都很快樂，怎麼可以一概稱之為黃金時代呢？在我看來，所謂黃金時代，就是說，一般的小孩子，天真無邪，活潑可愛的意思；而這一份天真，隨著一年年的長大，就會逐漸消失，所以是非常之寶貴的。因其寶貴，故名黃金時代。

好了，現在閒話休提，且說我自己的童年吧。

二、重返北京

我父親早於留學日本時，即已加入同盟會，追隨國父，從事革命。迨推翻滿清，民國成立，他就被派往保定府（河北省清苑縣）去，擔任保定軍官學堂教習。當今軍界不少名將，都曾做過他的學生或部下。一九一三年四月二十七日正午，我以長子身份，誕生於保定府。因此，我有一個乳名：保生。長輩們叫我「小保」，蓋暱稱也。但我尚未彌月，我父親就攜眷由海路潛往南京，參加討袁之役，在黃興指揮下，擔任旅長之職。二次革命失敗後，亡命赴滇，在唐繼堯麾下，擔任第一師參謀長。我們在昆明住了很久，直到蔡松坡來了，組成護國軍，雲南起義，四方響應，氣死袁世凱，一九一六年，我們一家才又回到北方。那時，我已滿三歲了。

在北京，我們住的地方名叫「河伯廠」，是一個高級住宅區，近大街「東單」與「西單」。我們的房子位於胡同底，坐北朝南，是一種典型的「四合院」，我非常喜歡它，因此印象深刻。何謂四合院？蓋中間有個很大的庭院，後面一排正房，連堂屋共五間，兩邊各有一排廂房，而大門兩旁又有數間門房，整個建築，呈四方形，故名。出了胡同，有個廣場，那是我小時候放風箏的地方。許多小孩，都在那裏放風箏，什麼老人風箏啦，蝴蝶風箏啦，蜈蚣風箏啦，風箏風箏滿天飛，煞是好看。當然，我每次出去放風箏，男僕王二總是要跟著的。其實我不出門，家裏天井很大，我也可以騎匹竹馬，跑來跑去的，玩得夠痛快。

我的玩伴不多，除了鄰居家的孩子，主要的就是我的兩個嫡堂兄弟：堂兄大我三歲，堂弟和我同年。我們十分要好，不是我去伯父家，就是他們來我家。而他們的弟妹和我的二弟，那時都太小，沒資格和我們玩在一起。我們的玩法多得很，除了放風箏，我們最喜歡的就是放鞭炮，不但過年過節大放特放，平時也放。說起過年來，那真是好玩極了。先說「蒿子燈」（你玩過嗎？），這是晚上玩的。大約在送過灶之後，我們就天天晚上都要玩他一下。我們在枯乾的蒿子每一下垂的分枝上，都用線綁上一小截的香，把它們點著，高高舉起，遠看滿天星似的，三個人排成一隊，堂兄在前，我居中，堂弟殿後，每人手拿一把，在院子裏巡遊，還大聲地嚷著：「看蒿子燈哪！」我祖母和其他大人，瞧著我們玩得高興，也都拍手笑了。而一到三十晚上，那就全家人都要到院子裏去「踩芝麻稈子」（你踩過嗎？）。那些早幾天鄉下人送來的芝麻稈子，鋪滿一地，很乾很脆，大家一齊用腳使勁地踩，使發出克察克察的聲響，踩得稀碎稀碎的，這叫做「歲歲平安」。

三、話說送灶

關於送灶，據我所知，這種風俗，在大陸上，南北各地，大同小異。不過，由於社會地位關係，各家送灶時間，略有不同而已：所謂「官三民四龜五王八六」是也。做官（或至少家裏有人做過官）的人家，必須在臘月二十三日送灶。一般人民是二十四日。至於老鴇、龜奴、婊子等，那就要遲到二十五、六兩天了。

在北京，我記得很清楚，我們家和我伯父家，都是二十三日送灶。我伯父做過湖北省教育廳廳長，後來又到天津去當一家銀行行長。我父親從雲南回到北京之後，一直在總統府裏當侍從武官。至於當年的大總統究竟是誰，黎元洪乎？段祺瑞乎？我已不記得了。我只記得年年臘月吃過「臘八粥」之後，就天天都在盼望著送灶，而但恨這一天來得太慢了。

廚子老張，也和王二一樣，一向很寶貝我。他時常講些關公或孫悟空的故事給我聽。一到二十三日，晚飯後，他就把我帶到廚房裏去「行禮」了。灶神的神位是在爐灶上端烟囱之一特定的凹處，一張木刻印刷的神像貼在那裏，一套小型香爐燭台置於其前。這時，老張一切都已準備好了，兩枝小蠟燭已點著了，一碟灶糖也已供奉在那裏了，他就把點好了的香交給我，站在我旁邊，教我在蒲團上跪拜，上香，還要跟著他口中念有詞地說三遍：「上天說好話，下地保平安。」然後，他就把那張神像揭下來，用火燒掉，於是禮成。至於那碟麥芽糖，我最想吃的，是一定要到第二天早上，他才肯給我。平時他樣樣都依我，唯有這件事情，我不能不聽他的，因為這是「規矩」。而上天見玉皇大帝去述職的灶神，到了三十晚上就又回到人間：老張把一張新買來的神像又貼上去了。

四、闖個大禍

記得是在我滿五歲那年的春天，我闖了個大禍。小時候，我實在很頑皮，很欠揍的。

我們家的男女佣人很多。我母親的陪嫁孫媽及其他女僕，都住在西邊廂房裏。而王二、老張等男僕，多半住在前面的門房裏。東邊廂房則為廚房，車房和儲藏室，不住人的。在北京，我們家一向吃蒸飯。老張習慣地把一籠飯蒸好了之後，就把一鍋熱米湯放在廚房門口去涼他一下，不知他這是幹什麼用的。我時常跳過那口鍋，從外面跳進去，又從裏面跳出來，以顯得我的本領多麼高強。有一次，不慎跌入滾燙的米湯裏去爬不出來了！幸好穿的是條棉褲，否則不堪設想。當然，我馬上就被送到醫院裏去急救。那家原田醫院是日本醫生原田開的，很有名。原田醫生和我父母也很熟，他用當年最好最貴的藥為我療傷，住院兩個多月方才痊癒。老張挨了我祖母一頓臭罵自是不在話下。而從此以後，老太太就不許我再到廚房裏去玩了，只有送灶這一天例外，因為我是長孫，要代表全家的。

就在那年夏天，我們家請來了一位教書先生，他是前清的秀才，姓邊，好像還是我外婆家的親戚。邊先生專門教我念書寫字。三字經、百家姓、千字文這一類的小人書，他一教，我就會，所以他很喜歡我。我的書房就設在一進大門靠右手那間門房裏，那同時也就是邊先生的臥室。我祖母疼我也未免疼得過份了一點：從小就不許我吃乾飯，只許吃稀飯，說是恐怕不易消化，傷了她寶貝孫子的身體。對此，邊先生大不以為然，但又不敢說什麼。他就瞞著老太太，在書房裏，偷偷地讓我嘗到那些乾飯、饅頭、大餅之類「硬」東西的好滋味了。日後我長大了，一看見稀飯就討厭，這當然不是沒有緣故的。作為我的第一個啓蒙老師，邊先生如此的有恩於我，你教我如何不感激他？怎能不懷念他呢？

五、五四運動

一九一九年，我滿六歲。一天，王二帶著我到大街上去看熱鬧，正好碰上一大群（成千的）愛國青年遊行示威喊口號。王二就對我說明這些人是幹什麼的：「學生們見大總統去了。他們想要把賣國賊一個個拖出來揍，因為那些漢奸已經把山東賣給日本鬼子了。」回到家裏，我就把王二掃院子用的那把大掃帚扛起來當國旗，在巷子裏來回亂跑，一面嚷著：「我也要去打賣國賊，見大總統。」而險些被一輛馬車給撞上。恰巧我祖母派了孫媽到處找我，她在巷子裏找到了我，就把我帶回去交給老太太。結果孫媽記一大功，王二挨了一頓臭罵，我也被罰了跪。其實，跪在她老人家面前，讓她摸摸我的頭，吻吻我的臉，我倒是滿舒服的哩。

想當年，轟轟烈烈的五四運動，我年方六歲，而躬逢其盛，親眼看見那些大學生的愛國行動，留下了至極深刻的印象，也可以說是生平一大得意事，很值得紀念的。第二天，邊先生看了報，就把這件大事的前因後果講給我聽。我似懂非懂。但是「弱國無外交」這個道理，我多少明白了一點。我就說：「只要咱們自己的國家強盛起來，就不怕被人家欺負了。」邊先生說：「對！」

就在那年冬天，王二和孫媽一同被開革滾蛋了。原來他們兩個早就搭上，很不像話。我父親大發雷霆的樣子，至今我還記得很清楚。這成了其他男女佣人經常樂道的話題。好像是說：當他們同時被孫媽的丈夫和王二的老婆捉住並綑起來時，二人都脫得精光光的，躺在一個炕上，一個被窩裏。……孫媽走了之後，我母親就另外物色一個替她梳頭的老媽子。而我失去了王二，我祖母就叫車夫小徐看著我，陪我玩。小徐是專為我父親拉黑漆包車的，有時我父親不上班，我母親和我祖母才可以乘他的車出去買東西或到親戚朋友家去應酬。我祖母有時也帶著我乘小徐的車到我伯父家去，我坐在她的懷抱中，用腳踩那包車的鈴，叮噹叮噹響，十分的過癮。

六、北京再見

一九二一年，我滿八歲；二弟四歲，三弟兩歲。記得就在這一年的夏天，我們全家離開北京，乘火車赴武漢。在漢口只住了幾個月，就又搭長江輪船到了上海。而翌年春天，我第一次皮袍子上身，叫明十歲的生日，就是在上海過了的。可是在上海，也沒住多久，就又到了廣州。然後香港。然後再回上海。是這樣的遷來徙去，南北奔波，全因我父親奉國父命，執行任務之故。家住北方，他有後顧之憂。所以到了最後，這個家累的大包袱，終於安放到有我外婆可照應的揚州去了。而在這以前，由於生活的不安定，我從來沒有在任何一個地方任何一所學校讀完一學期的。所以說，一九二四年的定居揚州，對於我的一生，是具有決定性的。

可是北京，北京啊，我小時候，從一九一六年到一九二一年曾住過五六年之久，和我的童年，我的黃金時代不可分的北京啊，我真的是不忍離去。在京漢鐵路上，火車過黃河大鐵橋，轟隆轟隆響個不停時，誰知道，我曾流淚。唉唉北京，河伯廠，我小時候放風箏的地方，再見！我們的四合院的房子，再見！王二再見！老張再見！小徐再見！我的第一個恩師邊先生再見！

（一九九三年七月二十三日，寫完於美西堂半島居。）

少年趣事

一、灰鼠皮袍

一九二二年暮春，我的叫明十歲的生日，是在上海過了的。就從這一年開始，我第一次皮袍上身，而自以為很了不起。每當大人們不注意時，我就一個人跑出去站在大門外，把皮袍子的下襬掀起來給人看，以顯示我穿的是「高級灰鼠」，而非「普通羊皮」。可是過路的男男女女，老老少少，無論華人、洋人、紅頭阿三，根本就沒有一個人注意到我的存在，誰也沒有瞧它一眼，說一聲多漂亮啊。由此足以證明，我這個人，從小就好表現，非常之性格外向。

我家祖宗定下來的規矩：小孩子過了十歲才可以穿皮衣。十歲以前，只許穿棉襖，無論天氣有多寒冷。為什麼？這是因為怕我們的嫩骨頭暖和慣了，將來遭逢患難禁不起風霜。古人之言，良有以也。

二、在外婆家作客

一九一三年四月二十七日正午，我以長子身份，出生於河北保定。乳名保生；學名路逾，字越公。但我尚未彌月，我父親就帶著一家人前往南京。二次革命失敗後，又到了昆明，加入蔡松坡、唐繼堯的陣營。等到袁世凱被打倒和氣死，我們又回到了北方。在北京，我度過了一段幸福的童年。我小時候放風箏的地方，名叫河伯廠，至今我還記得。但究竟是一九二一年初冬或夏秋之間離開北京的，我已記不清了。總之是先乘火車赴武漢，住沒多久，然後再坐長江輪船而東下的。在上海，住了幾個月，就又到了廣州；然後香港；然後再回上海。是這樣的遷來徙去，南北奔波，全因我父親追隨國父從事革命之故。離開香港，再回上海，應該是一九二三年的事情。這一年的暑假，我曾隨著我母親到揚州去，在我外婆家住了一兩個月。

那時候，她們的「長興朱寓」在皮市街，是一個相當安靜的住宅區。我外公在前清時做過官，現在除了抽水煙當老太爺什麼都不管了。二舅三舅也似乎正在家裏賦閒的樣子。兩位舅母雖然都很喜歡我，但是更寵我更慣我的還是我外婆。而在我心目中，我外婆和我祖母都是同樣的重要。奇怪的是兩位老人家都喜歡帶著我睡覺，而都不曉得她們的小腳所發出的臭味究竟有多麼的難聞。我對我外婆的那張古色古香的海梅大床特別發生興趣，覺得要比我祖母的洋式銅床有意思得多了。原來我所最欣賞的，並非那些羅帳、銀鉤、綢被、繡花枕頭之類；而是床裏邊放鐘放表放茶杯茶壺放水煙袋用的那個紅木小几，小几兩頭的兩個小抽屜，小抽屜裏邊的好吃的東西，什麽麻餅啦，酥糖啦，山楂糕啦，花生米啦，全都被我給「摸」光了。等到她肚裏餓心裏潮想要去拿點什麽東西來點點心也順便哄哄我的時候，這才發覺她的外孫竟是如此之能幹。我說：「被老鼠偷吃了。」她說：「是呀，人大的老鼠嘛。」我就扮了個鬼臉，一溜煙的跑了。

我外婆有一間佛堂，她天天早晚要去燒香念經的。她家裏什麽地方我都可以亂闖亂耍，就只有那個神聖之區，清淨之所，不讓我進去。當然，一切閒雜人等都不可以進入，並不單是對付我的。但是佛堂外邊的小天井，不在嚴禁之列，只要不把那口小缸裏的「天落水」弄髒，隨便我怎樣玩法都不要緊。何謂天落水？原來就是雨水，是每逢下雨時聚積起來的。天落水有什麽用處？那是我外婆為她供奉的觀世音菩薩手裏拿著的楊柳瓶上水用的。據說，那水可以治病。事實上，在那個小天井裏，除這半缸水，就什麽都沒有了，請問我跑到那兒去，到底有啥格好白相的？哼！我玩得很有辦法，很會發明：我把缸蓋打開，對那日久發臭的水，加了些小便進去。只要大人們一個不留意，我就會溜到那兒去撒尿。可是被褻瀆了的菩薩，雖說是大慈大悲，到了忍無可忍的時候，也終於「顯靈」了：我的惡作劇，一下子被大表姐發現，這使我挨了我母親狠狠的一頓揍。我外婆不斷地念著「阿彌陀佛」，並且求告菩薩原諒我的無知。但這在我看來，也沒什麽可感動的，因為那些臭水，實在毫無可取之處，大人們的大驚小怪，徒令我好笑而已。事後，她們把那天井的門鎖上，我就再也無法鑽進去瞎胡鬧了。

三、定居揚州

在我的一生中，我所走的人生之路，曾有兩次情況的改變，境遇的轉換，即所謂「轉捩點」或轉機，乃是具有意義重大之決定性的：第一次是一九二四年的定居揚州；第二次是一九四八年的離滬赴臺。定居揚州，使我終於成為一個詩人；離滬赴臺，我們這個詩壇才有今日。前面說過，我們遷來徙去，南北奔波，全因我父親追隨國父從事革命之故。家住北方，他有後顧之憂，所以最後，這個家累的大包袱，終於安放到有我外婆可照應的揚州去了。

話說一九二四年我家定居揚州之後，我以倒數第一名的幸運，考上了當地有名的五師附小，讀三年級。在這以前，由於生活的不安定，從來沒有在任何一個地方的任何一所學校裏讀完了一個學期的。但是從此，在這安定的環境裏，開始接受了良好的教育，遂奠定了我一生事業的基礎。

一九二七年，小學畢業。就在那年，第五師範改名江蘇省立揚州中學，所以五師附小也就跟著變成揚州中學實驗小學了。作為揚中實小第一屆畢業生，我們男女同學一共是十五位。至今有些同學的姓名和面貌，我還記得清清楚楚，尤其是和我打過架的那幾位仁兄。從一九二四年到一九二七年，從十一歲到十四歲，在這讀小學的四年當中，我的智力發展一日千里，學業成績冠於全校，作文比賽總拿第一。而又愛好運動、愛好田徑賽、跳高、跳遠、擲標槍、跑百米，特別是三級跳，大出風頭。對於音樂、美術和戲劇，亦十分感興趣。不過，這幾年間，我還是很頑皮，挨罵、挨揍、罰跪、罰站，那是家常便飯。

我家和我外婆家，住在同一個「總門」裏，那便是位於揚州著名大街南河下的「宮太傅第」。我外婆家本來住在皮市街多年，以後才搬到這兒來的；他們稍早於我們。宮太傅第佔地甚廣，是一種典型的「會館」式建築，俗稱總門。所謂總門，就是在一個總的大門裏面，住著有好多個人家的意思。因此，打開我家大門，並非什麼街巷，而是這總門的一條很長很長的甬道。這甬道，就是住在這裏面的十多家共同和唯一的交通路線。這甬道，俗名「火巷」，顧名思義，你就知道，那是當火災發生時的逃生之路。由這甬道向南走出前面的總門，就是大街南河下；向北走，穿過後花園，出後門，就是我每天上學的必經之路花園巷。而後花園，乃是這總門裏我最喜歡的地方，有假山，有亭子，有荷塘，有小橋，還有幾棵高大的梧桐樹；每一棵我都用小刀刻過字。荒涼是有點兒荒涼了，但就要像這個樣子才美。這房子是前清李鴻章的家產之一，有人管理；前面大門樓子裏邊懸著有一塊好大的匾，上書「宮太傅第」四字。是誰寫的，我已不記得了。可是那時，人們已不再叫它太傅第或相府什麼的了，而稱之為「民聲報館」。原來以前曾有人在這裏辦過報，該報停刊後，這名稱仍舊沿用了下來。房子是一進一進的，每進房子都有一個朝東旁開的大門，開向甬道。而在我家大門外貼著的「關中路寓」四個大字，很有氣派，紅紙黑字，上了油的，那是顏體，我最喜歡。但那是請誰寫的，我早就忘了。李鴻章的後代，把這些房子分租給十多家，按月收取房租。我外婆家租的是第五進。我家租了第二第三兩進：前面的一進是大廳，後面的一進是住宅。住宅共有五間：除堂屋和東西廂三間正房外，西廂房還附連著有兩間邊房。我記得我和弟妹老媽子們都是住在邊房裏的，父母住西廂房，東廂房則歸祖母一個人使用。後來她被我伯父接到北京去住，她的房間就空著了。直到我結婚時，她這間房子才被派上了用場，成為一對新人的洞房。我家共有三個天井，面積都很大。前面的一進有一個；後面的一進有兩個，其一屬於正房，另一則為兩間邊房所共有，當然，這三個天井，就是我和我弟妹，我表弟表妹，以及其他小朋友的天下了；而我則以老大的身份，成為這天下的共主。還有大廳和樓上，也都是供我們玩耍和闖禍的好所在。我們在大廳裏捉迷藏，躲在沙發後面學鬼叫，還在沙發上亂蹦亂跳的，把彈簧都給弄壞了。住宅和大廳之間，有扶梯可登樓。但樓上的房間總是空著，除了放些東西，很少有人住過。我最喜歡率領我的群眾上樓去玩，而時常跨過欄杆，爬到屋脊上去放風箏，以顯得我的本領高強，多麼的英雄氣概。當然，這都是瞞著大人們幹的。等到房東派人來修理屋漏，發見屋上竟有那麼多的碎瓦，以為很可能有賊來過，因而向我家人提出警告時，我就不聲不響的溜之大吉了。

四、黛玉和寶釵

我的三表妹和我同年，而小我幾個月。十分早熟而又早就讀過了「紅樓夢」的我，總把她當做黛玉看待，而自比為寶玉。我母親也很喜歡她，似乎曾經向我三舅父母提過這兩個孩子的事情。但是他們很討厭我，因我實在沒規沒矩，簡直像個「爬柴鬼子」（揚州土話頑童之意），就說：「還小哩，等將來長大些再看吧。」請注意！不是「再説」，而是「再看」。然則我豈不是大大地應該好自為之了嗎？但我毫無良好表現，始終無法博取長輩們的歡心。

記得在六年級上學期，我的那位早在北京就已相識了的鳳陽表妹，由我姑媽領著，到揚州來看我們了。我算她是寶釵。她們帶來不少安徽土產，送我母親；我母親又分了一些給我外婆。她們住在我家樓上，在揚州玩了一個多月。而寶釵和黛玉初次見面，兩個丫頭之間，就存在著有一份深重而含蓄的敵意：二人互相稱讚對方衣服料子的高級和式樣的時髦。鳳陽表妹雖然也是叫明十五，但她生日最小，所以只好稱呼人家姐姐了。而我處於兩女之間，除極力表現公平外，就只有裝蒜裝傻之一途了。至於我的姑媽，她倒是很喜歡我的，不像我的三舅父母那麼討厭我。

這兩位表妹，一是屬於父系的，一是屬於母系的，我曾仔細觀察，比較了她們，並且打好了分數。㈠面貌：三表妹，瓜子臉，很秀氣，七十五分；鳳陽表妹，圓臉，七十分，但眼睛很大很黑很亮，加五分。㈡身段：前者苗條，七十分；後者稍嫌肥胖，六十五分。㈢皮膚：前者白嫩，七十分；後者略為粗黑，六十五分，但黑得滿有趣的，加五分。㈣言談舉止：前者端莊，七十五分；後者活潑，七十五分，但嗓門太大，扣五分。㈤總分：一個是二九〇；一個是二八〇。㈥備註：日後看實際情形，其他方面的分數，再行補記可也。我把這張貼有她們的畫像（我用鉛筆瞎描的）的評分表，藏在我的書桌右手第三抽屜之最隱秘的地方，相信兩個丫頭誰也不會知道。

但在臨動身時，就在長途汽車站上，鳳陽表妹忽然把我拉到一邊去，低低地說：「大表哥，再見了。今後除非你去鳳陽，我是不再來揚州了。」我問她為什麼。她說：「我那裏比得上人家秀氣、苗條、白嫩，又那麼端莊呢？」當時我楞住了，一句話也說不出來。回到家裏，這才發覺我那張評分表不知什麼時候已不翼而飛了。而在過了幾天之後，不料三表妹的話裏也有了話，什麼大眼睛啦，黑眼睛啦，亮眼睛啦，又是什麼活潑不活潑的，都出籠了，都用上了。

五、恩師頌

少年時代的我，雖說非常頑皮，可是在學校裏，我的確可以算得上是一個好學生；而和同學相處，也是情同手足，大家十分要好。當然，免不了有打架吵嘴的時候，但吵過打過就算了，誰也不會去向老師告狀。我們的玩法很多，而最有意義的一項活動，莫過於假日遠足了。有時全班出動，有時三五成群，有時獨自逍遙。想當年，綠楊城郭，瘦西湖上，凡可遊憩之處，莫不留有我的足跡。而那法海寺的鐘聲，五亭橋的風鈴，最是令人心情寧靜。我常帶些乾糧、水果和飲料，出天寧門，沿著「長隄春柳」，一個人徒步前往平山堂，登上山頂，步入松林，靠著樹幹，坐下來沈思默想，一面傾聽松濤之大交響，或是撿些紅葉，或是長嘯數聲，或是玩些別的花樣，直到夕陽西下，方才盡興而歸。不過，平山堂的海拔實在不高，談不上什麼山脈，而只是一帶丘陵罷了。至於長隄春柳，則係沿著湖邊，修築得非常整潔，兩旁種著有百多棵垂楊，一條很直很長又很平坦的並木道，最宜於散步了。有時，我們雇一遊艇，泡一壺茶，躺在帆布椅上，讓那穿著竹布衫褲滿俊俏的船家姑娘一篙一篙地撐著船慢慢地往前飄，經小金山、徐園、五亭橋、法海寺而至平山堂，一路上飽覽美景，湖光山色，盡收眼底，也很夠意思的。最好是在夏夜，教船家姑娘把畫舫停靠在五亭橋的橋邊，或是開到橋洞裏去，納涼片刻，舒服透頂。不過，較之水路，走陸路是我更喜歡的。為什麼？因為我好動啊。唉唉！想起來那美麗的湖，那可愛的湖，那多詩的湖，那如畫的湖，那曲折有致，苗苗條條，好似美女身段一般的湖，我心裏就很難過了。啊啊揚州，我的故鄉！究竟要到什麼時候，才能讓我再回到你的懷抱裏去呢？

是的，小時候的我，曾經是一個頑童，一個被目為不堪造就的傢伙。但我終於成為今天這個樣子，則不得不歸功於小學時代的幾位恩師。一位是三四年級時我們的級任導師劉樂漁先生，一位是五六年級時我們的級任導師龔菱石先生，他們二位都是教國文的。在這四年之間，我從龔劉二位恩師得益匪淺：我的語文基礎，就是在他們二位手下打好了的。風度瀟灑的龔先生是「廣陵潮」作者小說家李涵秋的乘龍快婿，筆名葵實，也是當年揚州文藝界有名的才子之一。所以我的愛好文學，志於文學，並且終於成為一個詩人，可說就是由於他那高明的指引之所致。「碧雲天，黃花地，西風緊，北雁南飛。……」他那訓練我們朗誦時的優美聲調，至今我還記得。

但是更深更深地影響了我的，還要推儲三籟先生。我一想起這位恩師，就不由得激動起來，甚至流下眼淚。我太敬愛他了！先生教我們音樂。他的教法，很是嚴格，我們把手伸過去，挨幾下板子，那是常事。我們都很怕他。樂理是一門很難的功課，但在他的詳細講解之下，我們都明白了。我們不但能夠讀譜，而且能夠寫譜。我們每人都會上黑板去把一個高音部記號畫得十分正確而又非常漂亮。有少數愛取巧的同學，膽敢在五線譜上用鉛筆加註簡譜，結果被他發現，各人都挨了一頓臭罵和狠打。先生教我們唱的歌，都是很高級的，很純正的作品。除了校歌和國歌（即

「卿雲歌」，北洋軍閥時代的國歌）之外，例如「古詩十九首」中的「涉江」，唐人崔顥的「黃鶴樓」，還有「陽關曲」、「秋之謠」、「送別」和紀念五卅慘案的「大江頭」等等，都是我終身不忘，時常哼幾句的。先生每發一張新歌講義給我們時，必先教我們唱曲，曲唱熟了，再教我們唱詞；而在唱詞以前，又必先講解歌詞內容給我們聽，務使我們充分了解文字的意義而後已。我記得先生教我們唱的歌，有不少是當代大家李叔同（弘一法師）的作品；也有一些是標明了儲三籟作曲的。至於先生和李叔同究竟是什麼關係——師生乎？同輩乎？我可不知道了。而我所知道得清清楚楚的是：先生不但訓練了我的聽覺，使我能夠分辨「雅樂」與「鄭聲」，而且也訓練了我的心靈，我的頭腦，使我能夠辨別邪正、善惡、是非。所謂「以樂治心」，這便是先生從事音樂教育工作的原理原則之所在。多麼的可感謝啊！我痛恨那些黃色歌曲，流行歌曲，那些靡靡之音，亡國之音；我愛好古典音樂，純正音樂，這都是由於恩師教導有方之所致。正因為在音樂方面，我是「惡鄭聲之亂雅樂」的，故所以在文學方面，對於那些黃黑刊物，那些誨淫誨盜之作，我也決不寬貸。我愛國，愛自由。我心裏充滿了正義感。我是有個性的。我是有立場的。而我的這種氣質之由來，就是得之於恩師偉大的人格之薰陶，崇高的精神之感召。我雖未能成為一個聖賢，但是至少不是一個禽獸。相信先生在天之靈，瞧著我今天的這個樣子，一定會笑他一個微笑的。啊啊！先生誨人不倦，先生循循善誘，這無限的師恩，真是昊天罔極，你教我如何報答得了呢？

六、開始寫詩及其他

小學畢業後，我考上了縣立初中。在縣中，只讀了一學期半，就讀不下去了。為什麼？因為我自作多情，給女生寫情書，偷偷地夾入其作文簿中，不知怎麼搞的，放學時，落在地上，被別人發現，告了我一狀，我怕受記過的處分，佈告一出，面子丟盡，就自動退學了。然後我又進了震旦大學揚州附中去念法文，可是法文我也沒有念好。而總之，中學沒有好好地讀，是我一生中最吃虧的地方，也是最遺憾的事情。

我和我內兄胡傳鈺內弟胡傳鈜相識，大概是在我放棄縣中之後考上震旦之前，一九二八年下半年的事情。他們家也住在大街南河下，距離「民聲報館」不遠，只隔著七八個門牌。所不同的是，我們是個總門，坐北朝南，他們坐南朝北，單門獨院。我常到他們家去玩，他們也常來看我，交情之好，超過所有同學。我妻蕙珠（後改名為胡明）和我同年，只小我兩個多月，大傳鈜二歲，小傳鈺二歲。作為胡家的三小姐，二八年華，待字閨中，在那時，凡是和她家有往來的太太奶奶們，都想替她做媒。她的大姐二姐皆已出嫁。她穿的是當時一般女生流行的服裝：藍衫黑裙。麗質天生，不施脂粉，梳著一條長長的辮子，劉海覆額，明眸皓齒，銀鈴般的聲音，不高不矮，不胖不瘦，既活潑，又端莊，儼然大家閨秀，恍若仙女下凡，使我一見傾心，一見鍾情，而且一往情深，發誓非她不娶，於是努力追求。我們常在一起打乒乓球，有時是到學校去打，有時就在胡家天井裏玩，除我和他們一家三個好手之外，還有一位蕭大少和他的堂妹蕭小姐，也是常在一起玩的鄰居。而每次比賽，只要是單打，我總會故意地輸幾分給我妻，以博取她的歡心。是的，我已深深地墮入情網。而我的這種「輕微的熱病」，傅鈺和傅鉉是早就看出來了。一天，我和傅鉉在附近的一個名叫「香腸作」的廣場上練習騎脚踏車，我忽然對他說：「我有一個意中人，你可知道是誰嗎？」他說他不曉得，其實他的眼神已作了有趣的答覆。他回去告訴了他姐姐。她以後就一個人到我家來找我了。於是我開始寫詩，那是一九二九年上半年的事情，我才十六歲。「此時夜正深，何處是我魂？魂已遙飛去，常隨我愛人。」這便是寫詩和初戀同時開始之一有力的證明。當然，我這首「處女作」幼稚萬分，實在可笑得很，根本不應當收入我的詩集裏去，只可作為我和我妻當初相戀之一紀念品而已。

至於三表妹和鳳陽表妹，自我小學畢業後，就已經不再把她們視為可選擇的對象而加以考慮了，因我讀過有關優生學的著作，明白了近親不宜結婚的道理。那些青梅竹馬的往事，又是什麼黛玉啦寶釵的，就讓它隨風而逝吧。就像那張早就不知弄到那裏去了的評分表一樣，別再提起了。（一九九三年春初，寫完於美西堂半島居。）

三十年代的路易士

一、詩人而兼畫家

三十年代的路易士，經常穿一套黑西服，戴一頂黑呢帽，黑鞋黑襪黑領帶，拿一根黑手杖，一副英國紳士派頭。他身高一八二公分，無論什麼場合，總是出人頭地，引人注目的。秋天，在上海霞飛路上散步，踩著法國梧桐樹的落葉，那姿態，那風度，真是多麼的瀟灑啊。他只是為散步而散步，到處看看，不買什麼；而走進一家名叫「DDs」的咖啡店裏去，小坐片刻，拿出隨身攜帶的拍紙簿和鉛筆來，寫下幾行「偶得」，是常有的事情。就在這本拍紙簿上，除了詩句，還有不少人像速寫。他慣常使用二號鉛筆和香煙灰畫人，而一向不喜歡一般畫家常用的六個B字的軟鉛筆。這就叫做個性和有特色。

一九三三年，蘇州美專畢業後，路易士和他的內兄胡金人（即傳鈺），同學王家繩等組成一個「磨風藝社」，在南京舉行首次畫展，相當成功。開幕當天，前輩名畫家潘玉良女士，曾在會場中當眾稱讚路易士的水彩，說他「用色調和，線條活潑，感覺明快。」這使得初出茅廬的路易士一舉成名。新聞記者為他拍了不少的照片，各報的評論文章也都把他捧得高高的。第二天，國府主席林森駕到，林主席對他的作品頗為欣賞，購藏「瓶花」二幅，一水彩（定價十元），一油畫（定價三十元）。胡金人的一幅油畫風景（定價二十五元），也被他買去了。第三天，王家繩的一幅水彩風景（定價十五元），也賣掉了。別瞧不起這區區的二三十元，當年一般公務人員，這就是一個月的薪水，省吃儉用，也足夠養家活口的了。當然，那是銀元，放在口袋裡，走起路來，會叮噹叮噹響的。畫展閉幕之後，他們三個賺了錢的聯合請客，大吃一頓。路易士和胡金人，郎舅二人回到揚州。把從南京帶回去的板鴨、小肚子分贈親友，而大有一種躊躇滿志之概，因為那是用他們自己賣畫所得買來的，當然不比尋常。

一九三三年首次畫展成功，這是路易士畢業後的第一件大事。而這一年的第二件大事，就是聖誕節前，他的第一部處女詩集的出版。他從一九二九年春就開始寫詩了。而開始學畫，那是這一年暑假以後的事情。他在武昌美專讀了一個學期，寒假回揚州，結婚後轉學蘇州美專。由此可知，他的寫詩，早於他的學畫。有人說，他是在放棄了丹青之後才「改行」寫詩的，那完全不對。話說路易士從南京回到揚州之後，就把五年來所寫百多首詩整理一番，選出幾十首，編成一集，名之為《易士詩集》。他自己寫美術字，設計了一個封面，而扉頁上背著畫箱的自刻像也很有意思。他把全部原稿寄到上海去，拜託一位同學找家印刷所排印，自費出版。初校和二校，皆由印刷所直接寄到揚州，由他親自校對。到了看三校時，他就專程赴滬，坐在印刷所裏，校畢簽字付印。十二月二十三號，初版一千冊裝訂完畢，他就付清了紙張印刷費，叫印刷所派人送八百冊到四馬路（福州路）一家書報社去發行，那是事先已約好的，交他們總經銷，言明照定價六折結算。他在上海玩了幾天，就把其餘二百冊帶回揚州，分贈親戚朋友同學師長以及文藝界的名家。自從開始寫詩，直到此書出版，他還沒有投過稿，沒有在任何報刊上發表過作品。而這時，他平日的打扮，還是長頭髮，大領結，一副青年畫家的模樣。他有時穿西裝，有時穿長衫，還沒有「全身黑」。

二、文壇生涯正式開始

路易士的文壇生涯，始自一九三四年。一九三三年底，《易士詩集》出版後，經蘇州回揚州前，他曾到四馬路去逛書店，在現代書局裏買到了一本《望舒草》，坐在火車上一口氣讀完，大為欣賞，為之擊節不置。《望舒草》是戴望舒的第二詩集，所收作品，皆為以「散文的音樂」寫了的自由詩；而其第一詩集「雨巷」，則係以「韻文的音樂」寫了的格律詩，也和「新月派」的作品差不多，沒什麼可取處。就在買書同時，路易士交費訂閱現代書局發行的純文藝大雜誌「現代」月刊，成為了該刊長期訂戶。「現代」的編者是：小說家兼散文作家施蟄存，小說家兼批評家杜衡，和詩人戴望舒。施蟄存是江蘇松江人。杜衡和戴望舒都是杭州人。杜衡也姓戴，他的本名戴巍成不常用，後來就索性不用了。他的另一筆名蘇汶，比杜衡二字更響亮。他們三位，素有「文壇三劍客」之稱，而以施蟄存為「老大」。但在當時，留法的戴望舒尚未回國，杜衡忙於寫評論，而主持編務的，實際上只有施蟄存一人。杜衡和戴望舒，都比路易士大幾歲，施蟄存則大他十歲。當然，在他們三位面前，他算是個小老弟了。

在還沒有讀過《望舒草》以前，更早一點，路易士已讀過李金髮的詩了，那是從商務印書館發行，李金髮主編的巨型刊物「美育」上讀到的。「美育」雜誌印刷精美，插圖甚多，以介紹西洋美術為主；文藝篇幅有限，是陪襯的性質。李金髮主要的是一位雕塑家，其造詣之高，功力之深，在當年，可說是全國第一了。他也畫畫，作風近寫實派。他的詩卻寫得很新，新奇而且古怪。他把口語、文言和洋文冶為一爐，混合使用，揮洒自如，別創一格，與眾不同。但其詩句結構，並未打破文法，還是可以講得通的，而讀起來，又有一種聲調之美，當然也是自由詩的一種。李金髮留歐早於戴望舒，把法國的象徵主義帶到中國來也早於戴望舒，但他從不參與文藝界的活動，也很少和文藝作家交往；而戴望舒為人隨和，待朋友也很熱誠，遂成為實際上的詩壇領袖了。戴望舒的《望舒草》和李金髮的兩部詩集《為幸福而歌》和《食客與凶年》，在當年，普遍地為一般文藝青年所愛讀。當然，路易士也深受其影響。而較之李金髮，則戴望舒給他的影響更具決定性。於是，從一九三四年春開始，路易士的詩風為之一變，他已不再寫整齊押韻的格律詩了。他認為：詩之所以為詩，並不在於押韻與否，形式上的工整，亦非詩精神之所寄。而除了打破格律不押韻，以免以辭害意削足適履之外，則自由詩在聲調的控制和節奏的安排上，毋寧較之格律詩為更活潑些，更自然些，也更富於變化些。所以他說：格律詩是形式主義的詩，自由詩是內容主義的詩。自由詩的音樂性高於格律詩的音樂性，訴諸「心耳」的音樂性高於訴諸「肉耳」的音樂性。——隨著他的詩風之轉變，他最初的詩觀也因而確立了。

於是他開始投稿，他以「現代」月刊為第一目標。沒想到，施蟄存慧眼識英雄，「現代」五月號上，竟把他第一次寄去的稿子登出來了。這給他以莫大的鼓勵，而且使他信心倍增。九月號的「現代」，又發表了他的一首新作。從此，路易士成為自由詩的選手，「現代派」的一員，而奠定了他在文壇上的地位。他從十六歲開始寫詩，整整寫了五年，直到二十一歲才嶄露頭角，一鳴驚人，不能不說是頗有耐心的。除了「現代」，其他文藝刊物，也經常有向他索稿的，他的作品，遂散見於全國各地報刊，大受讀者歡迎。不過，當年發表詩作，有些刊物是不給稿費的。像「現代」，路易士就從未拿過他們一毛錢的稿費。「現代」登詩，一向分為兩類：一類是既成作家的作品，如戴望舒，一輯數首，冠以總題，刊於顯著地位，那是有稿費的；一類是青年詩人的「詩選」，如路易士、徐遲、南星、金克木、玲君、侯汝華、陳江帆等，一次只選用一兩首，而且難得入選，是稿約上言明不給稿費的。雖無稿費，但是一般青年詩人，仍以能有作品發表於「現代」為一大光榮事，蓋因施蟄存主持編務，對於「詩選」一欄，寧缺毋濫，選稿特嚴之故。所以凡是有作品發表於「現代」之「詩選」欄的，就不啻已被公認為一位優秀的詩人了。

二十一歲以前的路易士，在詩壇上，本無藉藉名，如今既已一躍而躋身於名家之林，則前往上海參加文藝界的各種活動自是免不了的。但他在滬交遊是有所選擇的：和他最要好也最受他重視的，就是徐遲等「現代派詩人群」以及以杜衡為中心的「第三種人集團」各位作家；而在這個圈子以外的文藝界人士則屬泛泛之交；至於那些左翼作家，左翼詩人，則一概不往來。何謂「第三種人」？這本來是左派論客加之於其對手的一項大帽子。但是這頂帽子，「第三種人」並沒有把它脫掉的意思。而也不認為是一種侮辱。為什麼？因為「第三種人」主張文藝創作自由，政治不得干預文藝，堅持「文藝自由」神聖不可侵犯。而一個純正的文藝作家，既非國民黨員，亦非共產黨員，無黨無派，這有什麼不體面的呢？「第三種人」就是「第三種人」，如此，反而更能藉以表明其立場之純正，是光明正大的，毫無愧怍的。還有一層，為文藝而文藝，本來無可厚非。但是左派論客，偏要抓住這一點來攻擊對方，其實是並不高明的。「第三種人」認為，只有出發自為文藝而文藝的出發點，才有可能收到「為人生」的效果。如果連文藝尚不成其為文藝，那對人生還有什麼意義之可言呢？要曉得，社會性與藝術性之並重，並不就是等於「唯美主義」或「藝術至上主義」。就算是「唯美主義」或「藝術至上主義」吧，只要一首詩寫得是真美，一篇小說真的是足以當藝術品之稱而無愧了，那不是很值得讓讀者去欣賞，而也就有其社會性了，有其人生的意義了嗎？難道一定要合乎一個政黨的政治利益，那才叫做有其社會性，有其人生的意義乎？更何況，作為「第三種人」之理論家的蘇汶，在和左派論戰時，一開始就提出了「人生的寫實主義」以對抗其「社會的寫實主義」，這實在是旗幟鮮明而又名正言順的。蘇汶說：人生是多方面的，必須從各種角度去觀察，而非公式化機械化一成不變的；文學反映人生，而人生是多方面的，故作家有其選擇題材和處理題材之自由。左翼作家，專寫工人鬥爭資本家或農民鬥爭地主，而故事發展的結果，則必然會有一個「工人英雄」或「農民英雄」起來領導群眾打倒資本家或地主，這便是公式化機械化一成不變的「意識地寫作」，其英雄人物皆係「幻想」了出來的，而非「有血有肉」的。蘇汶指出其通病曰：「事實架空，感情虛偽。」八個大字，一針見血！什麼「社會的寫實主義」？根本就不是「寫實主義」！簡直是「烏托邦主義」！而凡是「意識地寫作」，無不脫離現實，千篇一律，乃是「文學以下」的非文藝！

自從和杜衡相識後，為了保衛「文藝自由」，路易士的筆也武裝了起來。從此，他不但是消極的意義上的「現代派」之一員，而且更是積極的意義上的「第三種人集團」之一英勇的鬥士了。左派論客迫害「文藝自由」，杜衡、路易士等則堅決地反抗之，批判之。不過，杜衡曾以另一筆名蘇汶編了一部「文藝自由論戰集」，由現代書局出版，而路易士寫的論評文字，散見各報刊的，卻並未保存下來而已。

三、創辦「火山」詩刊

一九三四年八月，「磨風藝社」二次畫展整個地失敗了。各報雖有好評，但是觀眾寥寥無幾，連一幅畫也沒賣掉，卻花了不少的宣傳費、交際費和運輸費，得不償失，很是令人洩氣。從此以後，王家繩就專門搞話劇，不再畫畫了。路易士雖然沒有氣得把畫筆扔掉，但也不再開畫展了。而只有胡金人，一次又一次地跑到各大都市去舉行個展，結果是名利雙收，他終於成為一位名畫家了。

二次畫展失敗，路易士所受的打擊很大。但是另一喜訊，卻給他帶來了足夠的安慰，他的朋友已替他謀到了一份差事：江蘇省立大港鄉村教育實驗區安平施教所幹事。畢業後，到現在，總算有了一個職業，這使他高興得不得了。九月初，一接到聘書，就走馬上任。可是這位「幹事」先生，在大港，只工作了一個多月，十月中，就因病辭職回揚州去了。他的病名，叫做惡性瘧疾，南洋地區普遍流行，在溫帶這是罕見的病例。醫生以為這是傷寒，未能對症下藥，他的病情反而加重了。後來驗血，發現病菌，這才派人星夜趕到上海去買來特效藥，終於救了他一命。這場大病使他元氣大傷，直到十一月尾，才逐漸地恢復健康。

病癒之後，十二月裏，路易士就又跑到上海去，獨資創辦「火山」詩刊。編輯、校對、跑印刷所、登廣告以及一切有關發行的業務，都是他一個人一手包辦，這叫做：單槍匹馬闖天下。他租了一間亭子間，吃小館子包飯。口袋裏的錢快用光了，就寫信回揚州去向他太太討救兵。他那首著名的「脫襪吟」，就是此時寫的：

何其臭的襪子，
何其臭的腳，
這是流浪人的襪子，
流浪人的腳。

沒有家，
也沒有親人。
家呀！親人呀！
何其生疏的東西呀！

說來好笑，當年他在上海辦詩刊，實在不能算是一個「流浪人」。作客他鄉倒是真的，而像這樣羅曼蒂克的自以為是，就未免太誇張了。至於臭腳臭襪子，則係千真萬確之事。他年輕時，有個壞習慣，只要一離開他太太，沒人管他，就懶得洗腳換襪子了。又，他不是沒有家，沒有親人，怎能說家和親人是「何其生疏的東西」呢！這豈不犯了杜衡罵左派的「感情虛偽，事實架空」之八字毛病了嗎？不！不是的。須知詩的產生，雖由他自己的腳臭襪子臭而引起一大串的聯想，但這「流浪人」並不一定非指他自己不可。所以說，此詩離開一人之手，而成為眾人的東西，他就在「普遍性」這一點上獲得成功了。這是杜衡當著朋友們的面時常提起和讚揚他的一句話。於是路易士以「臭襪子詩人」這一雅號享譽於當年之文壇。

「火山」只出兩期，一九三四年十二月出第一期，一九三五年一月出第二期，以後就停刊了。這是路易士生平第一次創辦詩刊，雖也登了幾個人的格律詩，但大部分皆為自由詩。「火山」停刊後，他就回到揚州去過年。悶在家裏，覺得無聊，他就跑到上海去看朋友。玩幾天，回揚州，似乎輕鬆了點。但不久，老毛病一發作，就又「流浪」到那十里洋場上去了。而在上海，他倒並非一個物質生活享受的追求者，那種紙醉金迷燈紅酒綠的社交圈子，他是不進去的。他所交的朋友，皆為詩人作家，所談都是有關文學藝術的正經事。有時上上茶館，坐坐咖啡店而已。

路易士和戴望舒初次見面，就在一九三五年春夏之交，地點是上海江灣公園坊，當年有不少的名家住在那裏。那是一個晴朗的下午，由杜衡陪著路易士去看戴望舒。那時他方從法國回來不久，客廳裏充滿了巴黎香水的氣味；牆壁上懸掛著有塞尚的蘋果，梵高的向日葵，和哥更的塔希提女人。戴望舒臉上雖有不少麻子，但並不很難看。他皮膚微黑，五官端正，個子又高，身體又壯，乍看之下，很像個運動家的樣子。經杜衡介紹，兩位詩人握了手，就坐下來喝茶、聊天。路易士和戴望舒一見如故，談得很是投契，笑聲時起。當天談話的內容，主要都是有關「火山」詩刊的事情。戴望舒很熱心地問這問那，路易士都一一回答了他，並將隨身帶著的兩期「火山」和一冊《易士詩集》送給他，請他指教。

從此以後，路易士每次赴滬，總要去看看戴望舒。有時就在他家吃飯；有時約了一群朋友，到大馬路（南京路）「新雅」去飲茶。「新雅」是一家有名的粵菜館子，下午專賣茶點。其二樓分為東西兩廳，談生意的商人集中於西廳，文藝界人士都愛坐東廳。因為日子久了，大家都很熟了，所以不免開開玩笑，這也是朋友之道。有一次，在「新雅」，大家吃了滿桌子的東西，結帳時，戴望舒說：「今天我沒帶錢。誰個子最高的誰付帳，好不好？」朋友們都把眼光掃到路易士身上。他就說：「不對。誰臉上有裝飾趣味的誰請客。」施蟄存沒聽懂，就問路易士何謂「裝飾趣味」。杜衡搶著說：「不就是麻子嗎！」於是引起哄堂大笑，連鄰座不相識的茶客也忍不住的笑起來了。

四、「現代」停刊以後

現代書局老闆洪雪帆逝世不久，一九三五年春，「現代」就停刊了；接著，書店也關了門。但是「第三種人」文藝自由運動，卻並未因此而告中斷。以杜衡為領導中心，而都有路易士在內，一連串的文藝運動，都是發生在這一年以內的事情：首先是「今代文藝」的創刊，其次是「星火文藝社」的成立，最後是「未名文苑」叢書的出版。「今代文藝」只出三期就停刊了。代之而起的「星火文藝社」是一個有組織的社團，設總社於上海，出「星火」半月刊，以杜衡、路易士及「三草」為核心人物，而以各地擁護文藝自由的青年為群眾力量，並視實際情形設置分社。所謂「三草」，即詩人番草（鍾鼎文早年的筆名）、小說家耶草（姓呂）、批評家萍草（姓王）是也。耶草的短篇小說，杜衡最欣賞，他那篇有名的「相對論」寫一對夫婦各有外遇，幽默而又發人深省，被譽為當年短篇小說中之傑作。路易士則聯合揚州、鎮江一帶較優秀的文藝青年，組成「星火文藝社江蘇分社」，借「蘇報」副刊地位，出「星火週刊」，除他以外，主要作者有詩人常白、沈洛、韓北屏及散文作家向京江等。「星火文藝社」幹得有聲有色，「第三種人集團」一時顯得聲勢浩大，頗使「左聯」分子為之側目。但也和「今代文藝」情形一樣，欠了不少的紙張印刷費，因經濟困難而終告停擺了。

「星火文藝社」解散後，杜衡又和朱雯、羅洪夫婦合作，開設「未名書屋」，出了一套《未名文苑》，交由「中學生書局」總經銷，登了不少廣告，銷路甚佳。這套叢書，依出版先後的次序是：羅洪的短篇《腐鼠集》，路易士的詩集《行過之生命》，杜衡的長篇《叛徒》，施蟄存的散文《無相庵隨筆》，朱雯的短篇《謎》，和羅洪的短篇《敗筆集》。前二種出版於一九三五年，後四種出版於一九三六年。《行過之生命》內容包含三個部分：㈠從開始習作到一九三三，㈡從一九三四年三月到年終，㈢從一九三五年一月到八月，共收詩一百六十二首，厚三百數十面，可說是路易士成名後正式拿出來的第一部詩集，而以前那個小冊子「易士詩集」就不算了。

「現代」停刊後，施蟄存創辦了一份純散文的月刊雜誌，名叫「文飯小品」，大概一共出了十二期。而戴望舒主編的「現代詩風」第一期，是在一九三五年下半年出版的。作者陣容：清一色的「現代派詩人群」，除戴望舒外，路易士、徐遲等，都是讀者所最熟悉的名字。「現代詩風」銷路甚佳，一千冊很快就賣光了。但只出一期就不再出下去，其原因何在呢？原來戴望舒已有了新的構想，新的計畫，他將要和那些北方詩人合作，出「新詩」月刊了。

五、中國新詩的收穫季

一九三六年春，路易士東渡，打算再念幾年書，多學點東西。可是還沒到暑假，他就因病歸國，不做留學生了。在東京，他和詩人覃子豪、李華飛相識，成為好友。回到揚州，不知什麼原因，他忽然感到一種無名的悲哀，於是寫了一首「傍晚的家」：

傍晚的家有了烏雲的顏色，
風來小小的院子裏。
數完了天上的歸鴉，
孩子們的眼睛遂寂寞了。
晚飯時妻的瑣碎的話——
幾年前的舊事已如煙了。
而在青菜湯的淡味裏，
我覺出了一些生之淒涼。

此詩為朋友們所激賞，尤其是第一節的第三第四兩行金句。

七月裏，路易士到北京去接了他母親、妹妹和幼弟南來；然後，全家搬到蘇州去住。從此以後，十分重要，具決定性，影響他一生的「揚州時代」，於是告一結束。搬好了家，他太太又回到揚州，看她二姐去了；直到翌年春節，她才翩然歸來，使他獨居半載不免相思之苦。可是為了他自己的事業，孤寂一點倒是好的。自妻走後，他一面寫詩，作畫，一面計畫編印詩刊，時常是一個人伏在書桌上，專心工作，直到夜深。為了詩刊的印刷及發行諸事，他從蘇州到上海，上海到蘇州，來回不斷地奔波著。他邀約韓北屏、常白、沈洛，組成「菜花詩社」，出「菜花詩刊」，而一切由他負責。菜花四瓣，屬十字花科，藉以象徵他們「鎮揚四賢」云。於是到了九月，「菜花詩刊」的創刊號問世了，執筆者除以前「火山詩社」同仁錫金等外，如鷗外鷗等皆為當年詩壇名家。這是個雙月刊，但只出一期，然後改名為「詩誌」，十一月出創刊號。而在北方，由吳奔星、李章伯合編的「小雅詩刊」，也是個雙月刊，創刊於同年六月。路易士經常為他們寫稿，還推薦了朋友們的詩作。七月裏，他去北京時，三人相見甚歡，談得非常高興。他們還請他吃小館子，陪著他各處遊玩。

一九三六年十月，戴望舒主編的「新詩」月刊創刊號出版了。這是中國新詩史上自五四以來的一件大事，具有劃時代的意義。「現代派詩人群」一向瞧不起「新月派」，噓之以「格律至上主義者」。但自從朱湘投江自盡（一九三〇？）、徐志摩飛機撞山而死（一九三一？）之後，「新月派」的活動，事實上已告停擺。而陳夢家、卞之琳等則與南方詩人頗為友好，時常通信聯絡，並有逐漸傾向於南方精神之趨勢。因此，早在路易士出國以前，戴望舒就已經表示過，有意和北方詩人合作；而自從路易士搬家以後，他那「南北大團結」的構想，是愈益成熟，即將具體化了。他曾邀請路易士和徐遲到他家去吃飯，商談「新詩社」的組織與詩刊的出版事宜。但是經費不足，他手頭只有大洋一百元，還缺少同樣的數目，希望兩位小老弟幫一點忙。於是路、徐二人各從口袋裏掏出五十元來，交在他手上，問題就解決了。

一九三六年暑假後，路易士接受上海安徽中學聘書，擔任美術教員，和好友耶草、萍草同事。這是他畢業後的第二個職業，一直做到一九三七年暑假為止。如果不是由於七七事變，日本軍閥侵華，他帶著全家逃難到武漢，當然不會放棄，因為他教的是他的本行，幹得很起勁。一九三六、三七這兩年，路易士僕僕風塵京滬線上，簡直像個什麼「要人」似的。是的，他的確很重要，在當年，但這重要性乃是屬於「詩壇」而非「政界」的。一九三六年九月，「菜花詩刊」第一期出版。接著，十月，「新詩」月刊出創刊號。「聚全國詩人於一堂，促進新詩壇之繁榮」這兩句口號，在戴望舒策劃之下，是真正地做到了。十一月，「詩誌」創刊號和「新詩」第二期同時出版。十二月，出「新詩」第三期。翌年一月，出「詩誌」第二期和「新詩」第四期。二月，出「新詩」第五期。三月，出「新詩」第六期和「詩誌」第三期。之後，「詩誌」停刊，而「新詩」還繼續出下去，直到八一三滬戰爆發為止。而在北京，由吳奔星、李章伯合編的「小雅詩刊」，大概是在一九三七年上半年，就已經停掉了。但總之，象徵南北詩壇友好合作，在編輯方針上作明確表示的，應以「新詩」、「詩誌」和「小雅」這三大詩刊為代表。是的，一九三六、三七這兩年，乃是中國新詩的收穫季：詩壇上，新人輩出，佳作如林，呈一種五四以來前所未之有的「景氣」。而其所收穫的，第一是作品上輝煌的成就；第二是自由詩運動的成功，南方精神之勝利；第三是南北詩壇大團結，有其擁護文藝自由之重大意義。如果不是由於日寇侵華，當年新詩運動，一定會得繼續發展下去，而絕不至於中斷的。

可惜可恨的是：滬戰爆發，位於閘北的安徽中學，整個地毀於日寇炮火，路易士存放在學校宿舍裏的書畫衣物，也全部完蛋了，因為正值暑假，他已回到蘇州，來不及去搶救。而承印「新詩」月刊的印刷所，那一帶的房屋和工廠，也被夷為平地了。正在排印中，跟在路易士的「火災的城」之後，就快要出版的徐遲的「明麗之歌」和李白鳳的「鳳之歌」，連原稿帶校樣，也同歸於盡了。日本軍閥侵華，罪大惡極！戰爭毀滅文化，莫此為甚！於是朋友星散，詩刊停出，從此無論什麼詩社都解散了，無論什麼文藝活動都停頓了。及至淞滬陷落，蘇州吃緊，親友同學，紛紛離鄉逃難，路易士也帶著一家老小，流亡到了武漢。在武漢待了些日子，就又跑到長沙去了。然後，前往貴陽。在那兒，住了幾個月，就又到了昆明。在雲南也沒住多久，就乘滇越鐵路的火車，經河內而海防，再搭輪船前往香港。一路上逃難逃到香港之後，這才算喘過一口氣來，而那時，已是一九三八年的下半年了。

（一九九三年七月二十八日，寫完於美西堂半島居。）